普通高等院校基础课"十四五"应用型精品教材

心理与成长
大学生心理健康指导
PSYCHOLOGY AND GROWTH

主　编　贾　楠　乔凯平
参　编　于惠舒　王　楠　任文芳　杜　昕
　　　　顾晓涛　郭　玲　彭　波　鲍艳丹

机械工业出版社
China Machine Press

图书在版编目（CIP）数据

心理与成长：大学生心理健康指导/贾楠，乔凯平主编． -- 北京：机械工业出版社，2021.8（2024.8重印）

（普通高等院校基础课"十四五"应用型精品教材）

ISBN 978-7-111-68756-6

Ⅰ. ①心… Ⅱ. ①贾… ②乔… Ⅲ. ①大学生-心理健康-健康教育-高等学校-教材 Ⅳ. ①G444

中国版本图书馆CIP数据核字（2021）第146233号

  本书从大学生的自身发展和实际需要出发，以提高大学生的心理素质为目标，借鉴了近年来国内外心理研究的成果，以大学生在成长成才过程中常见的心理健康问题、自我意识、人格发展、生涯规划、学习心理、情绪管理、人际交往、恋爱心理、压力与挫折、生命教育与心理危机应对等内容为主题，进行了较为详尽的阐述和诠释。

  本书可作为普通高等学校各专业研究生、本科生、专科生等的心理公共课程教材。

出版发行：机械工业出版社（北京市西城区百万庄大街22号　邮政编码：100037）

责任编辑：李晓敏　　　　　　　　　　　　责任校对：殷　虹

印　　刷：三河市宏达印刷有限公司　　　　版　　次：2024年8月第1版第7次印刷

开　　本：185mm×260mm　1/16　　　　　印　　张：18.5

书　　号：ISBN 978-7-111-68756-6　　　　定　　价：45.00元

客服电话：（010）88361066　68326294

版权所有·侵权必究
封底无防伪标均为盗版

前言·PREFACE

健康是人类生存的基本需求。心理健康是顺利开展学习和工作，成就事业和实现幸福人生的前提。现阶段，我国社会经济高速发展，生活节奏明显加快，工作竞争日趋激烈，人们的心理压力和负担过重，很容易产生和积累负性情绪。大学生是青年中的精英，他们的心理健康问题日益受到社会关注。而近些年多次出现的学生心理失衡引发的恶性事件，让我们深深感受到加强大学生心理健康教育、全面提升大学生心理素质及健康水平的紧迫性和重要性。

我们在长期的工作实践中发现，大学生在成长过程中面临着诸多的困惑，如环境适应问题、自我意识问题、人际交往问题、学业就业问题、情绪情感问题等，这些问题长期困扰甚至影响到大学生的正常生活。因此，如何帮助大学生有效地解决他们所面临的心理问题，塑造健全人格，实现心理育人，成为大学生心理健康教育亟待解决的问题。本书以此为立足点进行了深入思考，优化了内容，力图满足大学生的需求，培养大学生解决实际问题、实现自我成长的能力。

全书共分"关怀健康""关注自我""关爱成长"三篇，具体分为12章，包括心理健康基础知识、心理咨询、心理困惑及异常心理、自我意识与培养、人格发展与心理健康、生涯规划及能力发展、学习心理、情绪管理、人际交往、恋爱心理、压力管理与挫折应对、生命教育与心理危机应对等内容，基本上涵盖了大学生在校学习、生活期间面临的主要心理问题，是大学生心理健康教育课程的必备教材，也是关注自身成长与心理健康的大学生朋友的有益读本。每章设有"学习目标""案例导入""案例点击""心理知识""心理故事""心理训练""心书推荐""心理自测""思考与练习"等板块，增加了本书的趣味性、实用性和有效性，使学生在轻松快乐的气氛中受到良好的启迪和引导，从而促进学生心灵的成长。

本书由贾楠和乔凯平担任主编，负责全书的方案编写、提纲设计、资料收集、统稿和修改工作。贾楠、乔凯平、于惠舒、王楠、任文芳、杜昕、顾晓涛、郭玲、彭波、鲍艳丹负责各章节的编写。由于心理健康教育工作在不断完善和改进，加之编者水平有限，书中难免会有疏漏和不足之处，恳请各位专家、同人和读者指正，以利于本书的不断充实和完善。

编者

2021年6月

前言

第一篇　关怀健康

第一章　心灵起航——大学生心理健康基础知识 ············ 2
　第一节　心理学概述 ············ 3
　第二节　健康与心理健康 ············ 9
　第三节　大学生心理健康 ············ 12
　第四节　大学生心理健康的维护和促进 ············ 19

第二章　心灵对话——心理咨询 ············ 28
　第一节　心理咨询概述 ············ 29
　第二节　心理咨询的主要理论与方法 ············ 36
　第三节　大学生心理咨询的意义和特点 ············ 45
　第四节　大学生心理咨询的内容、类型与误区 ············ 46

第三章　打开心灵之锁——大学生的心理困惑及异常心理 ············ 54
　第一节　大学生常见的心理困惑及其调适 ············ 54
　第二节　正常心理与异常心理概述 ············ 59
　第三节　大学生常见的心理疾病及其应对 ············ 62

第二篇　关注自我

第四章　认识你自己——大学生的自我意识与培养 ············ 70
　第一节　自我意识概述 ············ 71

第二节　大学生自我意识的发展 ··· 80
　　第三节　大学生自我意识发展的偏差及其调适 ······················· 87

第五章　培养健全的人格——大学生人格发展与心理健康 ·············· 97
　　第一节　人格概述 ·· 100
　　第二节　大学生的人格特征 ·· 109
　　第三节　大学生人格发展异常的表现与评估 ·························· 110
　　第四节　大学生人格完善的途径和调适方法 ·························· 117

第三篇　关爱成长

第六章　我的未来不是梦——大学期间生涯规划及能力发展 ·········· 130
　　第一节　大学生活的特点及生涯规划 ··································· 130
　　第二节　大学生综合能力概述及培养途径 ····························· 136
　　第三节　大学期间生涯规划的制定 ······································ 139
　　第四节　学会时间管理 ·· 141

第七章　从学习到创造——大学生学习心理 ······························· 153
　　第一节　大学生学习的心理学理论及学习特点 ······················· 154
　　第二节　大学生学习能力的培养及潜能开发 ·························· 157
　　第三节　大学生常见的学习心理障碍及调适 ·························· 161

第八章　做情绪的主人——大学生情绪管理 ······························· 167
　　第一节　情绪概述 ·· 168
　　第二节　大学生的情绪特点及其影响 ··································· 176
　　第三节　培养良好的情绪 ··· 179
　　第四节　不良情绪的表现及调适 ·· 185

第九章　你来我往的魅力——大学生人际交往 ···························· 193
　　第一节　人际关系概述 ·· 194
　　第二节　大学生人际交往的类型及影响因素 ·························· 198
　　第三节　大学生人际交往的原则及技巧 ································ 204
　　第四节　大学生人际关系障碍及调适 ··································· 212

第十章　把握爱情航线——大学生恋爱心理 ······························· 220
　　第一节　爱的心理实质 ·· 221
　　第二节　大学生恋爱心理发展 ··· 226

	第三节　大学生的恋爱心理问题及调适	230
	第四节　大学生正确恋爱观的培养	233
第十一章	宝剑锋从磨砺出——大学生压力管理与挫折应对	240
	第一节　压力概述	241
	第二节　挫折概述	248
	第三节　大学生压力管理与挫折应对	253
第十二章	生命的历练——大学生生命教育与心理危机应对	263
	第一节　生命的意义	264
	第二节　大学生生命教育	270
	第三节　大学生心理危机概述	273
	第四节　大学生心理危机的预防与干预	278
参考文献		289

第一篇·PART 1

关怀健康

第一章  CHAPTER 1

心灵起航
——大学生心理健康基础知识

学习目标

（1）认识心理活动的特点和实质；
（2）了解大学生心理发展的特点；
（3）掌握大学生心理健康的标准；
（4）了解影响大学生心理健康的主要因素。

案例导入

落选带来的烦恼

小李是一名大学一年级的学生。他在中学时，是班里的学生干部，工作认真，学习努力，成绩名列前茅，经常受到家长和老师的表扬；进入大学后，他积极竞选班干部，但落选了。小李自这件事后，总觉得自己不如别人，觉得老师不重视自己，同学们也都看不起自己，心里特别失落。渐渐地，他开始不愿与人交往，整日闷闷不乐，上课注意力不集中，学习效率下降。后来他听取了辅导员老师的建议，主动到学校心理咨询中心求助。

【思考】
（1）面对生活中的"挫折"事件，我们该如何调整心态？
（2）如何正确地认识和评价自我？

随着社会的发展，人们越来越深刻地认识到心理健康的重要性。良好的心理素质、健康的心理状态是人们生活的重要保障，每名大学生都需要客观地认识自己，树立积极的心态，保持健康的心理状态。

第一节　心理学概述

一、心理学的概念

心理学是研究人的行为和心理活动规律的科学。心理学既具有自然科学的性质，也具有社会科学的性质，是一门中间科学或边缘科学。

心理学的英文"psychology"一词来源于希腊语词根"psyche"和"logos"，意思是"关于灵魂的科学"。19世纪中后期，随着生物学、生理学等自然科学和实验方法的飞速发展，人们对心理现象的研究引进了实验方法，心理学才从哲学中脱离出来，成为一门独立的科学。1879年，德国心理学家威廉·冯特在莱比锡大学建立了世界上第一个心理学实验室，标志着科学心理学的诞生。

二、心理学的研究对象

心理学是研究心理现象的科学。它既研究动物的心理，也研究人的心理，而以人的心理现象为主要研究对象。心理现象主要包括个体心理和社会心理。

（一）个体心理

人是作为个体而存在的，个人所具有的心理现象称为个体心理。个体心理异常复杂，概括起来可以分为心理过程和个性心理两个方面。

1. 心理过程

心理过程即人的心理活动发生、发展的过程，是大脑反映客观现实的过程，包括认识过程、情感过程和意志过程三个方面。认识、情感和意志既有区别又有联系，它们之间不是彼此孤立的，而是统一心理活动的三个不同方面。认识是情感和意志的前提，意志对认识和情感又起着控制和调节的作用。

（1）**认识过程**。认识也叫认知，是指人们获得知识或应用知识的过程，这是人的最基本的心理过程。人的大脑接受外界输入的信息，经过大脑的加工处理，转换成内在的心理活动，进而支配人的行为，这就是认识过程。它包括感觉、知觉、记忆、思维、想象等。

人们获得知识的过程开始于感觉和知觉。感觉是对事物个别属性和特征的认识，如感觉到颜色、明暗、粗细等。知觉是对事物整体属性的认识，如我们吃苹果时，不仅尝到它的味道，还看到它的颜色、大小，摸到它的光滑度等，形成对苹果的整体认识。知觉是在感觉的基础上产生的，但不是感觉的简单相加。感觉和知觉都是对事物外部现象的认识，属于感性认识阶段。

人们通过感知获得的经验能够在头脑中积累和保存，并在需要时再现出来，这就是记忆。记忆使得人们能够把过去和现在的经历联系起来，加以对照，从而认识到事物的本质和事物之间的内在联系，这就是思维。它主要表现在概念形成和问题解决的活动中，是认识的高级形式。

人们在反映客观事物时，还可以在感觉、知觉、记忆和思维的基础上创造出事物的新形象，如作家塑造一个人物形象，工程师设计一部新的机器等，都包含着复杂的想象活动。

（2）**情感过程**。人在认识事物、获取知识的过程中，会产生对事物的态度，引起满意、不满意、喜欢、讨厌、憎恨等主观态度体验，这就是心理活动的情感过程。情感在认识的基础上产生，又对认识产生巨大的影响，成为调节和控制认识活动的一种内在因素。积极的情感能够激发人们认识的积极性，而消极的情感会使人消沉，挫伤人们认识与创造的热情。

★ **心理知识**

积极情绪的作用

积极情绪研究者芭芭拉·弗雷德里克森在2001年提出了积极情绪的"拓展-建构理论"。该理论认为，10种积极情绪有利于拓展人的思维水平和行动效率，有利于建构新的心理资源和社会资源，从而提升幸福感。

弗雷德里克森设计了一系列实验来验证积极情绪的作用。在一项研究中，他首先通过影片诱发被试达到五种不同的情绪状态：快乐、满足、愤怒和羞耻、焦虑和恐惧，以及中性状态。结果发现，在用以评估注意广度的整体-局部加工任务中，积极情绪组（快乐、满足）的注意范围更大；在用以测量被试的思维-行动范畴的任务（让被试完成以"我想要"开头的开放式陈述任务）中，积极情绪组的填空内容更充实、更丰富。

资料来源：盖笑松.当代心理科学理论精华[M].长春：东北师范大学出版社，2017.

（3）**意志过程**。意志是有意识地支配、调节行为，通过克服困难来实现预定目标的心理过程。意志是人的意识能动性的体现，即人不仅能认识客观世界，还能根据对客观事物及其规律的认识自觉地改造世界。

2. 个性心理

人的心理过程具有共同的特点。例如，认识事物总是先由感觉、知觉进而到思维。但是由于每个人的先天素质和后天环境影响不同，心理过程在每个人身上产生和发展时，总是带有个人的特征，从而形成了个人不同的个性心理。个性心理包含个性心理倾向和个性心理特征。

（1）**个性心理倾向**。个性心理倾向包含人的需要、动机、兴趣、信念、价值观等，它们是个性心理的动力结构，是人的行为的潜在动力。

需要是有机体内部的一种不平衡状态，它表现为有机体对内部环境或外部生活条件的一种稳定的要求，并成为有机体活动的源泉。这种不平衡状态包括生理的和心理的不平衡，如血液中缺乏水分，会产生喝水的需要；失去亲人，会产生爱的需要；社会秩序不好，会产生安全的需要。心理学家马斯洛（Maslow）认为，人的需要由以下五个层次构成：生理需要、安全需要、归属和爱的需要、尊重的需要、自我实现的需要。这五种需要是逐级递增的，需要的层次越低，它的力量越强、潜力越大；在高级需要出现之前，必须先满足低级需要。

动机是在需要的基础上产生的。当某种需要没有得到满足时，它就会推动人们去寻找需要满足的对象，从而产生活动的动机。动机是由一种目标或对象所引导、激发和维持的个体活动的内在心理过程或内部动力。动机是一种内部心理过程，而不是心理活动的结果。动机对人的行为具有一定的激活、指向、维持和调整功能。

★ **心理知识**

动机与工作效率的关系

动机与工作效率的关系主要表现在动机强度与工作效率的关系上。人们倾向于认为动机强度越高对行为的影响越大，工作效率也越高；反之，动机强度越低则工作效率越低。然而事实并非如此。心理学的研究表明，动机强度与工作效率之间并不是一种线性关系，而是倒 U 形曲线关系。中等强度的动机最有利于任务的完成，也就是说，动机强度处于中等水平时，工作效率最高。一旦动机强度超过了这个水平，对行为反而会产生一定的阻碍作用。例如，学习动机过强、急于求成，会产生焦虑和紧张情绪，干扰了记忆和思维活动的顺利进行，使学习效率降低。考试中的"怯场"现象主要是由于动机过强造成的。

心理学家耶克斯和多德森的研究表明，各种活动都存在一个最佳的动机水平。动机不足或动机过强都会使工作效率下降。研究还发现，动机的最佳水平随任务性质的不同而不同。在比较容易的任务中，工作效率随动机的提高而上升；随着任务难度的增加，动机的最佳水平有逐渐下降的趋势，也就是说，在难度较大的任务中，较低的动机水平有利于任务的完成。这就是著名的耶克斯－多德森定律，见图 1-1。

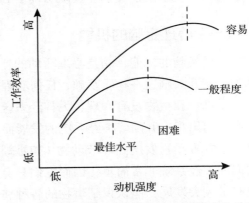

图 1-1　动机强度、任务难度与工作效率的关系

资料来源：彭聃龄. 普通心理学 [M]. 北京：北京师范大学出版社，2003.

（2）**个性心理特征**。个性心理特征包含能力、气质和性格，是个性心理差异性的集中表征，比较稳定地反映了个体的特点。

能力的概念很复杂，一般认为，能力是一种心理特征，是顺利实现某种活动的心理条件。如一位作家所具有的观察能力、语言能力、想象力等，都叫能力，这些能力是保证一位作家顺利完成写作的心理条件。

气质是表现在心理活动的强度、速度、灵活性与指向性方面的一种稳定的心理特征，即我们平时说的脾气、秉性。人的气质是先天形成的，受神经系统活动过程的特性制约。气质是人的天性，无好坏之分。它不能决定人的社会价值，也不直接具有社会道德评价含义。

性格是一种与社会关联最密切的人格特征，主要体现在对自己、对别人、对事物的态度和所采取的言行上。性格表现了一个人的品德，如有的人大公无私，有的人自私自利。性格是在社会生活中逐渐形成的，有好坏之分，能直接反映出一个人的道德风貌。

心理过程和个性心理互相制约、密切相连。人的个性心理是在心理活动过程中形成和发展起来的，而已经形成的个性又会制约和影响人的心理活动过程的进行。

（二）社会心理

人是独立的个体，同时也是社会的实体。人作为社会中的一员，总是生活在各种社会团体中，与他人结成各种各样的关系，如亲属关系、朋友关系、同事关系等。社会团体的客观存在，导致产生了团体心理或社会心理。心理学在研究个体心理的基础上，还要研究团体需要、团体价值、团体规范等社会心理内容。

三、心理的实质

人们在相当长的时期曾将心脏视为心理的器官，直到19世纪，随着解剖学、临床医学和神经科学的发展，才逐渐明确了心理是脑的机能，是脑对客观现实的主观反映。

（一）心理是脑的机能

心理是脑的机能，脑是心理活动的器官。正常发育的大脑为心理的发展提供了物质基础，离开大脑这一物质基础，任何心理现象都不会发生。

无机物和植物没有心理，无神经系统的动物也没有心理，心理现象是随着神经系统的产生而出现，并随着神经系统的发展而不断完善，由初级不断发展到高级的。

无脊椎动物发展到环节动物（如蚯蚓）阶段时，开始有了感觉的心理现象，但由于它们的神经系统非常简单，因而它们只有感觉现象。脊椎动物有了脊髓和大脑，神经系统有了较大发展，能认识到事物的各种属性，而不只是事物的个别属性，即有了知觉的心理现象。灵长类动物如大猩猩、猴子等的大脑结构越来越复杂，它们能够认识事物的外部联系，但还不能认识事物的本质和事物之间的内在联系，心理发展到了思维萌芽阶段。到了人类，人的神经系统更加复杂，出现了高度发达的大脑皮层，人类有了思维，能够认识到事物的本质和事物之间的内在联系，这是人的心理和动物心理的本质区别。人的心理是心理发展的最高阶段。

（二）心理是脑对客观现实的主观反映

1. 心理反映的内容来自客观现实

健全的大脑为心理现象的产生提供了物质基础，但大脑只是心理活动的器官，具有反映外界事物而产生心理的机能，心理并不是人脑本身固有的。心理现象是客观事物作用于人的感觉器官，通过大脑活动而产生的。比如，对于感觉过程而言，人的感觉器官和脑的感觉中枢具备了产生感觉的条件，但是看到什么、听到什么、闻到什么，这些内容都不是由人主观决定的，而是取决于外界环境中的客观事物。

所以，客观现实是心理的源泉和根本，离开客观现实来考察人的心理，心理就变成了无源之水、无本之木。对人来说，客观现实既包括自然界，也包括人类社会，还包括人类自己。

★ 心理故事

狼孩的故事

1920年，在印度加尔各答东北的一个小城，人们经常见到一种"神秘的生物"出没于附近森林，往往是一到晚上就有两个用四肢走路的"像人的怪物"尾随在三只大狼后面。后来人们打死了大狼，在狼窝里发现了这两个"怪物"，原来是两个女孩。其中大的七八岁，小的约两岁，她们与狼崽在一起嬉戏、爬行。后来人们把这两个小女孩送到孤儿院抚养，还给她们取了名字，大的叫卡玛拉，小的叫阿玛拉。第二年，阿玛拉死了，而卡玛拉一直活到1929年，她与人们在一起，学会了像人一样行走，也逐渐学会了用最简单的语言说话，但智力只相当于三四岁的孩子。

虽然卡玛拉有人脑这一物质基础，但她长期生活在狼群里，脱离了人类社会这一客观现实，因此没有形成人的心理和意识。

资料来源：和力.我不是毛毛虫：60个改变一生的经典心理实验[M].北京：中华工商联合出版社，2014.

2. 心理是对客观现实主观、能动的反映

心理反映的内容是客观的，但这种反映不是被动消极的，绝不像镜子反映物像一般呆板和固定。人对客观事物的反映是根据个体的需要、兴趣、信念、活动任务而有选择地进行的，这种反映具有主动性。

人不仅能够认识世界，还能积极主动地改造世界；在反映客观现实的过程中，人还能根据实践不断调整自己的行动，使反映更符合客观规律。这些都体现了心理反映的能动性。

3. 人的心理是在实践活动中发生和发展的

人的心理，是人脑和客观现实相互作用的结果，这种相互作用是通过实践活动来实现的。人在实践活动中接触到各式各样的客观事物，客观事物不断地作用于人脑，使人产生各种各样的心理活动。

实践活动是把人脑和客观现实联系起来的桥梁。实践活动促进了人类心理的产生和发展，人的心理发展水平又影响着实践活动的质量。

四、心理学的研究领域

心理学的研究范围十分广泛，研究内容也十分复杂。现代心理学已形成一个学科体系，由众多的心理学分支组成，这些分支大致分为两大领域，即基础研究领域和应用领域。

（一）基础研究领域

基础研究领域主要研究心理发生、发展的基本规律，包括普通心理学、生理心理学、发展心理学、社会心理学等。

1. 普通心理学

普通心理学是科学心理学的基础，研究心理现象（如感知觉、记忆、思维、需要、动机等）发生和发展的一般规律，各种心理现象间的相互联系等。普通心理学的内容概括了各分支学科的研究成果，同时又为各分支学科提供了理论基础。

2. 生理心理学

生理心理学是研究心理现象和行为产生的生理机制的科学，如研究感觉、学习和记忆、动机和情绪等各种心理现象的神经机制及内分泌腺对行为的调节机制等。生理心理学研究有助于科学解释心理现象，对临床实践具有指导作用。

3. 发展心理学

发展心理学是研究心理的种系发展和个体心理发展规律及各年龄阶段心理特征的科学。发展心理学有广义和狭义之分。广义的发展心理学包括比较心理学、民族心理学和个体发展心理学；而狭义的发展心理学是指个体发展心理学，研究个体出生—成熟—衰老的生命全过程各阶段的心理特点和规律。

4. 社会心理学

社会心理学是系统研究社会心理与行为的基本过程及其变化发展规律的科学。具体地说，它研究大群体中的心理，如民族心理、社会情绪；研究小群体中的社会心理，如群体气氛、群体团结、人际关系等；研究个体的心理，如社会认知、社会态度、社会动机等；研究群体心理与个体心理的关系，如从众心理学。

（二）应用领域

1. 教育心理学

教育心理学研究教育过程中学与教的心理规律，揭示教育教学与心理发展的相互关系。其研究主题主要包括：受教育者道德品德的形成和发展的规律；受教育者掌握知识、技能的学习心理及其规律；受教育者在学习过程中能力的形成与发展；受教育者的个别差异及其测量与评定；教育者的心理品质及形成规律。

2. 工业心理学

工业心理学研究工商业领域中人的心理与行为规律。其主要包括管理心理学、工程心理学、人事心理学和消费心理学等分支学科。

3. 医学心理学

医学心理学研究疾病的诊断、治疗、护理、预防中的心理学问题。其主要包括病理心理学、临床心理学、药理心理学、护理心理学、咨询心理学、心理治疗学等分支学科。

4. 司法心理学

司法心理学也叫法制心理学，主要研究与司法活动有关的心理活动规律。其分支学科主要包括刑事心理学、犯罪心理学、诉讼心理学、审判心理学等。

此外，军事心理学、运动心理学、环境心理学等也属于应用心理学领域。

第二节 健康与心理健康

自从人类诞生以来，人们就开始追求健康。健康的内涵究竟是什么？不同的时代有不同的解释。随着科学技术与社会文化的发展，人们对健康概念的认识逐步趋向全面和完善。

一、科学的健康观

（一）健康的科学定义

健康是每个人所向往的。世界卫生组织（WHO）前总干事哈夫丹·马勒博士曾指出："必须让每个人认识到，健康并不代表一切，但失去了健康，便丧失了一切。"

1948年，世界卫生组织提出，健康是一种生理、心理与社会适应都趋于完满的状态，而不仅是没有疾病和虚弱的状态。1989年，世界卫生组织进一步深化了健康的概念，认为健康不仅仅是指身体无疾病，健康应包括躯体健康、心理健康、道德健康及社会适应良好，要求人们从这四个方面综合评价一个人的健康。

为了加深人们对健康的认识，世界卫生组织还提出了健康的10条标准：

（1）精力充沛，能从容不迫地担负日常工作和生活，而不感到过分疲劳和紧张；

（2）积极乐观，心胸开阔，勇于承担责任；

（3）精神饱满，情绪稳定，善于休息，睡眠良好；

（4）应变能力强，能适应外界环境的各种变化；

（5）抵抗能力强，能抵抗一般性感冒和传染病；

（6）体重得当，身材匀称；

（7）眼睛炯炯有神，善于观察；
（8）牙齿清洁，无龋齿，无痛感，无出血现象；
（9）头发有光泽，无头屑；
（10）肌肉和皮肤富有弹性，步伐轻松自如。

（二）亚健康的概念

20世纪80年代初，世界卫生组织提出了"亚健康"这个崭新的概念，即一种介于健康与疾病之间的"第三状态"，又称为"次健康""疾病前状态""第三状态""灰色状态""潜临床状态""半健康人"等。

从医学上来说，处于"第三状态"的人，虽然各项体检指标均为正常，也无法证明有某种器质性疾病，但与健康人相比却又显得生活质量差、工作效率低、极易疲劳，许多人常有食欲不振、睡眠不佳、腰酸腿痛、疲乏无力等症状。从心理健康的角度来看，处于"第三状态"的人，虽然没有明显的精神疾病与心理障碍，但无论如何都应该归为一种心理的非健康状态，外在表现为：工作效率不高、情绪低落、反应迟缓、失眠多梦、白天困倦、注意力不集中、记忆力减退、烦躁、焦虑等。

二、心理健康的界定

（一）心理健康的概念

心理健康是健康的重要组成部分，人们不仅要关心自己的身体健康，还应关注自己的心理健康。随着社会的发展，心理健康的观念越来越被人们所接受，也越来越受到人们的重视。那么，什么是心理健康呢？

迄今为止，关于心理健康还没有一个完全统一的概念。世界心理卫生联合会将心理健康定义为："身体、智力、情绪十分调和；适应环境，人际关系中彼此能谦让；有幸福感；在工作和职业中，能充分发挥自己的能力，过着有效率的生活。"

2016年，国家卫生计生委、中宣部等22部门以国卫疾控发〔2016〕77号联合发布的《关于加强心理健康服务的指导意见》将心理健康定义为："心理健康是人在成长和发展过程中，认知合理、情绪稳定、行为适当、人际和谐、适应变化的一种完好状态。"

总体来说，心理健康是指一种持续的、积极的心理状态。在这种状态下，个体能够与社会环境保持良好的协调与适应，其生命充满活力，能充分发挥其身心潜能。

正确理解心理健康需要注意以下几个问题：第一，心理健康绝不仅限于没有心理疾病，还要求个体具有良好的社会适应能力，具有追求更高境界和最大发展趋向的能力；第二，心理健康不是一种永恒的完美状态，人的心理随着环境的变化有相应的改变是正常现象，但这种变化应该是适度的、适时的和良性的反应；第三，心理健康是一个相对的状态，是一个动态的发展过程。

★ **心理知识**

心理健康的 10 条标准

马斯洛和密特尔曼提出心理健康的 10 条标准：

（1）有充分的安全感；

（2）对自己有较充分的了解，并能恰当地评价自己的能力；

（3）自己的生活和理想切合实际；

（4）与周围环境保持良好的接触；

（5）保持自身人格的完整与和谐；

（6）具备从经验中学习的能力；

（7）保持适当和良好的人际关系；

（8）适度地表达与控制自己的情绪；

（9）在集体允许的前提下，有限度地发挥自己的个性；

（10）在社会规范的范围内，适度地满足个人的基本需求。

（二）心理健康的等级

根据国内外心理健康专家的研究，人的心理健康水平可大致分为三个等级。

（1）一般常态：表现为心情经常愉快，适应能力强，善于与别人相处，能较好地完成达到同龄人发展水平应做的活动，具有调节情绪的能力。

（2）轻度失调：表现为不具有同龄人应有的愉快心情，与他人相处略感困难，生活自理有些吃力，若主动调节或通过专业人员帮助，可恢复常态。

（3）严重病态：表现为严重的适应失调，不能维持正常的生活、工作，如不及时治疗将会恶化，可能成为精神病患者。

（三）界定心理健康标准时应遵循的基本原则

（1）心理活动与外部环境一致性原则，即一个人的所思所想、所作所为是否正确地反映外部世界，有无明显的差异。

（2）心理过程完整性和协调性原则，即人在心理活动中认识、情感、意志三个过程内容是否完整，是否协调一致。

（3）个性心理特征稳定性原则，即人的个性心理特征在没有重大的外部环境改变的前提下，人的气质、性格、能力等个性特征相对稳定，行为表现出一贯性。

由此可见，在具体界定心理健康标准时，一般应该从环境适应能力、挫折耐受能力、情绪调控能力、社会交往能力、自我意识水平等方面提出明确的标准。

三、生理健康与心理健康的辩证关系

无数科学事实和实践经验都证明，人的生理活动和心理活动是密切相关、互为依存的。不存在无生理活动的心理活动，也不存在无心理活动的生理活动，正如一张纸的正、反面一样。因此，人的生理健康与心理健康是辩证统一的。

（一）生理健康是心理健康的基础

心理健康必须以正常的身体，尤其是以健康的大脑和神经系统为基础。身体不健康、患有疾病或有生理缺陷都会影响人的心理状态，使人处于焦虑、低落、烦恼、抑郁之中，既影响认识、情感和意志等心理过程，又阻碍人格的健康发展和人际关系的和谐。

（二）心理健康对生理健康有重要的影响

保持心理健康能够对身体健康起到良好的促进作用，而心理上有问题则可诱发诸多身体疾病。人们所熟知的甲亢、类风湿性关节炎等一系列心身疾病是心理健康影响生理健康的最好例证。所谓的心身疾病（psychosomatic disease）是指心理及社会因素作为重要原因参与发病的一类躯体疾病，与常见疾病不同的是其症状相似，但发病原因不同。临床报告也指出，青年学生在应考期间，因精神负担过重，思想过度紧张、焦虑甚至恐惧，加之身体极度疲劳，正常饮食规律常被打破，容易导致急性胃炎、急性胃溃疡。因此，长寿学者胡兰夫德指出："一切对人不利的影响中，最能使人短命和夭亡的是不良的情绪和恶劣的心境。"

由此可见，生理健康与心理健康的辩证统一是现代人健康的根本，健全的心理寓于健康的身体，健康的身体又有赖于健全的心理。

第三节 大学生心理健康

青年期是少年向成年人转变的过渡期，也是少年心理向成人心理过渡的关键期。大学生是最富有理想、朝气，文化层次较高的青年群体。要了解大学生的心理健康问题，必须熟悉大学生的心理发展特点。

一、大学生心理发展的特点

（一）大学生心理发展的一般特点

1. 智力发展达到高峰，但易带主观性

人的智力构成是多方面的，具体包括观察力、记忆力、想象力、思维力和注意力。大学生的各项智力因素已达到成熟状态，思维特点正从一般性的逻辑思维向辩证思维过渡，思维的独立性、批判性和创造性都显著提高，但由于大学生缺乏社会阅历和知识储备，其思维还没有达到完全成熟的水平，因此在看待问题时容易陷入非黑即白的思维，批判性有余而全面性和建设性不足，易出现主观片面、固执己见的倾向，这需要在实践中不断地进行修正。

2. 情绪逐渐稳定，但波动性较大

相对于中学生而言，大学生的情绪内容趋于深刻和丰富，情绪体验强烈且富有激情，情绪的表达趋于隐蔽，情绪的变化也逐渐趋于稳定。但大学生对情绪的管理能力还相对较弱，情绪带有明显的起伏波动性，有时一旦情绪爆发，自己难以控制，容易表现出狂热和冲动，容易从一个极端走向另一个极端，情绪有时会表现出大喜大悲、大起大落的两极性。

3. 意志力提高，但发展不平衡

大学生的自觉性、坚韧性、自制性和果断性都有了较大发展，意志品质已呈现出较高的水平，但发展不平衡，表现为：自觉性有很大提高，但也表现出一定的惰性；独立意识增强，独立性明显提高，但伴有依赖性、逆反性；做事果断性增强，但带有一定的冲动性。大学时期，大学生的各种意志品质迅速发展，虽发展呈现不平衡，但仍有较强的可塑性。

4. 自我意识增强，但容易出现偏差

随着生活经验的不断丰富和对外界认识的不断提高，大学生开始关注自己的内部世界，渴望认识自我、肯定自我、发展并完善自我。大学生的自我意识迅速发展，但并不成熟，主要表现为：自我认识的自觉性和主动性明显提高，但自我评价具有片面性，容易表现出过度的自我接受和自我拒绝；自我体验的形式呈现出丰富性、敏感性和深刻性等特点，其内容则显现出自尊和自卑共存的特点；自我控制能力较中学生有所提高，但仍然相对较弱，自我完善的愿望强烈但行动落后于想法。

（二）不同阶段大学生心理发展的特点

大学生从入学到毕业一般要经历3～5年时间，由于不同年级所面临的发展课题不同，大学生的心理状态也表现出不同的发展趋向和特征。

1. 过渡适应阶段

大学新生带着"胜利者"的喜悦进入大学后，突出的问题主要是如何适应大学的学习生活，如何建立起新的人际关系。面对生活环境的变迁、学习方式的差异、人际关系的变化，原有的心理平衡被打破，他们需要逐步适应新的生活，建立新的心理结构，达到新的心理平衡，开始真正的大学生活。这一时期他们的心理矛盾主要表现为自豪感和自卑感交织、新鲜感和恋旧感交织、轻松感和紧张感交织、奋发感和被动感交织。这个时期一般是在大学一年级。

2. 稳定发展阶段

当新生适应了大学生活，达到新的心理平衡后，大学生活进入了相对稳定的时期，

这时是大学生成才定型的关键时期。这一时期，大学生极强的可塑性得到充分展示，竞争意识增强，能力得到锻炼和提升，每个人都按自身独特的方式塑造着自己。这个时期是大学生人生观形成时期，也是实现大学教育目标的关键时期。这个时期一般是在大学二年级至三年级。

3. 趋于成熟阶段

经过 3~4 年的大学生活，大学生的世界观、人生观逐步形成，心理逐渐成熟，他们的心理特点与成人的心理特点有许多相近之处。但是，这个时期是大学生从学生时代向职业生涯过渡的阶段，他们又面临新的心理适应过程，如继续升学还是就业的烦恼，以及求职择业中双向选择的压力，使他们的心理又掀起波澜。这时他们的心理特点主要是有紧迫感、责任感和忧虑感。

二、大学生心理健康的标准

（一）大学生心理健康的标准概述

综合考虑国内外学者对心理健康及其依据的多种论述，根据大学生这一特殊群体的年龄特征、心理特征和社会角色特征，本书归纳出当代大学生心理健康的 8 条基本标准。

1. 智力正常

智力是个体认知方面不同能力的综合体，主要包括观察力、记忆力、抽象逻辑思维能力、想象力和实践活动能力，其中抽象逻辑思维能力是智力的核心。智力是大学生学习、生活与工作的基本心理条件，是适应周围环境变化所必需的心理保证，也是衡量大学生心理健康的首要标准。一般来说，衡量大学生的智力是否正常，关键在于其是否正常地、充分地发挥了自我效能。大学生智力正常且充分发挥的标准是有强烈的求知欲和浓厚的探索兴趣；智力结构中各要素在其认知活动和实践活动中能积极协调地参与，并能正常地发挥作用，乐于学习。

2. 情绪健康

情绪是人对客观事物的态度体验及相应的行为反应，是以个体的愿望和需要为中介的一种心理活动。情绪健康的标志是情绪稳定和心情愉快。这是大学生心理健康的一个重要指标，因为情绪在心理状态中起着核心作用，情绪异常往往是心理疾病的先兆。大学生情绪健康应包括以下内容：愉快情绪多于负性情绪，乐观开朗、富有朝气，对生活充满希望；情绪较稳定，善于控制与调节自己的情绪，既能克制又能合理宣泄自己的情绪，情绪的表达既符合社会的要求又符合自身的需要，在不同的时间和场合能恰如其分地进行情绪表达；情绪反应与环境相适应，反应的强度与引起情境相符合。

3. 意志健全

意志是有意识地支配、调节行为，通过克服困难，以实现预定目的的心理过程。意志健全者在行动的独立性、果断性、坚定性和自制力等方面都表现出较高的水平。意志健全的大学生在各种活动中都有自觉的目的性，能适时地做出决定并运用切实有准备的方式解决所遇到的问题，能在困难和挫折面前采取合理的反应方式，能在行动中控制情绪和言而有信，而不是行动盲目、畏惧困难、顽固执拗。

4. 人格完善

人格是一个人在与其所处的环境相互作用过程中表现出来的独特的思维模式、行为方式和情感反应特征。人格反映了一个人总的心理面貌，具有稳定性、独特性、整合性和功能性。人格完善就是指有健全统一的人格，个人的所想、所说、所做都是协调一致的。人格完善包括人格结构的各要素完整统一；具有正确的自我意识，不产生自我同一性混乱，以积极进取的人生观作为人格的核心，并以此为中心把自己的需要、目标和行动统一起来。

5. 自我评价正确

正确的自我评价是大学生心理健康的重要条件，大学生在进行自我观察、自我认定、自我判断和自我评价时，能做到自知，恰如其分地认识自己，摆正自己的位置，既不以自己在某些方面高于别人而自傲，也不以在某些方面低于别人而自卑，面对挫折与困境能够自我悦纳，喜欢自己，接受自己，自尊、自强、自制，自爱适度，正视现实，积极进取。

★ 心理故事

一只破水桶的用途

一个农夫有两只水桶。他每天都用一根扁担挑着两只水桶去河边打水。

两只水桶中有一只水桶有一道裂缝，因此每次农夫挑水到家时，这只水桶总是会漏得只剩下半桶水，而另一只水桶却总是满满的。就这样，日复一日，两年时间里，农夫每天都从河里挑一桶半水回家。

一天，在河边，这只有裂缝的桶终于鼓起勇气向主人开口："我觉得很惭愧，因为我有裂缝，一路上漏水，只能担半桶水到家。"农夫回答它："你注意到了吗？你那一侧的路边开满了花，而另外的一侧却没有花。我从一开始就知道你有裂缝，于是在你那一侧的路上撒了花籽。我每天担水回家的路上，你就给它们浇水。两年了，我经常从路边采摘鲜花来装扮我的餐桌。如果不是因为你所谓的缺陷，我怎么会有美丽的鲜花来装扮我的家呢？"

资料来源：张志会. IQ 智商：智慧启蒙故事 [M]. 沈阳：辽宁少年儿童出版社，2016.

6. 人际关系和谐

良好而深厚的人际关系是事业成功与生活幸福的前提。和谐的人际关系，既是大学生心理健康不可缺少的条件，也是大学生获得心理健康的重要途径。其表现为：乐于与人交往，既有广泛而深厚的人际关系，又有知心朋友；在交往中保持独立而完整的人格，有自知之明，不卑不亢；能客观评价别人和自己，善取人之长补己之短，宽以待人，乐于助人，积极的交往态度多于消极的态度，交往动机端正。

★ **案例点击**

寝室里的烦恼

小王是一名大学二年级女生。她刚上大学时，与室友关系还不错。小王喜欢早睡早起，而室友经常熬夜。小王试图与室友沟通，希望她们早点休息或者声音小一些，但室友仍然保持原来的作息和生活习惯。这让小王特别苦恼，与室友的关系也渐渐疏远了。有一次小王回到寝室时，室友们正在说笑，但小王一进屋，她们就不说话了，小王觉得她们是在背后议论自己，说自己的坏话。室友晚上熬夜时，偶尔会动静很大，小王觉得这是故意针对自己的。就这样，小王与室友的关系越来越僵，每天一回到寝室，她的心情就特别糟糕，感觉烦恼、无助和痛苦。小王主动来到学校心理中心，期待通过心理咨询帮助自己解决人际交往的困惑。

7. 社会适应正常

个体应与客观现实环境保持良好秩序，既要进行客观观察以取得正确认识，以有效的办法应付环境中的各种困难，不退缩，又要根据环境的特点和自我意识的情况努力进行协调，或改变环境适应个体需要，或改造自我适应环境。

8. 心理行为符合大学生的年龄特征

大学生是处于特定年龄阶段的特殊群体，应具有与年龄和角色相适应的心理行为特征。如果一个人的心理行为经常严重偏离自己的年龄特征，一般都是心理不健康的表现。

（二）正确理解心理健康的标准

心理健康的标准是一种理想尺度，一方面，它为人们提供了衡量心理是否健康的标准；另一方面，它为人们指出了提高心理健康水平的努力方向。正确认识和运用大学生心理健康标准应注意以下几个问题。

一是标准的相对性。事实上，大学生心理健康与不健康并无明显界限，而是一个连续化的过程。如果将正常比作白色，将不正常比作黑色，那么，在白色与黑色之间存在着一个巨大的缓冲区域——灰色区域，大多数人都散落在这一区域内。对多数大学生而言，在人生的发展过程中面临心理问题是正常的，从良好的心理状态到严重的心理疾病之间有一个广阔的过渡带。许多情况下，异常心理与正常心理、变态心理与常态心理之间没有绝对的界限，只是程度的差异而已，不必大惊小怪，应积极加以矫正。与此同时，个体灰色区域也是存在的，大学生应提高自我保健意识，及时进行自我调整。

二是整体协调性。把握心理健康的标准，应以心理活动为本考察其内外关系的整体协调性。从心理过程看，健康的人的心理活动是一个完整统一的协调体，这种整体协调保证了个体在反映客观世界过程中的高度准确性和有效性。事实表明，认识是心理健康的起点，意志行为是人格面貌的归宿，情感是认识与意志之间的中介因素。因而，心理不健康与有不健康的心理和行为表现不能等同。心理不健康是指一种持续的不良状态。偶尔出现一些不健康的心理和行为并不等于心理不健康，更不等于已患心理疾病。因此，不能仅从一时一事而简单地给自己或他人下心理不健康的结论。

三是发展性。心理健康的状态不是固定不变的，而是动态的变化过程。随着人的成长、经验的积累和环境的改变，心理健康状况也会有所改变。事实上，不健康的心理可能是人在发展中不可避免的发展性问题，随着个体的心理成长逐渐调整而趋于健康。

如果每个人在自己现有的基础上能够做不同程度的努力，那么，每个人都可追求自身心理发展的更高层次，从而不断发挥自身的潜能。大学生心理健康的基本标准，是他们能够进行有效的学习和生活。如果正常的学习和生活都难以维持，就应该及时予以调整。

三、影响大学生心理健康的因素

人的心理行为是一个极为复杂的动态过程，影响心理健康的因素也是复杂多样的，既有外界的环境因素，也有个体自身的心理因素。

（一）社会环境

社会环境的影响主要包括社会物质、网络技术、社会舆论等。

1. 社会物质

随着国民经济水平的提升，人们的物质生活水平更加优越。目前大部分学生来自独生子女家庭，他们从小到大都独享父母的爱。这对大学生的成长是一把双刃剑，一方面可以让其体验到更多的爱和关注；另一方面，过多的关注有时也会变成压力，他们可能需要承担更多的父母期待和学业压力。

2. 网络技术

随着网络技术的发展，互联网的可获得性越来越高，内容上也出现了爆炸式增长的现象。互联网的兴起对大学生的心理健康产生了很大影响，一方面，这在一定程度上扩展了学生的交往范围，拓宽了学生的知识面和视野，丰富了学生的学习方式和内容，有助于学生形成新的思维模式；另一方面，互联网对大学生的心理健康也存在潜在的负面影响，如少部分学生过度使用网络，降低了学习、生活能力，减弱了人际交流能力。

3. 社会舆论

社会舆论也会在成长着的大学生心中留下深层的心理积淀。正确的舆论有利于大学生心理健康成长，不正确甚至错误的舆论会对大学生心理的健康成长造成不良影响。

（二）家庭环境

家庭环境的影响主要包括家庭的情绪氛围、父母的教养态度、家庭结构的变化和家庭经济状况四个方面。家庭是人生的奠基石，父母是孩子的第一任老师，对孩子的成长与成才的影响是长久而深远的。

1. 家庭的情绪氛围

家庭的情绪氛围是良好心理素质形成的前提。家庭成员间的语言及人际氛围，直接影响着家庭中每个成员的心理。民主、和谐的家庭氛围有利于大学生的心理健康发展，有助于他们从容解决学习、生活中遇到的各种问题，与他人发展良好的人际关系，形成随和、诚恳、乐观等良好的个性特征；反之，如果家庭气氛紧张，家庭成员间相互敌视、经常吵架，则会使学生产生恐惧、焦虑等消极情绪，形成敏感多疑、冷漠、孤僻等不良的个性特征。

2. 父母的教养态度

父母的教养态度和教育方法直接影响孩子的行为和心理。根据戴安娜·鲍姆林德提出的著名教养方式理论，存在四种不同的教养方式，即权威型（高温暖、高控制）、专制型（低温暖、高控制）、放纵型（高温暖、低控制）和忽视型（低温暖、低控制）。研究表明，民主、平等而非命令、居高临下的，开明而非专制的，潜移默化而非一味娇宠的教育方法，有利于学生心理的健康发展。

3. 家庭结构的变化

家庭结构的变化如单亲家庭、重新组合家庭等必然对大学生的心理有一定影响。

4. 家庭经济状况

家庭经济状况特别是困难甚至贫困家庭的学生易产生心理不适感。

（三）学校环境

校园的教育环境、学习环境、生活环境对大学生的心理健康有着直接且深刻的影响。

1. 教育环境

高校教育实践中过于注重专业教育和智力教育，忽视人文素质教育和心理健康教育，这在一定程度上影响着大学生的心理健康。

2. 学习环境

与中学相比，大学的学习环境发生了巨大变化。中学时，大部分学生习惯于老师的详细讲解和辅导，自学能力较差，依赖性较强；而在大学，脱离了老师、家长的严厉监督，学生需要培养学习的自觉性、自主性和自制力，一些学生因为大学课程减少、课余时间增多而放松了对自己的要求，不能及时掌握大学的学习方法，陷入迷茫状态。

3. 生活环境

从中学到大学，大学生的生活环境发生了很大变化。例如，从家乡来到异地城市，从在家生活到集体宿舍生活，从父母照料到自己独立应对各种琐事等，都会对大学生的心理健康产生一定影响。

（四）大学生自身因素

大学生自身因素是影响和制约大学生心理健康的主要内因，包括个体生理因素和心理因素。

1. 生理因素

少数大学生因为遗传等因素的影响，在长相、身材、身高等方面存在一些缺陷，或是身体素质较差、患有疾病等，这些生理性缺陷可能会使个体出现个性缺陷，如心胸狭窄、自卑、敏感多疑等，当然也可能促使个体更加努力和奋进。

2. 心理因素

心理因素，尤其是人格因素，对一个人的心理健康具有较大的影响。例如，对于同样的挫折事件，不同个性的人有着不同的反应模式，有的人可能无法承受，消极应对，从此自暴自弃；但有的人则可能正视现实，加倍努力。

影响大学生心理健康的不良人格倾向主要包括应对方式、自我概念、归因方式、社会支持及人际关系等方面的缺陷。

第四节 大学生心理健康的维护和促进

大学生的心理健康，不仅仅关系到学生个人的学习、生活、发展和高等教育目标的实现，更关系到民族与国家的未来。因此，大学生心理健康的维护和促进显得非常必要且重要。

一、大学生心理健康的自身关注

（一）培养健全良好的个性

不良的个性容易诱发心理疾病，而良好的个性对心理失调具有"免疫"能力。大学生培养健全良好的个性品质，提高人格境界，有益于促进身心健康发展。个性是心理现象的重要组成部分，是指在个体思想和行为中表现出来的比较稳定的特征和倾向，是心理活动长期积累的结晶。它包括个体的认知素质、情感品质、意志品质、兴趣素质、性格品质等。大学生要保持与促进自身的心理健康，必须注重良好个性品质的培养。具体而言，应注意以下几点。

（1）树立正确的人生观与世界观。只有树立正确的人生观和世界观，才能对社会、对人生、对世界的事物有正确的认识和了解，并能采取适当的态度和行为反应，做到冷静而稳妥地处理事情。

（2）通过多种途径正确认识自我，并培养悦纳自我的态度，做到自信、自尊、自重和自豪。

（3）培养宽广的胸怀，保持乐观情绪，做到心胸宽广、豁达大度。

（4）培养多方面的兴趣和爱好。珍惜学习机会，热爱自己所学的专业，并注意保持广泛的兴趣，发展自己的想象力和创造力。

（5）磨炼意志，迎难而上，培养良好的意志品质。一方面，要有勇敢面对逆境的心理准备，对挫折有正确的认识，不断提高对挫折的承受能力，在挫折面前不惊慌失措，采取理智的应对方法，化消极因素为积极因素；另一方面，能够根据实际情况，不断调整自己的需要和心理期望。

虽然大学生的个性在进入大学之前已基本定型，具有稳定性，但是个性又具有可塑性，大学生可以通过大学的教育教学活动、文体活动、社会实践活动和自我教育活动等，进一步培养健全良好的个性。

（二）保持健康的生活方式

生活方式是指人们在日常生活中遵循的行为规范。为完成繁重的学习任务，提高身体素质，大学生一定要养成健康的生活方式。

对大学生而言，健康的生活方式主要包括以下内容。

（1）规律作息，早睡早起，保持充足睡眠。

（2）平衡膳食，坚持吃早餐。

（3）科学用脑，劳逸结合，有张有弛，避免用脑过度。

（4）适量运动，积极参加体育锻炼。

（三）保持健康的情绪

情绪对于心理健康来说是至关重要的，几乎每一种心理疾病都有其情绪上的表现。稳定而良好的情绪状态，使人心情开朗、轻松安定、精力充沛，对生活充满乐趣与信心。相反，如果一个人情绪波动不稳，患得患失、喜怒无常，处于不良的情绪状态中，而自己又不会调节和控制，就会导致心理失衡和心理危机。大学生情感丰富而易冲动，更应学会管理自己的情绪，保持健康的情绪。

（1）**认识和觉察情绪**。由于我们经常压抑自己的感觉，或者常认为有情绪是不好的，所以我们经常忽略自己的感受。情绪管理的第一步就是先要认识和觉察自己的情绪，而不是躲避或者推脱。情绪没有好坏之分，只要是我们真实的感受，我们就要去正视它、接受它。我们只有认清自己的情绪，才能掌握情绪、管理情绪，而不会被情绪所左右。

（2）**妥善管理情绪**。情绪管理是指个体通过一定的方式，调控和安抚自己的情绪，使之适时、适地、适度。个体要学会几种自我疏导、自我排遣的方式，比如可以通过深呼吸、静坐冥想、运动、到郊外散心、听音乐等让心情平静下来，也可以通过大哭一场、找人聊天、涂鸦、写日记等来宣泄情绪，改变心情。

（四）掌握自我心理调节的方法

自我心理调节是指通过自己的认识、言语、思维等活动来调节和改善自己的心理状态，以达到保持和维护心理健康的过程。自我心理调节是自我心理保健的核心，离开了自我调节，心理保健也就无从谈起。大学生有意识地运用自我调节方法，对克服心理障碍、预防心理疾病的发生不仅是必要的，而且是可行的。大学生常用的自我心理调节的方法有以下几种。

（1）**自我暗示法**。自我暗示法是指借助积极合理的言行，对自己施加影响以达到调节自己心理状态的方法。比如，面对失败和挫折时，可用"失败乃成功之母"来暗示和激励自己。

★ **心理训练**

积极的自我对话

训练目的：帮助个体树立积极的心态。

训练方法：在任何需要的时候与自己对话，比如早上起床开始新的一天时、做错事感到失望时、参加重要比赛紧张时等。

对话技巧：第一，用简单的语言，如今天是美好的一天、我有能力成功；第二，用积极的语言，如我是最棒的；第三，用肯定的语言，如我一定能成功；第四，要经常重复，潜意识需要多次刺激才能产生作用。

心理分析：潜意识对人的行为有巨大影响，而心理暗示是影响潜意识的一种最有效的方法。坚持进行积极的自我暗示，可以改变自己的不合理认知，树立积极的心态。

（2）**合理宣泄法**。合理宣泄法是指采取不危害他人、社会和自己的方式，将内心的痛苦或怨恨发泄出来，以缓解或消除不良情绪，使心理恢复正常的方法。如在极度痛苦悲伤时放声大哭，诉诸笔端，找亲朋好友"一吐为快"，进行剧烈的劳动与体育运动等。

（3）**自我代偿法**。自我代偿法是指当自己某一需要不能满足时，通过别的途径满足需要，或改变原有目标，用另一种目标取代的方法。例如，长相平凡不出众的同学，可以发奋学习，在学业上出类拔萃；当不了学生干部，可以通过各种途径展示自己的才华，以弥补自尊和自信等。

（4）**自我升华法**。自我升华法是指将自己不为社会所认可的动机或需要转变为符合社会要求的动机或需要，变消极心理和行为为积极心理和行为的方法。如不少大学生把嫉妒升华为奋发努力、积极进取的行为。

（5）**幽默化解法**。幽默化解法是指自己在遇到挫折或处于尴尬境地时，用机智有趣或可笑而意味深长的语言、行为来化解困境、消除误会，缓解紧张气氛，放松情绪，达到维持心理平衡的方法。例如，某校一名女生上台演讲，在一片热烈的掌声中不慎绊倒在地，下面一阵哄笑，这名女生迅速站起来说："谢谢大家的掌声，都把我倾倒了。"全场掌声骤起，演讲顺利进行。

二、学校心理健康教育体系的构建

（一）开设心理健康教育课程

充分发挥课堂教学在大学生心理健康教育中的主渠道作用，面向大学生开设心理健康教育课程，帮助大学生从科学的角度理解心理问题，系统地了解必要的心理学知识，如正确认识自我与完善自我，有效调节与管理情绪，增强人际沟通，培养与塑造良好的个性等。

（二）开展心理咨询

心理咨询可分为个体心理咨询和团体心理咨询。个体心理咨询是一对一的形式，学生可以就自己遇到的问题向咨询师寻求帮助。团体心理咨询是咨询师面对一群具有相同心理困惑的人而采取的方式。团体心理咨询在某些情况下效果非常好，因为对某些人来说，他们需要来自他人的支持。例如，把具有相同人际交往障碍的学生组成一个小组，在这个小组中，他们可以获得一种支持性力量，觉得自己不再孤单，从而增强克服障碍的决心。同时，心理咨询中心还可以开设热线电话，以使有困难的学生及时得到帮助。

（三）开展网络心理健康教育

随着高科技的发展，普及单一课堂教育已经不能有效解决大学生普遍存在的心理问题，而网络教育不分时间、不分地点、没有强制性的这些特点更容易被大学生接受，更有利于帮助他们解决有关学习、生活等一系列心理压力和问题。网络心理健康教育是对课堂教育的丰富和补充，可以使高校心理健康教育逐步普及并走向完善。网络心理健康教育的具体方法可以有多种形式，如在网上开设心理学方面的课程，举办网上心理健康专题讲座，在网上进行心理健康测试，等等。

（四）建立三级心理健康防护网

1. 心理健康的三级功能

现代的心理健康学本质上是为了促进人的身心健康和发展，提高人的适应能力和生活质量。传统的心理健康"三级预防""防治心理疾病"观念已经转变为现代的心理健康"三级功能""增进心理健康和发展"的观念。

（1）**心理健康的初级功能主要是防治心理疾病**。当代大学生由于在校受教育时间长，缺乏社会生活经验，心理成熟滞后于生理成熟，受价值多元化的影响，容易产生各种心理矛盾和冲突。当面临的心理冲突较大、持续时间过长时，可能会引发一系列的生理、心理反应，严重的会导致心理疾病。心理健康的初级功能指及时发现大学生的心理问题，采取相应的措施给予矫正和治疗。

（2）**心理健康的中级功能主要是完善心理调节**。大学生在学习、交友、恋爱、择业等过程中经常会遇到挫折，产生心理困扰。大学生心理发展尚未成熟，自我调节能力还有待提高，这些困扰从一定程度上影响着大学生的正常生活和健康成长。心理健康的中级功能就是指导大学生深化对自己、他人和社会的了解，掌握自我调节的方法，提高挫折承受力，增强社会适应能力。

（3）**心理健康的高级功能主要是发展健康的个体和社会**。大学生由于自身存在的局限或缺点，影响自己的适应与发展，阻碍潜力的发挥。心理健康的高级功能就是帮助大学生认清自己的潜力，保持良好的心境，充分发挥自己的潜能，使自己拥有成功的人生并有益于社会。

2. 心理预防的三级网络

大学生心理健康工作必须有一定的制度和组织保证，必须达成全校师生人人关心心理健康的共识。近年来，许多高校积极努力，逐步建立了三级心理健康防护网。

（1）**班级保健网**。由心理健康教育工作者在学生中通过各种途径普及心理卫生知识，培训一个心理卫生骨干，如宿舍心理联络员、班级心理健康委员、心理健康社团骨干等，他们生活在学生中，可及时发现出现心理问题的同学，并介绍、推荐有困扰的学生去寻求专业帮助。

（2）**院级保健网**。对院、系与学生关系密切的人员，如辅导员、班主任、学生处的工作人员，进行心理健康专题培训，使他们初步了解大学生心理健康的状况，学会区分思想问题与心理问题，并具有解决一般心理问题的能力，使学生能够得到及时的帮助。如果遇到难题，他们应知道寻求专业机构的帮助。

（3）**校级保健网**。以学校心理健康教育机构（如大学生心理咨询中心）为主，培训专业人员，以帮助那些有严重心理困扰的学生，并通过心理健康普查，了解学生心理健康状况，有针对性地、有计划地提出切实可行的心理健康教育方案。

心书推荐

《自卑与超越》

［奥地利］阿尔弗雷德·阿德勒

《自卑与超越》这本书是心理学家阿德勒的著作，作者从探寻人生的意义出发，启迪我们去理解真实的生命意义。全书立足于个体心理学观点，从教育、婚姻、家庭、社交、伦理等多个领域，以大量的实例为论述基础，阐明了人生道路的方向和人生意义的真谛。

心理自测

SCL-90

SCL-90（symptom checklist 90，90项症状清单）又称症状自评量表，它列出了有些人可能会出现的问题，请仔细阅读每一条，然后根据最近一周自己的实际感受，在"没有""较轻""中度""相当重""严重"五个选项中选择最符合自己的一种情况。其中"没有"

是指自觉并无该项症状或问题，记 1 分；"较轻"是指自觉有该症状，但对你并无实际影响或有轻微影响，记 2 分；"中度"是指自觉有该项症状，对你有一定影响，记 3 分；"相当重"是指自觉常有该项症状，对你有相当程度的影响，记 4 分；"严重"是指自觉该症状的频度和强度都十分严重，对你的影响严重，记 5 分。

1. 头痛。
2. 神经过敏，心中不踏实。
3. 头脑中有不必要的想法或字句盘旋。
4. 头昏或昏倒。
5. 对异性的兴趣减退。
6. 对旁人求全责备。
7. 感到别人能控制自己的思想。
8. 责怪别人制造麻烦。
9. 忘性大。
10. 担心自己的衣饰不整齐及仪态不端正。
11. 容易烦恼和激动。
12. 胸痛。
13. 害怕空旷的场所或街道。
14. 感到自己的精力下降，活动减慢。
15. 想结束自己的生命。
16. 听到旁人听不到的声音。
17. 发抖。
18. 感到大多数人都不可信任。
19. 胃口不好。
20. 容易哭泣。
21. 同异性相处时感到害羞不自在。
22. 感到受骗，中了圈套或有人想抓住自己的把柄。
23. 无缘无故地突然感到害怕。
24. 自己不能控制地大发脾气。
25. 怕单独出门。
26. 经常责怪自己。
27. 腰痛。
28. 感到难以完成任务。
29. 感到孤独。
30. 感到苦闷。
31. 过分担忧。
32. 对事物不感兴趣。

33. 感到害怕。
34. 感情容易受到伤害。
35. 旁人能知道自己私下的想法。
36. 感到别人不理解自己、不同情自己。
37. 感到人们对自己不友好、不喜欢自己。
38. 做事必须做得很慢，以保证做得正确。
39. 心跳得很厉害。
40. 恶心或胃部不舒服。
41. 感到比不上他人。
42. 肌肉酸痛。
43. 感到有人在监视自己、谈论自己。
44. 难以入睡。
45. 做事必须反复检查。
46. 难以做出决定。
47. 怕乘电车、公共汽车、地铁或火车。
48. 呼吸有困难。
49. 感到一阵阵发冷或发热。
50. 因为感到害怕而避开某些东西、场合或活动。
51. 脑子变空了。
52. 身体发麻或刺痛。
53. 喉咙有哽噎感。
54. 感到前途没有希望。
55. 不能集中注意力。
56. 感到身体的某一部分软弱无力。
57. 感到紧张或容易紧张。
58. 感到手脚发重。
59. 想到死亡的事。
60. 吃得太多。
61. 当别人看着自己或谈论自己时感到不自在。
62. 有一些不属于自己的想法。
63. 有想打人或伤害他人的冲动。
64. 醒得太早。
65. 必须反复洗手、点数目或触摸某些东西。
66. 睡得不稳不深。
67. 有想摔坏或破坏东西的冲动。
68. 有一些别人没有的想法或念头。

69. 感到对别人神经过敏。
70. 在商店或电影院等人多的地方感到不自在。
71. 感到任何事情都很困难。
72. 感到一阵阵恐惧或惊恐。
73. 感到在公共场合吃东西很不舒服。
74. 经常与人争论。
75. 单独一人时神经很紧张。
76. 感到别人对自己的成绩没有做出恰当的评价。
77. 即使和别人在一起也感到孤单。
78. 感到坐立不安、心神不定。
79. 感到自己没有什么价值。
80. 感到熟悉的东西变得陌生或不像真的。
81. 大叫或摔东西。
82. 害怕会在公共场合昏倒。
83. 感到别人想占自己的便宜。
84. 为一些有关性的想法而苦恼。
85. 认为应该为自己的过错而受到惩罚。
86. 感到要赶快把事情做完。
87. 感到自己的身体有严重问题。
88. 从未感到和其他人很亲近。
89. 感到自己有罪。
90. 感到自己的脑子有毛病。

【统计指标】

SCL-90 最常用的指标是总分与因子分。

1. 总分

90 个单项分相加之和，即为总分。

2. 因子分

共包括 9 个因子，每一个因子反映出病人的某方面症状痛苦情况，通过因子分可了解症状分布特点。9 个因子的含义及所包含的项目如下。

（1）躯体化：包括 1、4、12、27、40、42、48、49、52、53、56、58 共 12 项，该因子主要反映主观的身体不适感。

（2）强迫症状：包括 3、9、10、28、38、45、46、51、55、65 共 10 项，主要反映临床上的强迫症状群。

（3）人际关系敏感：包括 6、21、34、36、37、41、61、69、73 共 9 项，主要指个人的不自在与自卑感，特别是与其他人相比较时更加突出。

（4）抑郁：包括 5、14、15、20、22、26、29、30、31、32、54、71、79 共 13 项，

反映与临床上抑郁症状群相联系的广泛概念。

（5）焦虑：包括2、17、23、33、39、57、72、78、80、86共10项，一般指在临床上明显与焦虑症状群相联系的精神症状及体验。

（6）敌对：包括11、24、63、67、74、81共6项，主要从思想、感情及行为三方面来反映敌对的表现。

（7）恐怖：包括13、25、47、50、70、75、82共7项，恐惧的对象包括出门旅行、空旷场地、人群或公共场所和交通工具。此外，还有反映社交恐怖的一些项目。

（8）偏执：包括8、18、43、68、76、83共6项。本因子是围绕偏执性思维的基本特征而制订的，主要指投射性思维、敌对、猜疑、关系妄想等。

（9）精神病性：包括7、16、35、62、77、84、85、87、88、90共10项，其中包括幻听、思维播散、被洞悉感等反映精神分裂样症状项目。

19、44、59、60、64、66、89共7个项目未归入任何因子，反映睡眠及饮食情况，分析时将这7项作为附加项目或其他，作为第10个因子来处理。

因子分＝组成某一因子的各项目总分／组成某一因子的项目数。例如，强迫症状因子各项目的分数之和假设为30分，共有10个项目，所以因子分为3分。在1～5分评分制中，粗略简单的判断方法是看因子分是否超过3分，若超过3分，即表明该因子的症状已达到中等以上程度。

思考与练习

1. 如何科学地理解健康？
2. 结合自己的工作、生活实际，谈谈生理健康与心理健康有怎样的关系。
3. 大学生心理健康的标准有哪些？
4. 如何维护和促进自身的心理健康？

第二章 · CHAPTER 2

心灵对话
——心理咨询

🕘 学习目标

（1）使学生了解心理咨询的基本概念和功能；
（2）掌握心理咨询的内容与类型，了解心理咨询的主要理论流派与方法；
（3）建立正确的心理咨询观念及自助求助的意识。

🎓 案例导入

为什么大家都不喜欢我

小兰，女，某重点大学大二学生，家庭条件富裕，学习成绩名列前茅，喜欢读书、旅游，见过很多世面。她积极参加学校各项活动，表现非常出色，因此，自身有一种高高在上的优越感。她在平时与同学的交往中，总喜欢炫耀自己，给人一种盛气凌人的感觉，不接受别人比自己强。当别人表现出色时，她总会挑别人的毛病，有时会采取一些不正当的手段来维护自己的自尊和虚荣。久而久之，同学们慢慢疏远了她，不喜欢和她交流，甚至是反感、讨厌她，这使她感到很孤独、难受，出现了失眠、食欲不振症状，学习成绩有所下降，每天闷闷不乐。后来，经过学校心理咨询师的咨询与辅导，她对自己进行了重新审视，发现自己处理问题的方式错了，不应该以贬低别人来维护自己的形象和自尊，更不应该"高高在上"，不能总从他人身上找问题，更应该自我反省，从自身找原因，在人际交往中需要掌握一定的原则和技巧，促进良好人际关系的建立。

【思考】
（1）小兰的心理困扰是如何解决的？
（2）心理咨询能给人带来怎样的帮助？

第一节 心理咨询概述

我国大学生心理咨询工作起步于 20 世纪 80 年代中期，现已初步形成规模，并显现强劲的发展势头。心理咨询目前已成为高等教育的重要组成部分，很多高校成立心理咨询机构并开展了心理咨询工作。有人将大学里的心理咨询机构比作情感的驿站、心灵的港湾。

一、心理咨询的概念

（一）心理咨询的定义

关于心理咨询的定义，中外不同学者各有各的说法。

罗杰斯将心理咨询解释为：通过与个体持续的、直接的接触，向其提供心理帮助并力图促使其行为、态度发生变化的过程。威廉森等将心理咨询解释为：A、B 两个人在面对面的情况下，受过心理咨询专门训练的 A，向在心理适应方面出现问题并祈求解决问题的 B 提供援助的过程。这里 A 是咨询师，B 是求助者。陈仲庚则认为，心理咨询就是帮助人们去探索和研究问题，使他们能决定自己应该做些什么。心理咨询应明确三个问题：①待解决问题的性质；②咨询师的技术；③所要达到的目标。

1984 年美国出版的《心理学百科全书》提出心理咨询有两种模式，即教育的模式和发展的模式。该书认为："咨询心理学始终遵循着教育的模式，而不是临床的、治疗的或医学的模式。咨询对象被认为是在应付日常生活中的压力和任务方面需要帮助的正常人。咨询心理学家的任务就是教会他们模仿某些策略和新的行为，从而能够最大限度地发挥其已经具备的能力，或者形成更为适当的应变能力。"该书还指出："咨询心理学强调发展的模式，它试图帮助咨询对象得到充分的发展，扫除其成长过程中的障碍。"

《中国大百科全书·心理学》对心理咨询是这样定义的："一种以语言、文字或其他信息为沟通形式，对求助者予以启发、支持和再教育的心理治疗方式。其对象不是典型的精神病患者，而是有教育、婚姻、职业等心理或行为问题的人"。

朱智贤主编的《心理学大词典》对心理咨询是这样定义的："对心理失常的人，通过心理商谈的程序和方法，使其对自己与环境有一个正确的认识，以改变其态度与行为，并对社会生活有良好的适应。心理失常，有轻度的，有重度的，有属于机能性的，有属于机体性的。心理咨询以轻度的、属于机能性的心理失常为范围。"

马建青在《辅导人生——心理咨询学》一书中认为："心理咨询定义为运用有关心理科学的理论和方法，通过解决咨询对象（即来访者）的心理问题（包括发展性心理问题和障碍性心理问题）来维护和增进身心健康，促进个性发展和潜能开发的过程。"

钱铭怡在《心理咨询与心理治疗》一书中将心理咨询定义为："咨询师通过人际关系，应用心理学方法，帮助来访者自强自立的过程。"她指出，对心理咨询的理解必须依据四点：第一，咨询的要素之一是人际关系，有良好的人际关系才可能达到帮助来访者的目的；第二，咨询是在心理学有关理论指导下的活动；第三，咨询是一个过程，往往不是一次会谈就能解决问题；第四，咨询是帮助来访者自强自立，而不是包办解决来访者的各种问题。

1995年出版的《心理学百科全书》对心理咨询的定义做了如下说明："咨询者就访谈对象提出的心理障碍或要求加以矫正的行为问题，运用相应的心理学原理及其技术，借助一定的符号，与访谈者一起进行分析、研究和讨论，揭示引起心理障碍的原因，找出行为问题的症结，探索解决的可能条件和途径，共同协商出摆脱困境的对策，最后使来访者增强信心，克服障碍，维护心理健康。"

综上所述，心理咨询是指咨询师运用心理学的有关理论与方法，通过特殊的人际关系，帮助来访者解决心理问题，增进心身健康，提高适应能力，促进个性发展与潜能发挥的过程。

（二）心理咨询的特征

通过以上国内外关于心理咨询定义的代表性观点，我们可以看出，心理咨询具有以下核心特征。

1. 心理咨询是一种帮助性人际关系

心理咨询是一种帮助性人际关系，在这种人际关系中，咨询师与来访者（求助者）扮演不同的角色。咨询师帮助来访者更好地理解自己，更有效地生活。来访者在咨询过程中需要接收新的信息，学习新的行为，学会调整情绪及解决问题的技能。在此过程中，咨询师要意识到自己作为帮助者的角色，而来访者也不能过分依赖咨询师。

2. 心理咨询的目的是消除心理问题

人们在今天激烈的人际竞争中，背负着沉重的精神压力，心理亚健康和健康水平低的人越来越多。每一个背负心理伤痛的人都在饱受煎熬，甚至有的人付出了生命的代价。心理咨询师的职责是帮助人们缓解和消除心理问题，重回健康的精神家园，享受生活的快乐和幸福。

3. 心理咨询是一种专业化服务

心理咨询与日常生活中的"聊天"有很大区别。咨询师必须是受过严格专业训练、拥有这项服务所必需的知识和技能（尤其是具有接受他人和理解他人的态度与能力），并得到权威机构认可的专业人员。无论是咨询师还是来访者都应该清楚地意识到这一点。

4. 心理咨询是一种社会服务

十九大报告中明确提出："要加强社会心理服务体系建设，培育自尊自信、理性平和、积极向上的社会心态。"心理咨询可以在学校、医院、社区、企事业单位等领域中，为个人、家庭、组织提供个体或团体的指导和咨询服务，预防和消除不良行为，促进心理健康，提高生活质量，也能帮助人们在个人、社会、教育、职业等诸多方面实现有效的发展，而不限于某个领域或解决某些问题。所以，心理咨询常被认为是一种社会服务，通过咨询这个过程，咨询师可以帮助遇到困惑的人们解决问题。

二、心理咨询与心理治疗

（一）心理治疗的定义

《美国精神病学词汇表》将心理治疗定义为："在这一过程中，一个人希望消除症状，或解决生活中出现的问题，或因寻求个人发展而进入一种含蓄的或明确的契约关系，以一种规定的方式与心理治疗家相互作用。"心理治疗家弗兰克认为心理治疗是受过专业训练的、为社会所认可的治疗师通过一系列目的明确的接触或交往，对患有疾病或遭受痛苦并寻求解脱的人所施加的一类社会性影响。美国精神科医师沃尔培格认为，从临床观点来说，心理治疗是一种"治疗"工作，即由治疗师运用心理学方法，来治疗与病人心理有关的问题。治疗师必须是受过训练的专家，他们尽心与病人建立治疗性关系，试图消除病人心理与精神上的症状，并使病人获得人格上的成长与成熟。

我国心理学家陈仲庚认为，心理治疗是治疗师与来访者之间的一种合作努力的行为，是一种伙伴关系；治疗是关于人格和行为的改变过程。研究者曾文星、徐静认为，心理治疗是应用心理学的原则与方法，通过治疗师与被治疗者之间的相互关系，治疗病人的情绪、认知及与行为有关的问题。治疗的目的在于解决病人所面对的心理困难，减少焦虑、忧郁、恐慌等症状，改善病人的非适应行为，包括对人、对事的看法及人际关系等，并促进病人人格的成熟，使其能以较有效且适当的方式来处理心理问题以适应生活。钱铭怡教授把心理治疗定义为："心理治疗是在良好的治疗关系的基础上，由经过专业训练的治疗师运用心理治疗的有关理论和技术，对来访者进行帮助的过程，以消除或缓解来访者的问题或障碍，促进其人格向健康、协调的方向发展。"

从以上介绍的有关心理治疗的定义中不难发现，这些定义虽不尽相同，各有侧重，但都或多或少地涉及如下内容：心理治疗是一个过程；心理治疗涉及治疗师与来访者（患者）之间的关系；心理治疗是治疗师运用有关心理治疗的理论和方法，消除或控制患者的心理问题或心理障碍，改善患者的心理与适应方式，促进其人格发展与成熟。

综上所述，心理治疗是由经过严格专业训练的治疗师，根据患者的特殊心理病理，运用心理治疗的有关理论和技术，通过持续的人际互动，消除或控制患者的心理障碍，恢复和增进其心身健康的过程。

（二）心理咨询与心理治疗的异同

心理咨询与心理治疗之间的关系是怎样的？归纳现有的研究，主要观点有以下三种。

第一种观点认为心理咨询与心理治疗含义相同，没必要进行区分。从心理咨询的角度出发，心理治疗可以被看作是"障碍性咨询"或"治疗性咨询"，即也属于心理咨询的范畴。我国目前许多心理咨询门诊实际上也在做心理治疗工作，彼此之间并没有清晰的界线。

第二种观点认为心理咨询与心理治疗是两回事。持该观点的研究者试图给心理咨询与心理治疗赋予不同的含义，但这是一项非常困难的任务。因为心理咨询与心理治疗的联系十分紧密，即使能够区分出若干不同，其共性也是显而易见的；即使在理论上找到若干差异，其在实践中的联系也是无法避免的。

第三种观点认为心理咨询与心理治疗既有区别又有联系。在这方面，哈恩的话非常具有代表性，"就我所知，极少有咨询工作者和心理治疗家对于已有的在咨询与心理治疗之间的明确的区分感到满意……意见最一致的几点可能是：①心理咨询与心理治疗是不能完全区分开的；②咨询师的实践在心理治疗师看来是心理治疗；③心理治疗师的实践又被咨询师看作是咨询；④尽管如此，心理咨询和心理治疗还是不同的"。

我国心理学家陈仲庚也持有类似观点，他指出，"两者没有本质的区别。这就是说，在关系的性质上、在改变和学习过程上、在指导的理论上都是相似的。如果要求两位专家，其一是心理治疗家，另一是心理咨询家，各开出他们实施专业工作的理论基础，你会发现所列出的原则和依据十分相似，或有许多重叠之处。心理治疗和心理咨询如果不是完全相同，至少是很相似的。两者如果有区别也只是人为的，而非本质的"。

如果要对心理咨询与心理治疗做细微区分，具体区别如下：前者以发展性咨询为主，后者以障碍性治疗为主；前者内容以疑惑、不适为主，后者以障碍、疾病为主；前者是轻度的心理问题，后者在程度上相对重些；前者可在非医疗环境中开展，后者一般在医疗环境中进行。当然，这种区分都是相对的、人为的，在实际工作中很难将二者完全区别开来。

除此之外，二者的相同或相似之处如下所述。

首先，心理咨询与心理治疗都强调在良好的人际关系氛围中，运用心理学方法解决心理或精神方面的问题。这一共同点可以从学者们关于心理治疗的定义中得到证明。例如，陈仲庚指出，心理治疗是治疗师与来访者之间的一种努力合作的行为，是一种伙伴关系。曾文星、徐静认为，心理治疗是指应用心理学的方法来治疗病人的心理问题，其目的在于通过治疗师与病人建立的关系，善用病人求愈的愿望与潜力，改善病人的心理与适应方式，以解除病人的症状与痛苦，并帮助病人促进人格的成熟。美国精神科医师沃尔培格认为心理治疗是针对情绪问题的一种治疗方法，它由一位经过专门训练的人员以慎重细密的态度与来访者建立起一种业务性的联系，用以消除、矫正或缓和现有的症状，调解异常行为方式，促进积极的人格成长和发展。可以看出，心理咨询与心理治疗在咨访关系、解决问题及从业人员的要求等问题上都是一致的。

其次，心理咨询与心理治疗所依据的理论和方法是一致的。在心理咨询与心理治疗中，传统的三大理论体系是精神分析、行为主义和人本主义。此外，20世纪20年代在日本兴起的森田疗法，以及20世纪中期兴起的理性情绪疗法、系统式家庭治疗等各种理论，在心理咨询和心理治疗中都是通用的。

最后，心理咨询和心理治疗所遵循的原则是一致的。比如，尊重、真诚、理解、共情、保密、积极关注等基本原则在这两种工作中都必须遵循。此外，二者对从业者的工作态度和职业道德也有同样的要求。

三、心理咨询的对象、任务

（一）心理咨询的对象

心理咨询的对象是在日常生活中遇到某种精神压力引起心理冲突而寻求帮助的正常人，被称为来访者、求助者。

心理咨询的对象可具体分为三大类：一是精神正常，但遇到了与心理有关的现实问题并请求帮助的人群；二是精神正常，但心理健康水平较低，产生心理障碍导致无法正常学习、工作、生活并请求帮助的人群；三是特殊对象，即临床治愈或潜伏期的精神障碍患者。精神正常人群在现实生活中会面临很多问题，如环境适应问题、择业求学问题、恋爱交友问题、情绪压力问题等。他们在面对上述自我发展问题时，需要做出理想的选择，以便顺利地度过人生各个阶段。这时，心理咨询师可从心理学角度向其提供帮助，这类咨询叫发展心理咨询。另外，有些人长期处在困惑、内心冲突当中，或遭遇较为严重的心理创伤导致心理不平衡，尽管他们的精神仍是正常的，但心理健康水平降低了很多，出现了不同程度的心理障碍。这时，心理咨询师所提供的帮助叫健康心理咨询。

《中华人民共和国精神卫生法》明确规定：心理咨询人员不得从事心理治疗或者精神障碍的诊断、治疗。也就是说精神病性疾病、神经症、人格障碍等不在心理咨询师工作的范围内。对于临床治愈或潜伏期的精神障碍患者进行心理咨询和治疗，能够帮助其康复社会功能，防止疾病的复发，但必须严格限制在一定条件之内，必要时需要与精神科医生协同工作。

（二）心理咨询的任务

心理咨询的总任务是提高个人的心理素质，使其健康、快乐、有意义地生活。心理咨询的具体任务如下。

1. 正确认识主客观世界

每个个体都生活在外部客观世界中，却有着各自不同的内部主观世界，两个世界通过人的认知和实践活动连接起来。外部客观世界是不随人的意志而改变的，是自然而然运作的；内部主观世界则是由以往积累起来的经验构成的，依靠人的意志来编排的。这两个世界之间，本身存在着矛盾。当人们对这种矛盾缺乏明确认识，采取不恰当的方式应对时，会导致无法适应环境，从而产生疑虑困惑，烦躁不安，甚至对自己的生存价值产生怀疑。心理咨询的作用就在于帮助来访者真切地了解和认清自己的主观世界与客观世界，使两个世界相统一，提升其积极适应的能力，使其生活更充实、更惬意。

2. 健全完善自我认知

常言道:"人贵有自知之明。"但由于经验片面,或个人需求不合理,个人易产生片面、错误的自我评估,导致"自知不明"。正确认识自我,实事求是地评价自我,是自我调节和人格完善的重要前提,是心理健康的重要因素。心理咨询能帮助来访者进行自我探索,对自己的性格、能力等做出更为客观、恰当的评价,实现认识自我、接纳自我、完善自我,从而超越自我。

3. 矫正不合理的观念

来访者有时会确信自己的需要和动机是正确的、合理的,认为自己很清楚自己需要的是什么,认为自己对事物的观察和理解也是正确的。但实际上,他们存在认知上的偏差。心理咨询帮助来访者认识到自己存在不合理的观念,正是自己的错误观念将自己引入无法摆脱的困境。与此同时,它还能协助来访者与自己不合理的观念进行辩论,最终纠正自己的错误思维和观念,并用合理的观念代替不合理的观念。

4. 学会面对和应对现实

学会面对现实是生活的真谛。有的人因逃避现实而产生心理问题,有的人因遭遇失败而自暴自弃,有的人因沉溺过去而无法自拔,有的人因坠入不切实际的想象而脱离现实。心理咨询可以帮助来访者立足当下,汲取过去的经验和教训,满怀对未来的美好希望,有信心、有勇气去面对现实,帮他们提高应对现实问题的能力,并采取积极的策略应对现实中出现的各种困难,学会自立自强。

5. 建立良好的人际关系

任何个体都有发自人性的依附本能,彼此理解是满足此类本能的必要条件。现实生活中的冲突打破了人性的内在平衡,使依附本能被淹没在冲突之中,让人的心理产生扭曲,体验到孤独、嫉妒、怨恨,甚至导致严重的心理问题。心理咨询能够帮助来访者唤起自己的依附本能,让其学会接受他人、悦纳他人,理解群体对自己的重要性,提高处理人际关系的能力,有助于建立良好的人际关系。

6. 构建有效的行为模式

有时来访者已经意识到了自己存在不合理的思维和观念,甚至已经形成了合理的想法,但仍然不能行动起来。其实,这恰恰是建立合理的、有效的行为模式的最佳时机。心理咨询师在心理咨询过程中,通过启发、鼓励和支持,帮助来访者重建认知方式,建立新的、合理的、有效的行为模式,以此来摆脱困扰,达到新的心理平衡。

四、心理咨询的基本原则

★ **案例点击**

小华的顾虑

小华是一名大一新生,初入大学,一切对他来说都是新鲜而陌生的。他是第一次住集体宿舍，以为自己会很快适应大学生活，但实际上，没多久，他就遇到了一系列问题，最让他头疼的就是室友关系和学习问题。宿舍一名同学每晚都要打游戏打到很晚，噼里啪啦的键盘声让小华无法入睡。他与该同学多次沟通，但没有什么效果，他特别生气，就和室友大吵了一架，还故意把室友的东西弄坏。最近马上要考试了，他学得本来就不太好，再加上室友的事，晚上休息不好，学习效率很低，也因为故意弄坏室友东西的事心情烦躁、愧疚，根本看不进去书，不知道怎么办才好。他想去做心理咨询，但又有很多顾虑，比如，心理咨询能帮我解决问题吗？心理咨询师会不会把我说的事情告诉别人？心理咨询师会不会觉得我的人品有问题呢？他一直处于要不要去做心理咨询的纠结之中。

案例中小华的顾虑是正常的，是因为他对心理咨询的原则缺乏一定的了解。心理咨询的方式是多样的，咨询的内容更是多样的。面对众多的问题和不同的对象，心理咨询的进行要坚持一些基本原则。心理咨询的原则是指导心理咨询工作的一些基本原理，是咨询工作的规律概括和经验总结，也是对心理咨询过程的一般要求，对心理咨询工作具有指导意义。

（一）来访者自愿原则

所谓来访者自愿原则，是指每一次咨询都是以来访者愿意使自己有所改变为前提的，心理咨询师不能以任何形式强迫来访者接受或维持心理咨询。心理咨询师在向来访者提供咨询服务时，应尊重来访者自己的意愿，这是确立咨访关系的先决条件。有人也将这一原则叫作"来者不拒，去者不追"原则，"来者不拒"是指对来访者积极提供可能的心理帮助；"去者不追"是指在咨询过程中，当来访者要求退出或离开时，心理咨询师应做好结束工作，不能勉强来访者继续进行心理咨询服务，也不应主动去找对方。

（二）价值中立原则

价值中立原则是指在咨询过程中，心理咨询师要尊重来访者的价值信念体系，不要以自己的价值观念为准则，对来访者的行为准则进行武断、任意的价值判断。尽管人们对这一原则的理解会不大一致，但咨询心理学家都一致同意尊重来访者的价值准则，心理咨询师在心理咨询过程中应保持客观、中立的立场，不能以任何方式向来访者强行灌输某一价值准则，或强迫来访者接受自己的观点和态度。

（三）保密性原则

保密性原则是心理咨询中非常重要的原则，它要求心理咨询师尊重和尽可能地保护来访者的隐私，未经来访者同意，心理咨询师不能以任何方式向任何人或机构泄露来访者信息。心理咨询开始前，心理咨询师有责任向来访者说明心理咨询工作的保密原则及这一原则在使用时的限制。

心理咨询中需要保密的内容包括心理咨询过程中来访者暴露的内容，以及与来访者接触的过程。心理咨询师在未征得来访者同意的情况下,不得随意透露上述信息,也不得随意打探与咨询无关的个人隐私。

但是,保密性原则不是无限度、无条件的。出现以下情况时,心理咨询师可以打破保密原则,执行保密例外。

(1)来访者同意将保密信息透露给他人。
(2)司法机关要求心理咨询师提供保密信息。
(3)出现针对心理咨询师的伦理或法律诉讼。
(4)心理咨询中出现法律规定的保密问题限制,如报告虐待儿童、老人等。
(5)来访者可能对自身或他人造成即刻伤害或死亡威胁的。
(6)来访者患有危及生命的传染性疾病。

当遇到以上保密例外情况时,心理咨询师应将泄密程度控制在最小范围内。遵守保密性原则体现了心理咨询师的诚信,尊重来访者的自主性,避免对来访者造成伤害,使来访者获得安全感,有利于建立良好的咨访关系。

(四)助人自助原则

心理咨询是心理咨询师对来访者进行心理帮助的过程,其根本目标是促进来访者自我成长,增强来访者的独立性,使其能够独立面对和处理生活中的各类问题。"助人自助"既包括心理咨询师帮助来访者发现问题、解决问题的助人过程,也包括来访者自我成长、健全人格发展的自助过程。心理咨询师要相信来访者是解决自己问题的"专家",不仅拥有获得心理健康的愿望,还具备自我实现的潜能。因此,心理咨询师在咨询过程中要更多地鼓励、启发、支持,发掘来访者身上的力量与资源,充分调动来访者的积极性、主动性和创造性,激发来访者主动投入心理自助的过程中,进一步增强来访者自我解决心理问题的信心。

⭐ 心理知识

心理咨询中的咨访关系

(1)咨访关系的建立和发展是以来访者迫切需要得到帮助、主动来访为前提的。
(2)咨访关系是在特点的时间和地点内建立的具有隐蔽性和保密性的特殊关系。
(3)咨访关系是"求"和"帮"的关系,心理咨询师不能与来访者建立除咨访关系之外的其他关系。
(4)咨访关系由于没有一般人际关系所具有的利害冲突与陈旧的社会交互作用,因此这种关系是强有力的、非常有效的。

第二节 心理咨询的主要理论与方法

心理咨询是运用心理学的理论与方法所进行的活动。当代心理咨询与心理治疗的理论流派众多，相应的方法与技术也各不相同。

一、精神分析的理论与方法

精神分析理论是由奥地利著名精神科医生、心理学家西格蒙德·弗洛伊德在19世纪末20世纪初创立的。该理论是现代心理学的奠基石，它的影响远不只在心理咨询领域，对于整个心理学乃至西方人文科学的各个领域均有深远影响。

（一）理论的主要观点

1. 潜意识理论

弗洛伊德将人的心理结构分为潜意识、前意识、意识三个层次。潜意识是人心理活动的深层结构，包括原始冲动与本能，是不被觉知却仍然存在且被压抑的经验；前意识则介于意识与潜意识之间，由一些可经由回忆而进入意识的经验构成，负责警戒任务，不允许潜意识本能、冲动到达意识之中；意识是由外在世界直接感知和有关的心理活动构成的，是心理结构的表层。弗洛伊德十分强调深层潜意识对人类心理的影响。他认为，心理障碍是那些被压抑在潜意识中的矛盾冲突和本能欲望未得到释放的结果，通过治疗使潜意识意识化，是解决问题的关键。所以，人们又把精神分析理论叫作"深层心理学"。

2. 人格结构理论

与心理结构相对应，弗洛伊德将人格结构分为"本我""自我""超我"三个部分。"本我"是与生俱来的、本能的欲望与冲动，是人格的基本结构，它不受社会道德、外在行为规范的限制。"本我"遵循"快乐原则"，目的在于求得个体的舒适、生存及繁殖，它是潜意识的、不被个体所觉察的。"自我"遵循"现实原则"，能感知外界刺激，储存外界经验，通过后天学习获得发展，具备应对现实的功能。"自我"是"本我"与外界关系的调节者，对"本我"有指导和管理作用。"超我"是人格结构中代表良心或道德的部分，它将道德规范、社会及文化价值观念内化，其功能在于监督、批判及管束自己的行为，按社会可接受的方式去满足"本我"，它所遵循的是"道德原则"。弗洛伊德认为，"本我""自我"和"超我"三者力量保持动态平衡是形成健康人格的基础，否则会导致心理失衡。

3. 动力发展理论

心理动力学是弗洛伊德理论的核心内容。弗洛伊德认为人的心理活动的力量来源于本能，本能是推动个体行为的内在动力。本能有二，一是性本能，二是营养本能。其目的是保持种族的繁衍与个体的生存。因此，弗洛伊德所说的心理发展动力，是性本能和营养本能的结合。弗洛伊德将人的性心理发展划分为五个阶段：口欲期、肛欲期、性器欲期、潜伏期、生殖期。弗洛伊德认为，成人人格的基本组成部分在前三个发展阶段已基本形成，所以儿童早年所处的环境和经验对其成年后的人格形成起着重要作用，很多心理冲突都能追溯到早期创伤性经历和压抑的情结。因此，合理地度过性心理发展的每一个阶段，是心理健康的保障。

⭐ **心理故事**

恋母情结

恋母情结是指人的一种心理倾向，即喜欢和母亲在一起的感觉，这是一种普遍的社会现象，多发生在幼儿时期。

恋母情结源于古希腊神话中的人物俄狄浦斯无意中杀父娶母的神话故事。

传说底比斯国王拉伊俄斯受到神谕警告：如果他让新生儿长大，他的王位与生命就会发生危险。于是拉伊俄斯让猎人把儿子带走并杀死。但猎人动了恻隐之心，只将婴儿丢弃。丢弃的婴儿被一个农民发现并送给其主人养大。

多年以后，拉伊俄斯去朝圣，路遇一个青年并与其发生争执，他被青年杀死。这位青年就是俄狄浦斯。俄狄浦斯破解了斯芬克斯之谜，被底比斯人民推举为王，并娶了前国王的王后、他的生母伊俄卡斯特为妻，还和她生育了两个孩子。但俄狄浦斯对杀父娶母的事情并不知情。后来底比斯发生瘟疫和饥荒，人们请教了神谕，才知道俄狄浦斯杀父娶母的罪行。俄狄浦斯的母亲伊俄卡斯特在悲痛中自尽以洗净自己的罪孽。俄狄浦斯在百感交集中刺瞎了自己的双眼，然后自我放逐，四处漂流，来惩罚自己的弥天大罪，以求忏悔。

资料来源：360百科，俄狄浦斯情结，https://baike.so.com/doc/5391504-5628235.html

4. 自我防御机制

弗洛伊德指出当自我把焦虑当作一种危险或不愉快的信号时，就会做出反应，形成自我防御机制。所谓自我防御机制，是指人们在不知不觉中用一定的方式调整欲望与现实的关系，使自己可以接受而不致引起情绪上的严重痛苦和焦虑。自我防御机制包括压抑、投射、反向、退化、否认、合理化、升华、转移、隔离、补偿等多种形式。一般情况下，如果自我防御机制被使用得当，可免除内心痛苦以适应现实；但如果使用不得当，这些冲突和压抑能以症状的形式表现出来，从而形成各种障碍。

（二）常用的方法技术

1. 自由联想

自由联想是弗洛伊德在1895年创造的方法，首先让来访者舒适地躺着或坐好，进行任意联想，把自己能想到的都讲出来，不要有任何的顾忌，也不要怕有伤大雅而特意修饰，尽情将自己想说的都表达出来。自由联想是心理咨询师与来访者沟通的一种方式，有助于发掘来访者压抑在潜意识中的症结，把其带到意识层面，使来访者有所觉察并消除不健康心理。

2. 释梦

弗洛伊德认为，梦是一种有意义的心理现象，梦的内容与被压抑的潜意识幻想有着某些联系。人在睡眠时自我控制减弱，潜意识中的欲望乘机向外表现，但因处于一定的自我防御状态下，这些欲望必须通过化装变形才能进入意识成为梦象。弗洛伊德指出，任何梦均可分为显相和隐相，显相是梦的表面现象，是指那些人们能记忆并描述出来的内容，即类似于假面具；而隐相则是指梦的本质内容，类似于假面具所掩盖的真实欲望。为了得到梦的隐相内容，来访者仍需采用自由联想的方法对其梦中内容进行分析，获取梦的真实意义。释梦被认为是了解来访者潜意识的重要途径。来访者通过对所梦内容的联想，认清梦的真相，摆脱心理困惑。

★ 心理知识

有关梦的理论及其基本内容见表 2-1。

表 2-1　梦的三种理论

理论	基本观点	梦的含义	真实含义会被隐藏吗
潜意识欲望满足理论	梦代表着人们希望满足的潜意识愿望	隐相梦境揭示潜意识的愿望	会
梦的生存理论	那些跟日常生存有关的信息得到重新审议及再度加工	梦是有关日常生存担忧的线索	不一定
激活合成理论	梦是通过对排列成一个有逻辑情节的各种记忆随机刺激的结果	特定构成的梦中情节与做梦者的忧虑有关	不一定

资料来源：麦格劳 – 希尔编写组. 妙趣横生的心理学 [M]. 王芳，等译. 北京：人民邮电出版社，2015.

3. 移情

移情是来访者与心理咨询师之间的一种情感反应。来访者的移情是指在以催眠和自由联想法为主体的精神分析过程中，来访者对心理咨询师产生的一种强烈情感，是来访者将自己过去对生活中某些重要人物的情感投射到心理咨询师身上的过程。心理咨询师对来访者也可能产生同样的移情，称为反移情。心理咨询师要处理好自己的感情，既要注意来访者在自己面前所表露出的各种态度和行为，也要注意不要将自己的生活经历和情感经验带入咨询中，更不能以此来影响来访者的思想和行为。合理运用移情对咨访关系的建立与洞察问题的本质有着重要意义和价值。

二、行为主义的理论与方法

行为主义兴起于 20 世纪 50 年代，是继精神分析理论之后又一重要理论。它主要包括巴甫洛夫的经典性条件反射，约翰·华生的行为主义学习理论，桑代克、斯金纳的操作性条件反射及班杜拉的社会学习理论。

（一）理论的主要观点

1. 主张对人的行为进行研究

行为主义理论主张心理学不应只研究人脑中看不见摸不着的意识，而应去研究从人的意识中投射出来的看得见摸得着的行为，认为行为是个体用以适应外界环境变化的各种身体反应的组合，并用刺激-反应（S-R）作为解释人的一切行为的公式。同时，主张运用实验法和观察法替代内省法。行为主义疗法最初是华生等人通过实验使儿童在经典性条件反射的基础上形成对特定动物的恐惧，继而又帮助其对动物恐惧脱敏发展而来的。

2. 人的行为都是后天习得的

行为主义理论强调心理学的任务在于发现刺激与反应间的规律性联系，这样就可以依据刺激推知反应，相反也可以通过反应推知刺激，以此达到预测和控制行为的目的。行为主义认为环境决定了个体的行为模式，无论是正常行为还是异常行为都是通过后天学习获得的，同样也可以通过学习改变或消除。在心理咨询与心理治疗中，依据行为主义理论，个体通过学习和训练的方式调整自身行为，从而达到矫正异常行为的目的。

3. 强调强化的重要性

斯金纳在大量研究的基础上提出了强化理论，强调强化在学习中的重要性。强化就是通过强化物增强某种行为的过程，而强化物就是增加反应的刺激。斯金纳把强化分成正强化和负强化两种，这两种强化都能增加行为发生的可能性。行为主义理论认为人的行为是后天习得的，是行为结果被强化的结果，如果想建立或保持某种行为，就要对其行为进行强化，从而提高该行为产生和出现的频率，使行为得以产生或改变。

★ **心理知识**

经典性条件作用与操作性条件作用对比见表2-2。

表2-2 经典性和操作性条件作用对比

概念	经典性条件作用	操作性条件作用
基本原理	建立条件刺激与条件反应的联结	"强化"可提高行为后续发生频率
行为性质	以进化、自然、先天的行为为基础，行为由无条件或条件刺激所引发	个体有意识地操作环境以获得期望的结果
事件顺序	条件作用前，无条件刺激引发无条件反应；条件作用形成后，条件刺激引发条件反应	强化使行为增加
举例	一个小孩接连好几天去医院打针（无条件刺激），每次打完针后都哇哇大哭（无条件反应）。以后每次见到医生（条件刺激），他都感到很害怕（条件反应）	一名学生在努力学习之后，得到高额奖学金（正强化），以后他会继续努力学习，获得更多奖学金

资料来源：麦格劳-希尔编写组. 妙趣横生的心理学[M]. 王芳, 等译. 北京：人民邮电出版社, 2015.

（二）常用的方法技术

1. 放松训练法

放松训练法是行为主义疗法中使用最广的技术之一，是在心理学实验基础上建立和发展起来的咨询和治疗方法。通过训练有意识地控制自身的心理、生理活动，降低唤醒水平，改善机体紊乱功能。放松训练法主要有肌肉放松法、呼吸放松法、想象放松法等，这种方法简便易行，实用有效，是来访者能够掌握的解决紧张、焦虑等情绪困扰及消除躯体症状的方法。

2. 阳性强化法

阳性强化法是建立、训练某种良好行为的治疗技术或矫正方法，也叫"正强化法"或"积极强化法"。它通过及时奖励目标行为，忽视或淡化异常行为，提高目标行为的产生和出现的频率。

3. 系统脱敏法

系统脱敏法的基本原理是让一个原可引起微弱焦虑的刺激，在来访者面前重复暴露，同时来访者以全身放松予以对抗，从而使这一刺激逐渐失去引起焦虑的作用。该方法需要来访者先掌握放松训练基本技巧，然后由弱到强建立焦虑等级，用放松对抗焦虑，直到在原有刺激情境中仍能保持放松的状态，焦虑不再产生为止。

4. 冲击疗法

冲击疗法又称暴露疗法、满灌疗法或快速脱敏疗法，是让来访者持续一段时间暴露在焦虑或恐怖的情境中，不采取任何缓解焦虑或恐怖的措施，让焦虑或恐怖情绪自行降低。冲击疗法是一种较为剧烈的治疗方法，在实施之前要进行详细的身体检查，并签订治疗协议。

5. 厌恶疗法

厌恶疗法的原理是经典性条件反射。厌恶疗法通过附加某种刺激，使来访者在进行不良行为时，产生令人厌恶的心理或生理反应，从而放弃不良行为。该方法需要先确定来访者要弃除的不良行为，然后选择厌恶刺激，厌恶刺激必须是强烈的，如电刺激、药物刺激、想象刺激等，最后把握时机施加厌恶刺激，保证厌恶体验与不良行为同步出现，不良行为停止，厌恶刺激停止。不具备使用条件的咨询机构或个人不可采用该方法，同时厌恶刺激须是无害的、安全的。

6. 模仿法

模仿法的基本原理来自班杜拉的社会学习理论，又称示范疗法。模仿法通过向来访者呈现某种榜样，让他观察示范者的行为及其后果，使其效仿，达到矫正不良行为的目的。模仿法包括生活示范、象征性示范、参与模仿、角色扮演、内隐示范等多种方式。模仿法强调示范者的作用，示范者的感染力越强，模仿者的动机越强，效果越好。一般来说，模仿法更适用于年轻的来访者。

三、人本主义的理论与方法

人本主义心理学是 20 世纪五六十年代兴起的一种心理学思潮，其主要代表人物是马斯洛和罗杰斯。罗杰斯提出的"来访者中心疗法"则代表了人本主义理论的治疗趋向。

（一）理论的主要观点

1. 人具有自我实现的倾向

罗杰斯认为人是可信任的，对人性持有积极乐观的态度，相信每一个体都是理性的，可以自立和自我负责，不断成长和发展；人也是具有建设性和社会性的，是可以信任和合作的。同时，人天生具有一种自我实现的内在驱动力，有很大潜能发现并解决自己的问题。心理咨询过程中不需要心理咨询师的控制和指导，只要为来访者提供足够的尊重与信任，来访者就能调动自身内部的力量去改变，发挥其潜能，最终达到自我实现。

2. 强调咨访关系的重要性

罗杰斯认为咨访关系是来访者发生积极改变的充分必要条件。咨访关系应是安全且互信的，处于良好的咨访关系中，来访者能通过自我引导来解决自身问题，而无须心理咨询师的干预。咨询过程中，心理咨询师要把来访者放在根本的地位，要尊重、真诚、无条件地接纳和关注来访者，主动发掘来访者身上的内部资源，培养来访者的独立性，帮助来访者成长，从而更好地应对自身问题。

3. 重视人的自我概念

自我概念是指来访者如何看待自己，对自己总体的知觉和认识，是自我觉知和自我评价的统一体。自我分为现实自我与理想自我。前者是个体现实生活中有关自我的概念，后者是个体期望成为的那个我，是理想化的自我概念。二者一致或接近时则达到心理健康，二者差距过大时则造成心理失调。因此，来访者中心疗法的实质在于重建个体在自我概念与经验之间的和谐，或者说是达到个体人格的重建。

（二）常用的方法技术

1. 设身处地的理解技术

设身处地的理解指的是从来访者的角度去感知他们的世界，并将这种觉知向来访者交流出来。心理咨询师要发自内心地相信来访者是有价值的人，让来访者感受到无条件的积极尊重。心理咨询师要全神贯注地倾听，深入了解来访者的内心世界，理解和觉察来访者的认知与情感信息，并且让其知道自己是被准确理解的。

2. 坦诚交流的技术

坦诚交流即心理咨询师与来访者交谈时能将自己的感受和态度开诚布公地表达出来，使来访者感受到心理咨询师对自己的真诚态度。咨询过程中，心理咨询师需要保持开放的态度，与来访者交流自己的经历、挫折、情感等，但又不能喧宾夺主。心理咨询师的思维、态度及行为的一致性会在一定程度上影响咨询效果。坦诚交流能够增加心理咨询师与来访者间的信任度，为来访者创造安全的氛围，有利于来访者开放自我，进行积极的自我探索。

3. 无条件积极关注的技术

无条件积极关注表明心理咨询师对来访者的态度，即无论来访者当时的思维、情感及行为是怎样的，心理咨询师对其不做任何评价和要求，要对来访者给予温暖和关怀，予以理解和接纳，这种态度是无条件的。心理咨询师对来访者的接纳和帮助，能让来访者感受到在这个世界上是有人能够真正理解和关心他的，愿意将内心深处的所思所感诉说出来，并慢慢学会用同样的态度看待自己，减少自我的否定或歪曲，自我概念和经验更趋于和谐，从而实现自我的改变与成长。

四、认知行为的理论与方法

认知行为理论是通过改变思维或信念和行为的方法来改变不良认知，达到消除不良情绪和行为的目的。它是认知理论和行为理论的整合，以认知和行为改变为主要干预途径。其中有代表性的是阿伦·贝克的认知疗法、阿尔伯特·艾利斯的合理情绪疗法、唐纳德·梅肯鲍姆的认知行为疗法。

（一）理论的主要观点

1. 人具有理性和非理性的特质

艾利斯提出的情绪"ABC 理论"，即 A 代表诱发事件，B 代表个体对事件的看法、评价等信念，C 代表个体的情绪反应和行为结果。他认为当人们的信念理性、合理时，能够保持正常的情绪；相反，当人们的信念不合理的、非理性时，就会出现不良的情绪体验。要想改变人的不良情绪，需要改变不合理的信念，建立新的、理性的、合理的思维方式。

2. 人存在自动化思维

贝克指出人们的脑中常有许多判断、推理和思维是模糊的、跳跃的，很像一些自动化的反应，这就是"自动化思维"。自动化思维是指经过长时间的积累形成了某种相对固定的思考和行为模式，行动发出无须经过大脑的思考，而是按照既有的模式发出。贝克坚信有情绪困扰的人倾向于犯一种特有的"逻辑错误"，而且个体的许多错误想法、不理性思考、荒谬信念等都是不易被觉察的。因此，要改变不良的情绪和行为，就要识别、监督自己的自动化思维并进行修正。

3. 强调认知的重要性

认知行为理论认为，在认知、情绪和行为三者中，认知扮演着中介与协调的作用。认知对个人行为的解读直接影响个体是否采取行动及采取怎样的行动。认知行为理论将认知应用于行为的改变上，强调内在认知与外在环境之间的互动，认为外在的行为改变与内在的认知改变最终都会影响个人行为的改变。

（二）常用的方法技术

下面就贝克提出的五种认知治疗技术进行简要介绍。

1. 识别自动化思维

自动化思维是介于外部刺激事件与个体对事件的不良情绪反应之间的想法，大多数来访者并不能意识到在不愉快情绪之前存在着这些想法，因为这些想法已经成为他们思考方式的一部分。咨询过程中，心理咨询师可以采用提问、想象和角色扮演等技术让来访者学会识别自动化想法，尤其是识别出那些在悲观、抑郁情绪之前出现的特殊想法，归纳和总结出一般规律，建立恰当或合理的思维方式。

2. 识别认知性错误

认知性错误是来访者在概念和抽象性上常犯的错误。典型的认知性错误包括任意推断、过分概括化、极端思维等。相对于自动化思维，来访者更难以识别自己的哪些认知是错误的。例如，有抑郁症的人往往采用消极的方式看待和处理事物，他们的观点往往与现实大相径庭，并带有悲观色彩，特别容易犯概念或抽象性错误，如任意推断、走极端的思维、个性化等。因此，心理咨询师要听取并记录来访者诉说的自动化思维及不同的情境与问题，再要求来访者归纳总结出一般规律，找到其共性之处。

3. 真实性验证

真实性验证是把来访者的自动化思维和错误观念看成一种假设，鼓励来访者在设计严格的行为模式或情境中对假设进行验证。该方法能帮助来访者认识到原有观念是不符合实际的，并能自觉加以改变。这是认知治疗的核心。咨询过程中，心理咨询师让来访者将自己的自动化想法当成一种假设在现实生活中调查、验证，来访者可能会发现现实生活中的这些消极认知或想法在绝大多数情况下是与实际情况不符的。

4. 去中心化

很多来访者常感到自己是别人注意的中心，自己的一言一行、一举一动都受到他人的评论，这让其常感到自己的无力、脆弱。如果某个来访者认为自己的行为举止稍有变化就能引起周围人的注意和品评，那么，心理咨询师可以让他不像以前那样与人交往，即在行为举止上稍有变化，然后让他记录别人不良反应的次数，结果他会发现很少有人注意他的言行的改变。咨询中也可让来访者学会放松，坚持不回避原则，并尝试用积极的语言暗示等替代原先的消极认知，逐步克服"自己是人们注意的中心"这种想法。

5. 忧郁或焦虑水平的监控

多数抑郁或焦虑的来访者会认为他们的抑郁或焦虑情绪会一直持续下去，但实际上，这些情绪往往会有一个开始—高峰—消退的过程。如果来访者对这一过程有所认识，就能比较容易地控制自身情绪。因此，咨询过程中，心理咨询师鼓励来访者自我监控并记录焦虑、苦闷的情绪，帮助其认识情绪波动的特点，从而增加治疗信心，是认知治疗的一项常用技术。

第三节　大学生心理咨询的意义和特点

一、大学生心理咨询的意义

（一）促进大学生的自我意识发展

心理咨询有助于大学生正确认识自己、他人及自己与周围的关系，可以引导大学生去发现真实的自我，认识自己的需要、兴趣、动机、态度、价值观等，可以帮助大学生从另一个角度看待自己眼前的困难，理性地对待自己的现状，促进大学生正确地认识和评价自己，更深入地了解自己，认识到一旦改变自己的内部冲突，不仅可以使问题得到解决，而且也会使自己变得更加理性和坚强，从而能采取更加积极有效的方式去解决面对的现实问题，提高自己的社会适应能力，实现成长、成才的目标。

（二）促进大学生的身心健康

当代大学生面临着生活节奏快、学习任务重、人际关系紧张、社会竞争激烈等多方面的压力，因此容易出现困惑和迷茫。这些心理困惑如果不能及时得到调整，就会加重心理不适，甚至引发心理疾病。心理咨询为大学生提供一个倾诉心中的苦闷、烦恼和痛苦的场所，帮助大学生科学地认识与把握自身的心理特点，清楚了解自己的心理发展现状及规律，发现自身存在的心理困惑并及时调适和解决。心理咨询师的积极引导，有助于促进大学生成长及人格的完善，培养他们的责任担当意识，充分发挥他们的主动性与创造性，以更加积极、乐观的态度迎接各种挑战，从而有效地维护大学生的身心健康发展。

（三）提升大学生的心理素质

心理咨询能提升大学生对自身心理健康的关注，加强心理防御能力。高校通过开展心理咨询与辅导，帮助大学生正视自身存在的心理问题，面对挫折时，学会调动自身资源，适应环境改变，保持良好情绪，建立和谐的人际关系，明确学习目标，激发自身潜能，提升抗挫折能力，使大学生尽快走出心理困境，保持身心的健康、愉悦，努力朝着正确的人生目标迈进。

（四）提升高校人才培养质量

人才培养不仅要注重知识的传授、技能的培养，还要注重培养大学生的健康体魄和健全心理，而心理素质是提升人才培养质量的前提和基础。健康的身心素质、成熟和完善的人格，是拔尖创新人才的必备条件，心理咨询有利于培育大学生良好的心理状态，提升大学生心理调适能力，帮助大学生成为新时代身心健康、德才兼备、全面发展的优秀人才。

二、大学生心理咨询的特点

（一）心理咨询问题的心理性

心理咨询的任务是帮助大学生解决心理问题及由心理问题引发的情绪、行为问题，而不是解决生活中的具体问题。例如，到底考不考研、谈不谈恋爱等都是具体问题，而不是心理问题，但因考研或恋爱出现焦虑、紧张、烦恼等负性情绪，则是心理咨询可以帮助解决的。通过心理咨询，大学生可以缓解不良情绪，以更加积极、乐观的心态面对现实。

（二）心理咨询内容的广泛性

大学生在学习、生活、恋爱、交友、情绪、自我认知、升学就业等方面都会出现不同程度的心理问题，这些问题可以通过心理咨询来解决。同时，高校心理咨询的对象涉及不同年级、不同层次的大学生，有本科生、硕士研究生、博士研究生，咨询的内容和对象比较广泛。

（三）心理咨询服务的整合性

由于大学生面临的心理问题内容广泛，情况复杂，要有效解决学生的问题，需要整合学校资源，获得多方支持，特别是面对有心理危机的学生时，需要学校学生处、公安处、校医院、宣传部等多个部门的互相配合和协作，才能更好地帮助其解决问题，为其心理健康保驾护航。

第四节　大学生心理咨询的内容、类型与误区

一、大学生心理咨询的内容

大学生心理咨询的内容主要包括大学期间学生在成长与发展过程中遇到的各种心理问题，可以归为以下四类。

（一）发展性心理咨询

大学生刚进入大学，学习与生活环境都发生一定的改变，独立一人面对全新的环境，心理上多少会有些迷茫和困惑，而发展性心理咨询就是根据大学生不同阶段的身心特点及发展规律，帮助大学生更好地适应大学生活，促进大学生的自我发展和完善。发展性心理咨询的内容主要包括：学习上如何明确目标，找到更好的学习方法；人际上如何提升自己的沟通能力，增进与同学、老师、家长的人际关系；情绪上如何有效管理和调整情绪，提高自身情商；成长上如何塑造优秀的人格品质，成为优秀人才等。

（二）教育与学习咨询

教育与学习这部分的咨询内容主要包括：学习的心理机制与学习策略问题；学习动机问题；考试焦虑问题；教学内容、教学方式及教学环境对学生认知过程的影响问题；学生良好学习习惯的建立和不良学习习惯的纠正问题；智力发展与品德教育的关系问题；学习困难及学校适应不良问题等。

（三）升学与就业咨询

升学与就业也是大学生心理咨询的重要组成部分。随着市场经济的快速发展，大学生毕业后自谋职业、自主创业已是趋势，因此，职业生涯规划与就业指导将成为大学生心理咨询的主要内容之一。另外，每年约有百万名大学毕业生参加研究生入学考试，他们都面临升学考试与专业选择问题。升学与就业方面的咨询内容主要包括：学生能力、性格与职业兴趣的测量；专业选择问题；职业选择或职业走向问题；就业前的心理调适问题；就业与升学信息咨询等。

（四）心理障碍性咨询

高校心理咨询中也包括一部分障碍性咨询，但主要以专业机构的心理治疗为主，心理咨询为辅。其内容包括：学校适应不良问题，大学生行为问题（不良生活习惯、品行障碍等），神经症倾向（焦虑症、恐怖症、强迫症、疑病症等），人格障碍（偏执型人格、强迫型人格、焦虑型人格等）等。

二、大学生心理咨询的类型

高校开展大学生心理咨询的途径很多，可按咨询的形式与咨询的对象进行划分。

（一）按照咨询的形式划分

1. 面对面咨询

各高校普遍成立了大学生心理咨询机构，在专门的心理咨询机构进行咨询时，心理咨询师与来访者采取面对面的方式交谈，详细了解、分析当事人的心理问题，帮助来访者摆脱阻碍身心健康的不利因素，从而产生新的体验，形成新的行为方式，提高来访者解决问题、适应环境的能力。这种咨询方式掌握情况全面，能够更直接、深入地为来访者提供有效的帮助，是心理咨询中最常见、最主要也是最有效的咨询方式。

2. 电话咨询

电话咨询是指来访者通过电话与心理咨询师进行交谈的咨询方式。电话咨询具有方便、迅速、及时和保密的特点。对一些不愿意到咨询室进行面询、不愿暴露真实姓名和身份的来访者来说，通过电话以不见面的方式向心理咨询师倾诉内心的烦恼，可有效降低来访者的顾虑，从而缓解心理压力。但电话咨询使心理咨询师不能直接观察和了解来访者的状态，受通话时间限制，咨询不能深入进行。因此，电话咨询更适用于回答一些知识性的问题和临时缓解来访者的心理压力。

由于电话咨询具有方便、迅速、及时的特点，所以，电话咨询也是心理危机干预的重要手段。很多学校均设立了心理咨询热线，有些社会机构和研究机构还设立了24小时心理援助热线，对预防由于心理危机而酿成的自杀与犯罪行为产生了有益的效果。

3. 邮件咨询

邮件咨询是以通信的方式寻求心理帮助的咨询形式，即来访者通过邮件提出自己要咨询的问题，心理咨询师给予回信答复。其优势在于不受时间、地点的限制，那些不善于口语表达的学生或具有较为隐私问题的学生常常愿意采用这种咨询形式。其劣势是咨询效果会受当事人的书面表达能力、理解能力和个性特点的影响。

4. 专栏咨询

专栏咨询是指在学校报纸、刊物、电台、电视台或其他传播媒介开辟心理咨询专栏，对大学生提出的典型心理问题进行公开解答。专栏咨询更适用于宣传心理健康知识，回答某些有代表性的心理问题。其优点是影响面广、覆盖面大，而且因采用学生喜闻乐见、易于理解的方式，容易给人留下较深的印象。其不足之处是它往往限于一般性的指导，不能很有针对性地满足每名学生的需要。

5. 现场咨询

现场咨询是一种特殊的心理咨询形式，主要用于高校开展心理健康教育宣传活动。现场咨询一般包括心理咨询、心理测试、知识宣传、互动活动等内容。现场咨询可以帮助大学生解答日常生活中遇到的心理问题，宣传心理健康知识；帮助大学生建立积极的心理健康观念，提高心理健康水平。现场咨询对来访者的问题不能进行全面、深度的了解和解决，如果来访者有需要，建议其到咨询机构进一步咨询。

6. 网络咨询

随着5G时代的到来、超高速网络的出现、云计算的广泛应用、大数据的日益繁荣，互联网以前所未有的热度快速渗透到各个领域。网络咨询则是借助互联网帮助来访者解决心理问题的一种新型咨询方式。网络具有极强的保密性、及时性，为心理咨询提供了无限发展的空间。通过网络，采用语音或视频互动的方式，来访者能够倾诉自己的隐私，暴露自己的问题，使心理咨询师在较短的时间内掌握来访者的基本情况，适时地进行分析、判断，做出切合实际的引导和处理。其不足之处在于不利于系统地开展心理咨询。

7. 朋辈咨询

朋辈咨询是指高校中年龄相当的大学生与周围有需要心理帮助的同学和朋友共同分析商讨，帮助其有效处理学习、生活中的问题。因为朋辈咨询不同于专业的心理咨询，咨询员也不是专业心理咨询师，朋辈咨询者要认识到自己所能提供的帮助是有限的，基本不涉及深层心理问题的处理，主要给予当事人情感上的关心、安慰和支持，以及解决问题的建议和指导，帮助其学会自助。朋辈咨询者遇到无法处理的心理问题时，要及时上报，并建议当事人积极寻求专业心理咨询的帮助。

（二）按照咨询的对象划分

1. 个体咨询

个体咨询是指心理咨询师与来访者进行一对一的心理咨询活动，这种咨询活动可以采用面谈的方式，也可以通过电话、邮件等方式进行。个体咨询具有保密性好、针对性强、易于交流、探索问题深刻、因人制宜等优点，但同时也存在时效长、效率低等问题。个体咨询进一步又分为直接咨询和间接咨询。

（1）**直接咨询**。直接咨询是指由心理咨询师对来访者直接进行咨询，可采取上面介绍的各种方式。心理咨询师和来访者进行一对一的直接交流和相互作用，使得心理咨询的效果得到保证。

（2）**间接咨询**。间接咨询是指由心理咨询师对当事人的同学、朋友、老师、家长等其他人员所反映的当事人的心理问题进行咨询。由于在心理咨询师和当事人之间增加了一道中转媒介，如何处理好心理咨询师与中转人的关系，使心理咨询的意见为中转人所领悟、接受并合理实施，是影响心理咨询效果的一个重要因素。

★ **心理知识**

来访者须知

（1）心理咨询中心服务的对象是本校注册的大学生，实行免费服务。

（2）来访者应预约登记咨询，可预约时间，也可指定心理咨询师。预约时间确定后，应准时到达。若有变，应及时告知心理咨询师。

（3）一般情况下，心理咨询不可能一次就取得明显的效果或者彻底解决问题，它是一个持续的过程，来访者对心理咨询师的工作应充满信心与信赖，这是心理咨询获得成功的关键。

（4）每次咨询时间以50分钟为一个单位。因此，请注意掌握话题和谈话时间。

（5）如果来访者对心理咨询师的工作不满意，可以当面指出，也可向心理咨询中心投诉。

（6）来访者咨询前应认真阅读并了解知情同意书内容，同意咨询并签字确认。

2. 团体咨询

研究证明，团体对一个人的成长与发展有重要的影响。因为人是社会动物，当人作为团体的一分子时其需要和期望才能得到满足。心理咨询的实践也充分证明，在帮助那些有着共同成长课题和有类似问题及困扰的人时，团体咨询是一种经济而有效的方法。

团体咨询是一段助人过程，指在团体咨询员的领导下，团体成员围绕某一共同关心的问题，通过一定的活动形式与人际互动，互相启发、诱导，促使个体在交往中通过观察、学习、体验，认识自我、探索自我、接纳自我，调整和改善与他人的关系，学习新的态度与行为方式，以发展良好的生活适应能力。

与一对一的个体咨询相比，团体咨询的特点和长处在于：效率高，省时省力；感染力强，影响广泛；效果容易巩固。团体咨询的一般作用有：第一，培养与他人相处及合作的能力；第二，加深自我了解，增强自信心，开发潜能；第三，加强团体的归属感、凝聚力；第四，有助于德育功能的实现。

由于团体咨询比较符合大学教育的特点，又为大学生所乐于接受，因此对解决大学生的心理问题效果较好。近年来，团体咨询在高校发展迅速，团体咨询的理论和技术在心理健康课程及心理训练课程中被广泛应用。团体咨询的局限性在于保密性不强，在初期团体成员有防御反应，不易建立信任关系，咨询深度也受到较大限制。因此，团体咨询多用于解决一般性心理问题，如人际问题、情绪问题、职业规划问题等，深层次的心理问题还需要通过个体咨询或心理治疗加以解决。

★ 心理训练
寻找打开心理之锁的钥匙

每个人都希望拥有幸福快乐的生活，但由于心理问题的产生具有一定偶然性的特点，因此无论是我们自己，还是周围的同学、亲友，都有可能遇到这样或那样的心理问题，有时甚至是比较严重的心理问题。那么，当自己真的在某个方面出现问题的时候，该到哪里去寻找打开心理之锁的钥匙呢？想一想，把你想到的结果写在下面。

当我在学习方面遇到问题时，我可以去求助：_____、_____、_____。

当我在爱情方面遇到问题时，我可以去求助：_____、_____、_____。

当我在人际关系方面遇到问题时，我可以去求助：_____、_____、_____。

当我在个人发展方面遇到问题时，我可以去求助：_____、_____、_____。

当我在其他方面遇到问题时，我可以去求助：_____、_____、_____。

三、大学生心理咨询的误区

★ 案例点击

对心理咨询的误解

　　小娟，女，大一新生，来自偏远地区的农村，独自一人离家远行，来到陌生的大城市上学。小娟对周围的环境非常不适应，宿舍其他同学都来自大城市，穿衣打扮、谈吐举止都让她感到很自卑，她不敢主动和同学说话，每天都独来独往，饮食吃不惯，睡觉也睡不好，还特别想家。大学的课程比较难，很多内容小娟听不懂，但又不敢请教老师和同学。最近，小娟情绪低落，心烦意乱，不知道自己怎么办才好。一次心理健康课上，小娟听到老师说遇到心理困扰可以到学校的心理咨询室做咨询，她心动了。但她对心理咨询一点也不了解，心里一直犯嘀咕，担心被同学发现，怕同学认为自己心理不正常会更瞧不起自己，也担心心理咨询是否能很快地帮她解决问题。

　　目前，各高校为帮助大学生适应校园生活，提高大学生的心理健康水平，做了大量的有益工作，大学生的心理健康意识普遍有所提升，但仍有部分大学生遇到心理问题时，不能及时、主动地寻求专业心理咨询的帮助，导致心理困扰最终发展成为心理障碍。究其原因，是大学生对于心理咨询仍存在一定的误解。

（一）认为去做心理咨询的人都是精神病人

　　有些人会以为接受心理咨询的人通常是脑子有毛病的人，是精神不正常的人，是患有严重精神疾病的人，会受到别人异样的眼光和负面的评价。其实，这是由对心理咨询的概念和功能认识不清导致的。

　　高校心理咨询主要是发展性咨询，对象主要是个人发展方面出现问题（如人际关系问题、恋爱问题、学业问题、就业问题等），或者是个人出现了不同程度的心理困扰（如焦虑、烦躁、紧张等）并请求帮助的人。大学生遇到类似问题寻求心理咨询，能够帮助他们及时缓解负性情绪，建立合理认知和有效行为，更好地投入学习和生活中。

　　精神性疾病患者是缺乏自知力的，他们没有病感，不会主动求医，需要去专业精神卫生机构进行治疗，不是心理咨询的工作对象。

（二）我心理没病，不需要心理咨询

　　首先，对于"病"大家存在误解，心理咨询主要针对的是心理不健康的人群，并非心理异常人群，如果达到"病"的程度，就不属于心理咨询的范围了。而且，人的一生中出现心理问题是不可避免的，多数情况下，这些问题都与我们的成长发展有关，出现心理困扰或问题时及时自我调适，或寻求专业帮助，既维护了自身的心理健康，又避免了心理疾病的发生，是非常明智的选择。对于大多数人来说，克服性格弱点、消除负性情绪、开发自身潜能等仍是终身需要考虑的问题。因此，不是有"病"了才去做心理咨

询，更重要的是预防和保健，保持良好的心态才是健康的最终目的。

（三）心理咨询应该一次解决问题

许多初次做心理咨询的人都幻想着，心理咨询师能一次把自己长期压抑的痛苦一扫而光，拨开心理迷雾，让自己远离烦恼与困惑。然而，心理咨询师没有超于常人的本领，"解铃还须系铃人"，心理咨询是一个助人自助的过程，来访者是解决自己问题的关键。

心理咨询的过程中，在心理咨询师的指引下，需要来访者本人的主动参与、多次实践才能真正解决问题。问题的出现都是"冰冻三尺非一日之寒"，涉及诸多方面，如来自成长方面的原因、性格方面的原因、家庭方面的原因等。同时，来访者的问题严重程度、领悟能力、求助意愿、咨询动机、咨询目标，以及心理咨询师的理论流派与咨询方法等都会影响咨询的次数。如果来访者的问题比较严重，目标不仅是解决当前的问题，心理咨询的次数会比较多；如果来访者的问题比较轻，目标仅是解决当前的问题，心理咨询的次数会相对少一些。

因此，心理咨询并非"立竿见影"，也不是"一蹴而就"的，需要一个了解的过程，也是一个讨论—分析—操作—反馈—修正—再实践的过程，才能更好地帮助来访者解决问题并促进其成长。

心书推荐

《登天的感觉》
岳晓东

岳晓东是中国著名的心理学家，曾就读于哈佛大学并获得心理学博士学位。《登天的感觉》这本书记录了作者在哈佛大学心理咨询中心实习期间经手的10个咨询个案，并以通俗易懂的语言对每个个案加以描述，同时分享了作者本人对每个个案的心得体会，还讲述了心理咨询的相关知识和处理技巧。

作者在序中写道，每个个案都与人情有关，人情是人世间的互敬互爱。心理咨询正是这种互敬互爱的表达与交流，是人之心灵沟通的艺术。既然是艺术，就要有想象及自由发挥的空间。因此，心理咨询需要有感悟，有想象，有创造，而不仅仅是心理学方面的知识。既然是与人沟通的艺术，就与人有关。所以，心理咨询需要有理解，有尊重，有一颗爱人的心而不仅仅是理论和技巧。

这本书给人带来不同的感受和体验，既能反观自身，觉察自己的内心世界，也能获取心理咨询的思路与方法技巧，真正体会心理咨询为人们带来的飞翔在云端般的美妙感受——登天的感觉。

心理自测

你需要心理咨询吗

不要等到心理问题积成堆了才想着去解决，要防患于未然。有小毛病之处很可能是已存在心理问题的信号,也是心理咨询师查找心理问题的线索。

1. 我不知道为什么经常感到烦恼,看什么都烦,无心思做事。
2. 我见到陌生人就脸红心跳,在人多的场合,我就说不出话来。
3. 我想和别人打上一架心里才舒服。
4. 我常把自己锁在房间里,不愿意出门,总想痛哭一场。
5. 有人得罪了我,我想狠狠报复。
6. 我的手好像很脏,洗了很多遍我都觉得没有洗干净。
7. 我的几个好朋友都先后不理我了,我不知道怎么得罪了他们。怎样才能拥有朋友?
8. 我换了几个寝室,总是和大家不和睦,该怎么办?
9. 我和异性在一起就紧张,感觉很不自然。
10. 我经常不由自主地大发脾气。
11. 即使别人在谈论天气,我也觉得是在讨论我。
12. 我经常无故地感到自己有罪。
13. 我从来就不敢从高处往下看。
14. 我平常聊天很健谈,可在正式场合当众发言就紧张或者口吃。
15. 快考试了,我的脑袋一片空白。
16. 小时候使我不安的事,至今还在困扰着我。
17. 我已经把事情做得很好了,可是我还是不满意,狠狠地自责。
18. 我总觉得自己很优秀,可从来得不到赏识,因此常常怨恨他人。
19. 我越是努力要把一件事情做好,效果反而越差,我错在哪里?
20. 一直这样烦恼,还不如死了好。

如果你有与上述情况相似的问题,并且在一段时间里困扰着你,那么你可以考虑寻求专业心理咨询。

思考与练习

1. 什么是心理咨询?你是如何看待心理咨询的?
2. 心理咨询与心理治疗有哪些异同?
3. 大学生心理咨询的内容和类型有哪些?
4. 心理咨询的主要理论流派有哪些?谈谈你对它们的认识。

第三章 · CHAPTER 3

打开心灵之锁
——大学生的心理困惑及异常心理

学习目标
（1）了解大学生常见的心理困惑及异常心理；
（2）了解大学生常见的心理疾病及其应对。

案例导入

回避社交的小张

大二女生小张学习认真努力，成绩优异，但从小性格内向，胆小孤僻。她觉得自己不如别人优秀，在公共场合不敢发言，不敢与人对视，尤其与陌生人谈话时特别紧张。她走在路上时，特别害怕别人看自己，害怕别人议论自己。由于这些问题，她很少去社交场所，很少与人接触，这给她的学习、生活带来了不小的影响。

【思考】
（1）怎样客观认识自我，增强自信？
（2）小张该如何调适和应对自己的心理问题？

由于家庭、社会及自己的心理意识等诸多原因，大学生群体在各自成长的道路上会出现一些心理困惑甚至心理疾病。了解大学生常见的心理困惑和心理疾病，对于他们积极调试自我，提高心理健康素质，具有十分重要的意义。

第一节　大学生常见的心理困惑及其调适

大学生正处在人生成长的关键时期，心理活动活跃而复杂，面临学习、生活、就业等各方面的竞争与挑战，常常会产生一些心理矛盾。大学生常见的心理困惑主要集中在以下几个方面。

一、人际交往问题

（一）大学生常见的人际交往问题

与中学时代相比，大学阶段的人际交往更为复杂。大学生在人际交往过程中常出现以下问题。

1. 人际孤独

许多新生在入校之初会产生一种无依无靠、孤单烦闷的感觉，事实上，每个人都会感到孤独，都曾有过孤独感。暂时的独处能够使大学生感到心灵的宁静，但是长期独处会影响心理健康。

2. 自我中心

一些大学生在人际交往中经常以自我为中心，不太顾及他人的感受，缺乏同理心和换位思考的能力，这给他们的人际交往带来一定的不良影响。

3. 沟通不良

在人际交往过程中，有的大学生我行我素，基本不与别人沟通；有的大学生虽有良好的沟通愿望，但由于沟通方式不被他人接受而常常引起误解，影响了人际交往的顺利进行。

（二）大学生人际交往问题的调适

1. 敞开心扉，主动与他人交往

只有敞开自己心扉的人，才能走进别人心里。大学生要及时调整心态，敞开胸怀，把最真实的自己展现给他人；要多参加社交活动，主动与他人交往，寻找机会让别人认识和了解自己，增进人际关系。

2. 换位思考，理解他人

当与别人意见不一致时，要学会站在对方的立场思考问题，真切地考虑别人的感受，从而与对方在情感上得到沟通，增进理解。"己所不欲，勿施于人"，只有换位思考、将心比心，才能创造良好的人际关系。

★ 心理故事

六尺巷的故事

康熙年间，张英在朝廷担任文华殿大学士、礼部尚书。他老家桐城的老宅与吴家相邻，两家府邸间有块空地，供双方来往、交通使用。后来邻居吴家建房，想占用这个通道，张家不同意，双方到县衙门打官司。县官考虑双方都官位显赫，是名门望族，不敢轻易了断。在此期间，张家人写了一封信给在北京当大官的张英，要求张英出面干涉此事。张英收到信件后，认为应该谦让邻里，于是给家里回信，写了四句话：

千里来书只为墙，让他三尺又何妨？万里长城今犹在，不见当年秦始皇。

家人阅罢，明白了其中意思，主动让出三尺空地。吴家见状，深受感动，也主动让出三尺地，这样就形成了一个六尺的巷子。两家礼让之举和张家不仗势压人的做法一时传为美谈。

资料来源：许化利. 善的教育：日行一善的108种方式 [M]. 广州：广东教育出版社，2017.

3. 掌握人际交往技能，提升人际交往能力

人际交往中要善于倾听。倾听意味着你对别人的关注、尊重与肯定，这极大地维护了对方的自尊心，有助于加深彼此的感情，建立和谐的人际关系。此外，要学会赞美别人。一般来说，人们总是喜欢那些喜欢自己、真诚评价自己的人，当交往双方在认识上、立场上发生分歧时，适当的赞美会产生神奇的力量。

二、适应问题

（一）大学生常见的适应问题

进入大学后，大学生的学习、生活环境发生了巨大变化。面对新的集体、新的生活方式、新的学习特点，有些学生感到无所适从，对新环境产生强烈的陌生感和不适感，出现了各种适应问题。

1. 生活适应问题

大学生来自五湖四海，许多学生长期生活在家乡，进入大学后，对异地的地理环境、气候环境、语言环境和饮食既有一种新奇感，又有一种不适感。此外，进入大学后的宿舍集体生活也对大学生产生较大冲击，使其产生一些不适。

2. 学习适应问题

进入大学后，学习任务、学习方法、学习要求等各个方面都发生了很大变化，不少学生面对这些新变化感到迷茫，一时很难适应。

（二）尽快适应大学生活的方式

要想尽快适应大学生活，可以从以下几点做起。

1. 尽快熟悉环境，找到归属感

尽快适应大学生活的方式之一，就是主动去了解校园环境。陌生的环境让人感觉没有安全感，通过熟悉校园环境可以找到心理上的安全感和归属感。

2. 确立明确的目标

缺乏目标会使人感到迷茫，无所事事。大学生进入大学后，要结合自身实际情况，制定明确的目标。目标既要有一定的挑战性，又要是通过努力可以实现的，且越具体越好。如果目标过于高远，不能达到，让人看不到希望，就会使人失望沮丧，使能量耗费，很容易造成能量枯竭症，从而让人失去动力。

★ **心理知识**

期望理论

著名心理学家和行为科学家维克托·弗洛姆的"期望理论"认为，一个目标对人的激励程度受以下两个因素影响。

一是目标效价。目标效价是指人对实现该目标有多大价值的主观判断。如果实现该目标对个人来说很有价值，人的积极性就高；反之，积极性则低。

二是期望值。期望值是指人对实现该目标的概率的主观估计。如果个人认为实现该目标的概率很大，就会去努力争取实现，从而在较高程度上发挥目标的激励作用；如果个人认为实现该目标的概率很小，甚至概率为零，目标的激励作用则小，甚至完全没有作用。

资料来源：李道永. 所谓管理好，就是会激励：员工激励的100个关键问题[M]. 北京：中国友谊出版公司，2018.

3. 准确定位自我，调整心态

进入到一个全新的环境，要全面客观地看待自己，摆正自己的位置，积极调整心态，尽快了解学校和专业，加强对学校和专业的认同。

★ **心理训练**

幸福账本

活动目的：引导学生学会体验并记录自己的积极情绪，提升主观幸福感。

活动内容：准备一个本子，作为"幸福账本"，每天记录下当天发生的一件或几件好事，比如读到一本好书，听到一个好消息，或者有人给你帮了一个小忙等。

4. 主动交往，学会利用资源

大学生要多参加集体活动，主动结识新朋友，找到归属感。另外，要主动与老师、师兄、师姐、老乡交流，了解他们的适应过程和学习经验。大学生在生活、学习中一旦遇到困难，也可以利用这些资源来帮助自己解决问题。

三、学习问题

（一）大学生常见的学习问题

学习是大学生活的主旋律，学习进度的快慢、内容的繁简、成绩的高低都会引起学生情绪的变化，造成心理问题。大学生的学习问题主要有以下两种。

1. 学业压力大

大学的课程看似容易，但要想取得好成绩并不容易。学习方法不得当、学习不努力等都容易造成考试不及格，这给学习基础差的同学带来了一定的压力。

2. 学习动力不足

有的学生对专业缺乏了解或不感兴趣，或所学专业不是自己最初的选择，从而导致学习缺乏热情，学习动力不足；有的学生自制力较差，不能很好地适应大学宽松、自由的学习环境，不能合理规划和利用时间，导致学习中的拖延和懒惰。

★ 案例点击

过度放松的"代价"

中学时，学校对学习要求很严格，小王在老师、父母的监督下，认真学习，顺利考取了理想的大学。上大学后，没有了老师和父母的监督，小王放松了对自己的要求，变得比较懒散，除了上课，其他时间无所事事，大一第一学期期末考试挂了两科，这才让小王意识到问题的严重性。他开始思考，在大学里，该如何合理利用时间、高效学习。

（二）大学生常见学习问题的调适

1. 明确学习目标

进入大学后，中学阶段考取大学的目标已经实现，这时应该给自己确立新的理想和学习目标，使学习的目的性更强，从而强化学习动机。设置的学习目标应该具体、可行，既能达到一定的难度，又有办法实现。

2. 培养学习兴趣

兴趣是最好的老师，有了兴趣，学习就会更有劲头，更有自觉性。大学的学习具有较多的探索性和更大的自主性，大学生要有意识地培养对专业或学科的兴趣，激发对学习的热情。

3. 掌握科学的方法

大学的学习具有专业性、自主性、探索性等特点，大学生必须结合实际寻找适合自己的学习方法，如具有视觉型学习特点的学生应当多记笔记，具有听觉型学习特点的学生应当多次大声复述学习内容。掌握科学的学习方法，可以提升学习效率，达到事半功倍的效果。

第二节 正常心理与异常心理概述

一、人的心理活动

世界上任何事物都有正反两个方面，人的心理活动也是如此。

心理的正面即正常的心理活动，具有三大功能：第一，保障人顺利地适应环境，健康地生存发展；第二，保障人正常地进行人际交往，在家庭、社会团体、机构中正常地肩负责任，使人类赖以生存的社会组织正常运行；第三，保障人正常地反映、认识客观世界的本质及其规律性。

心理的反面即异常的心理活动，是丧失了正常功能的心理活动。异常的心理活动由于丧失了正常心理活动的三大功能，所以无法保证人的正常生活，而且以其异常的心理特点随时破坏人的身心健康。

二、正常心理与异常心理的区分

（一）标准化的区分

著名心理学家李心天对区分正常心理与异常心理提出如下四类判别标准。

1. 内省经验标准

内省经验涵盖两个方面：一是指病人的内省经验，即病人自己觉得有焦虑、抑郁或说不出明显原因的不舒适感，自己觉得不能控制自己的行为等；二是指观察者的内省经验，如观察者把被观察者的行为与自己以往的经验相比较，从而对被观察者做出心理正常还是异常的判断。

这种判断具有很大的主观性，不同的观察者有各自的经验，所以评定行为的标准也就各不相同。当然，如果观察者都接受同一种专业训练，那么对同一种行为，观察者也能形成大致相近的看法，但对少数病人则可能有分歧，甚至截然相反。

2. 统计学标准

普通人的心理特征，在统计学上服从正态分布。这样，一个人的心理正常或异常，可以根据其偏离平均值的程度来决定。以统计数据为依据，确定正常与异常的界限，多以心理测验为工具。

3. 医学标准

在医学标准下，精神障碍是躯体疾病。如果一个人的某种心理或行为被疑为有病，就必须找到它的病理解剖或病理生理变化的依据，在此基础上认定此人有精神障碍；其心理或行为表现，则被视为疾病的症状，其产生原因则归结为脑功能失调。

医学标准为临床医师们广泛采用。他们深信，有精神障碍的人的脑部，应当有病理过程存在。有些目前未能发现明显病理改变的心理障碍，可能将来会发现更精细的分子水平上的变化，这种病理变化的存在才是心理正常与异常划分的可靠根据。医学标准使心理障碍纳入了医学范畴，对变态心理学研究做出了重大贡献。

4. 社会适应标准

在正常情况下，人体维持着生理、心理的平衡状态，能够依照社会生活的需要适应环境和改造环境。因此，正常人的行为符合社会的准则，能根据社会要求和道德规范行事，这时，我们说他的行为是一种社会适应性行为。由于器质性或功能性缺陷，某个人的社会行为能力受损，不能按照社会认可的方式行事，致使其行为后果明显偏离公认的社会适应标准时，则认为此人心理异常。这里正常或异常主要是与社会常模比较而言的。人的社会适应性及其评价指标往往受到不同社会文化背景和不同社会历史条件的影响，因而这样的判别指标也不是绝对的。

（二）心理学的区分原则

中国心理卫生协会前副理事长郭念锋认为，区分心理的正常与异常，应该从心理学角度切入，以心理学对人类心理活动的一般性定义为依据。根据心理学对心理活动的定义，即"心理是脑对客观事物的主观反映"，如下三条原则可以作为确定心理正常与异常的依据。

1. 主观世界与客观世界的统一性原则

因为心理是脑对客观事物的主观反映，所以任何正常的心理活动或行为，在形式和内容上必须与客观环境保持一致。如果一个人坚信他看到或听到了什么，而客观世界中当时并不存在引起他这种感觉的刺激物，我们就可以认定，他的精神活动不正常了，他产生了幻觉。

2. 心理活动的内在协调性原则

虽然人类的精神活动可以被分为知、情、意等部分，但是它自身是一个完整的统一体。各种心理过程之间具有协调一致的关系，这种协调一致性，保证了人在反映客观世界过程中的高度准确和有效。

一个人遇到一件令人愉快的事，会产生愉快的情绪，欢快地向别人述说自己内心的体验。这样，我们就可以说他有正常的精神与行为。如果一个人用低沉的语调，向别人述说令人愉快的事，或者对痛苦的事做出快乐的反应，我们就可以说他的心理过程失去了协调一致性，称为异常状态。

3. 人格的相对稳定性原则

每个人都有自己独特的人格心理特征，这种人格心理特征一旦形成，便具有相对的稳定性，在没有重大外界变革的情况下，一般是不易改变的。如果在没有明显外部原因的情况下，一个人的人格相对稳定性出现问题，我们也要怀疑这个人的心理活动出现了异常。

三、异常心理的成因

异常心理的形成原因非常复杂，主要是生物学因素、心理因素、社会因素等各种因素共同作用的结果。

（一）生物学因素

遗传学研究认为，人的身心健康与遗传因素关系密切，特别是体型、气质、脑神经结构的活动特点、能力与性格中的某些成分都受遗传因素的明显影响。精神分裂症、躁狂抑郁症、人格障碍、神经症、精神发育迟滞的某些类型等都与遗传因素有关。此外，病菌、病毒感染、脑外伤、化学中毒、躯体疾病等也可能导致心理异常。

（二）心理因素

1. 心理冲突

心理冲突是指个体在有目的的行为活动中，存在着两个或两个以上相反或相互排斥的动机时所产生的一种心理矛盾状态。大量临床研究表明，未解决的心理冲突是造成许多心理障碍的一个重要原因。心理冲突所带来的心理压力，往往会增加个体适应环境的困难，影响其生活和工作，造成强烈的情绪波动，使人陷于困惑和苦闷，甚至颓废和绝望之中；有时还会使矛盾加剧而让人无力自拔，从而对人的身心健康造成严重的影响，甚至诱发各种身心疾病。很多接受咨询和心理治疗的人就是由于不能很好地处理心理冲突而影响到心理健康的。

2. 挫折

挫折是指人们在有目的的活动中，遇到无法克服或自以为无法克服的障碍或干扰时，需要不能得到满足而产生的消极反应。一般来说，挫折造成的压力若尚未超过个体的承受力，则在某种程度上具有积极作用，可以引导个体的认知发生创造性的变迁，提高解决问题的能力，以更好的方法和途径实现动机、达到目标。然而，当挫折造成的压力过于强大或承受挫折的能力低，压力超过了个体的耐受能力，个体在这种情况下又不能正确应付时，可能引起情绪紊乱、心理失衡，以致行为偏离正常，发生躯体及心理疾病。

3. 人格特征

每个人都有自己独特的人格特征。人格特征是影响心理健康的一个不容忽视的重要因素。人格特征对于人体疾病，尤其是心理疾病的发生、发展和病程的转归都有明显的影响。大量研究发现，同样的压力、打击等精神刺激发生在具有不同人格特征的人身上时，他们的表现、程度、结果却各不相同。培养和锻炼健全人格已成为实施心理卫生、预防心理障碍的一项重要任务。

> ★ **心理知识**
>
> **乐观豁达的人更长寿**
>
> 　　科学研究证明，心胸开阔、豁达大度的人心神清静，活得潇洒，更健康长寿。美国霍普金斯医学院两位医生曾经从1949年至1964年的毕业生里任意挑选了127人，按性格分成两组展开实验。第一组的人性格谨慎、适应性差、缺乏冒险精神；第二组的人性格开朗、乐观豁达、灵活。研究发现，第一组的人患病率很高，死亡率也高，仅在以后的15年中先后就有13人去世，而第二组的人则全部健在。研究结果证明，性格与发病率有密切关系，并且直接影响人的寿命。
>
> 　　资料来源：张大均，刘衍玲. 小学教师心理健康自我维护技巧 [M]. 成都：四川教育出版社，2009.

（三）社会因素

　　民族文化、社会风俗、宗教信仰、生活方式等社会因素都与心理问题的发生有着密切的关系。此外，社会或环境中应激事件的影响，如大气污染、噪声干扰、交通混乱、居住拥挤、人际关系紧张、社会动荡等，都可增加人的心理和躯体应激，使人们长期处于紧张、焦虑、抑郁、不安等状态。长此以往，人们易患身体疾病、神经症或其他心理障碍。

　　生物学因素、心理因素和社会因素在心理障碍的发病中共同起着决定性的作用。大量临床实践证明，许多心理障碍的发生不是单一因素造成的，而是多种因素共同作用的结果。但是，我们也应当辩证地看待这些因素对心理健康的影响。对某些心理障碍起主导作用的因素，对另一些心理障碍的发生则可能起促发性作用。在分析这些因素的时候要全面思考，理性联系，这样才能做出正确、科学的判断。

第三节　大学生常见的心理疾病及其应对

　　很多大学生在校期间在学习、生活等方面都会遇到一些烦恼、困惑和不解，同时，大学生心理发展尚未成熟，缺乏社会经验，社会适应能力有待提升，这使得他们常常会产生一些心理矛盾，导致心理困惑和心理问题的产生。心理问题如果没有得到及时、妥善的调节，随着时间的推移，个体的认知和情绪可能出现扭曲，困扰的程度逐步加深，症状出现泛化并使个体的社会功能受损，进而演化成各种心理疾病，如神经症、精神障碍等。大学生常见的心理疾病主要有神经症、心境障碍、人格障碍、精神分裂症等。

一、神经症

　　神经症是一组主要表现为焦虑、抑郁、恐惧、强迫、疑病症状，或神经衰弱症状的精神障碍。神经症有一定的人格基础，起病常受心理因素、社会因素影响，症状没有可证实的器质性病变做基础，与病人的现实处境不相称，但病人对存在的症状感到痛苦和无能为力，自知力完整或基本完整，病程多迁延。

（一）恐惧症

恐惧症又称恐怖症，是一种以过分和不合理地惧怕外界客体或处境为主的神经症。病人明知没有必要，但仍不能防止恐惧发作，恐惧发作时往往伴有显著的焦虑和自主神经症状。病人极力回避所害怕的客体或处境，或是带着畏惧去忍受。

1. 恐惧症的分类

（1）场所恐惧症（agora phobia）。其害怕对象主要为某些特定环境，如广场、黑暗场所、拥挤的场所、交通工具等，其关键临床特征之一是过分担心处于上述情境时没有即刻能用的出口。

（2）社交恐惧症（social phobia）。其害怕对象主要为社交场合，如怕在公共场合进食或说话、聚会、开会，或怕自己做出一些难堪的行为等；人际接触，如怕在公共场合与人接触，怕与他人目光对视，或怕在与人群相对时被人审视等。常伴有自我评价和害怕批评。

（3）特定的恐惧症（specific phobia）。其害怕对象是场所恐惧症和社交恐惧症未包括的特定物体或情境，如动物、高处、黑暗、雷电、鲜血、外伤、打针、手术，或尖锐锋利的物品等。

2. 恐惧症的治疗

恐惧症的治疗主要采用行为治疗和药物治疗，其中行为治疗是首选和主要方法。行为治疗常用暴露疗法（exposure therapy），其基本原理是鼓励患者接触他所恐惧的事物或情境，反复训练直到完全适应。实施时一定要循序渐进，说明原理，取得患者的配合。

（二）焦虑症

焦虑症是一种以焦虑情绪为主的神经症。

1. 焦虑症的分类

焦虑症主要分为惊恐障碍和广泛性焦虑两种。

（1）惊恐障碍。惊恐障碍是一种以反复的惊恐发作为主要原发症状的神经症。这种发作无明显诱因，无相关的特定情境，发作不可预测；在发作间歇期，除害怕再发作外，无明显症状；发作时表现为强烈的恐惧、焦虑，以及明显的自主神经症状，并常有人格解体、现实解体、濒死恐惧，或失控感等痛苦体验；发作突然开始，迅速达到高峰，发作时意识清晰，事后能回忆。

（2）广泛性焦虑。广泛性焦虑是指一种以缺乏明确对象和具体内容的提心吊胆及紧张不安为主的焦虑症，并有显著的植物神经症状、肌肉紧张以及运动性不安。病人常因难以忍受又无法解脱而感到痛苦。

2. 焦虑症的治疗

焦虑症的治疗主要是心理支持（如劝慰、鼓励、保证和权威解释等）和药物治疗。放松训练疗效较好，但仅适用于轻度和中度焦虑症。

（三）强迫症

强迫症是指一种以强迫症状为主的神经症，其特点是有意识的自我强迫和反强迫并存，二者强烈冲突使病人感到焦虑和痛苦；病人体验到观念或冲动系来源于自我，但违反自己的意愿，虽极力抵抗却无法控制；病人也意识到强迫症状的异常性，但无法摆脱。病程迁延者以仪式动作为主而精神痛苦减轻，但社会功能严重受损。

强迫症的治疗目前以暴露疗法和药物治疗相结合，疗效比较满意。强迫症病程常有波动，病前人格比较健全，病程呈间歇性焦虑或抑郁症状明显，预后较好；起病年龄早，强迫人格突出或有持续性心理、社会因素者预后较差。

（四）躯体形式障碍

躯体形式障碍是一种以持久地担心或相信各种躯体症状的优势观念为特征的神经症。病人因这些症状反复就医，各种医学检查阴性和医生的解释均不能打消其疑虑，即使有时存在某种躯体障碍，也不能解释所诉症状的性质、程度，或其痛苦与优势观念。病人经常伴有焦虑或抑郁情绪，尽管症状的发生和持续与不愉快的生活事件、困难或冲突密切相关，但病人常否认心理因素的存在。

二、心境障碍

心境障碍（情感性精神障碍）是以明显而持久的心境高涨或低落为主的一组精神障碍，并有相应的思维和行为改变，可有精神病性症状，如幻觉、妄想。大多数病人有反复发作的倾向，每次发作多可缓解，部分可有残留症状或转为慢性。这类病最典型的就是抑郁发作。

抑郁发作以心境低落为主，与病人的处境不相称，可以从闷闷不乐到悲痛欲绝，甚至发生木僵，严重者可出现幻觉、妄想等精神病性症状。抑郁发作至少伴有下列症状中的四种。

（1）兴趣丧失，无愉快感。
（2）精力减退或有疲乏感。
（3）精神运动性迟滞或激越。
（4）自我评价过低、自责，或有内疚感。
（5）联想困难或自觉思考能力下降。
（6）反复出现想死的念头或有自杀、自伤行为。
（7）睡眠障碍，如失眠、早醒，或睡眠过多。

（8）食欲降低或体重明显减轻。
（9）性欲减退。

三、人格障碍

人格障碍是指人格特征明显偏离正常，使病人形成了一贯的反映个人生活风格和人际关系的异常行为模式。这种模式显著偏离特定的文化背景和一般认知方式（尤其在待人接物方面），明显影响其社会功能与职业功能，造成对社会环境的适应不良，病人为此感到痛苦，并已具有临床意义。人格障碍通常开始于童年期或青少年期，并长期持续发展至成年或终身。

1. 人格障碍的分型及其临床表现

（1）反社会型人格障碍。反社会型人格障碍以行为不符合社会规范，经常违法乱纪，对人冷酷无情为特征。

（2）偏执型人格障碍。偏执型人格障碍以猜疑和偏执为特征，始于成年早期。

（3）分裂样人格障碍。分裂样人格障碍以观念、行为和外貌装饰的奇特，情感冷漠，以及人际关系明显有缺陷为特征。

（4）癔症型人格障碍。癔症型人格障碍又名表演型人格障碍，以过分感情用事或夸张的言行吸引他人注意为特征。

（5）冲动型人格障碍。冲动型人格障碍又名攻击型人格障碍，以情感爆发伴明显行为冲动为特征。

（6）强迫型人格障碍。强迫型人格障碍以过分谨小慎微，严格要求与完美主义，以及内心的不安全感为特征。

（7）焦虑型人格障碍。焦虑型人格障碍以一贯感到紧张、提心吊胆、不安全以及自卑为特征，总是需要被人喜欢和接纳，对拒绝和批评过分敏感，因习惯性地夸大日常处境中的潜在危险而有回避某些活动的倾向。

（8）依赖型人格障碍。依赖型人格障碍的特征是依赖性强，不能独立解决问题，怕被人遗弃，常常感到自己无助、无能和缺乏精力。

2. 人格障碍的治疗

尽管在人格障碍的治疗上已取得一些进步，找到了有效改善症状的方法，但对人格障碍的治疗，在很大程度上仍然是根据人格障碍患者的不同特点，帮助其寻求减少冲突的生活道路。应尽量帮助患者避开困难环境，使他们有更多的机会发展其人格中的优点；应鼓励他们积极参与制订自己的治疗计划，也应向他们解释清楚做出决定的理由并加以充分讨论；应鼓励他们发展业余兴趣、接受继续教育或扩大社交网络。即使他们的症状没有获得改善，这些基本措施也可以起到稳定症状的作用，直至生活中迎来一些偶然转机从而促使其症状改善。

四、精神分裂症

精神分裂症是一组病因未明的精神病，多起病于青壮年期，常缓慢起病，具有思维、情感、行为等多方面障碍，以及精神活动不协调。病人通常意识清晰，智能尚好，有的病人在患病过程中出现认知功能损害，自然病程多迁延，呈反复加重或恶化，但部分病人可保持痊愈或基本状态。精神分裂症发作期病人自知力基本丧失。

有关详细心理疾病的诊断及治疗以《中国精神障碍分类与诊断标准第3版（CCMD-3）》为标准。另外，在发现有患心理疾病的大学生时，应及时转介给专科医生和专科医院进行系统治疗。

心书推荐

《活出心花怒放的人生》
彭凯平，闫伟

生活在新时代的我们，本该是幸福的，物质丰富，信息发达……然而，我们中的大多数人经常感到焦虑、紧张、烦躁、沮丧、难以专注，也因此丧失了对幸福的感知。

清华大学心理学系主任彭凯平教授对比了东西方文化看待幸福的差异，为当下的中国人重新解读幸福。幸福并不是简单的生理需求的满足，也不依赖于攀比和财富，幸福是一种有意义的快乐，而这种意义来自我们在工作、人际交往、爱情、亲子等人生课题中的创造与收获。

在这本书中，作者用理性思辨的语言、丰富且接地气的实验案例，揭开关于幸福的六大谜题、28条法则；书中还提到了应对挫折的独门绝招——"五施理论"。相信读完这本书，你会重新审视自我，过一个有意义的幸福人生。

心理自测

焦虑自评量表系统（SAS）

请你仔细阅读以下内容，根据自己最近一周的实际感觉，在A、B、C、D下画"√"，每题限选一个答案。

A. 没有或很少时间　B. 小部分时间　C. 相当多时间　D. 绝大部分或全部时间

1. 我觉得比平常容易紧张和着急　　　　　A B C D
2. 我无缘无故地感到害怕　　　　　　　　A B C D
3. 我容易心里烦乱或觉得惊恐　　　　　　A B C D
4. 我觉得我可能将要发疯　　　　　　　　A B C D
5. 我觉得一切都很好　　　　　　　　　　A B C D
6. 我手脚发抖打战　　　　　　　　　　　A B C D
7. 我因为头痛、肩颈痛和背痛而苦恼　　　A B C D

8. 我感觉容易衰弱和疲乏　　　　　　　　　A B C D
9. 我觉得心平气和，并且容易安静地坐着　　A B C D
10. 我觉得心跳得很快　　　　　　　　　　　A B C D
11. 我因为一阵阵头晕而苦恼　　　　　　　　A B C D
12. 我晕倒发作或觉得要晕倒似的　　　　　　A B C D
13. 我吸气和呼气都感到很容易　　　　　　　A B C D
14. 我手脚麻木或有刺痛感　　　　　　　　　A B C D
15. 我因为胃痛和消化不良而苦恼　　　　　　A B C D
16. 我常常要小便　　　　　　　　　　　　　A B C D
17. 我的手常常是干燥温暖的　　　　　　　　A B C D
18. 我脸红发热　　　　　　　　　　　　　　A B C D
19. 我容易入睡并且一夜睡得很好　　　　　　A B C D
20. 我做噩梦　　　　　　　　　　　　　　　A B C D

【统计指标】

正向计分题，A、B、C、D 按 1、2、3、4 分计；反向计分题，A、B、C、D 按 4、3、2、1 分计。反向计分题题号为 5、9、13、17、19。

20 个项目的分数相加得出总分，再乘以 1.25 取整数，即得标准分。

低于 50 分为正常，50～60 分为轻度焦虑，61～70 分为中度焦虑，70 分以上为重度焦虑。中度以上焦虑建议到精神专科医院咨询就诊，排除焦虑症。

思考与练习

1. 大学生常见的心理困惑有哪些？
2. 大学生常见的心理疾病有哪些？
3. 大学生应如何提高自身心理健康水平，预防心理问题、心理疾病的发生？

第二篇·PART 2

关注自我

第四章·CHAPTER 4

认识你自己
——大学生的自我意识与培养

学习目标
（1）了解自我意识的内容、类别和特点；
（2）了解自我意识的偏差及其调适；
（3）培养大学生的自我意识，做到自我意识的和谐统一。

案例导入

你认识自己吗

一位年轻的女士向我倾诉："小时候，我梦想成为另外一个人。我不喜欢自己的样子，不喜欢拥有的一切。我想要别人的头发、别人的父母，想生活在另外一个地方。我总觉得别的孩子都比我好，比我漂亮，比我有天赋，比我受欢迎，更得老师的宠爱。我知道有比我更差的人。当我偶尔向我母亲倾诉时，她是这么告诉我的，'你不是最不幸的人，也不是最没有天赋的人'。在我看来，这根本算不上安慰。此外，当我感到难过时（我经常会感到难过），我根本不相信一切会好起来。我觉得自己是全人类中最无用的那一个。我的青春期一塌糊涂。我常常认为自己很丑，心里充满了各种障碍。慢慢地情况变得好了一点，但今天一旦有个男人爱上我，我知道一定是出了什么错。我想是他看走了眼。他爱上的是一个假象，一个我好不容易打造的假象。他爱上的绝对不是我，不是真正的我。如果我喜欢这个男人，我会感到非常恐惧。如果我们交往，他一定会发现我是个冒牌货，发现我的各种缺陷，很快就会像我嫌弃自己一样嫌弃我，然后抛弃我。而我却不能抛弃自己，我被困在我的身体里，我讨厌我自己，却不得不与自己孤老终身。"

…………

我发现，我的这位病人其实有一种心理障碍。她聪明貌美，就像人们说的那样，拥有一切获得幸福的先决条件，什么都不缺，只缺一件东西：一点点自尊。

资料来源：安德烈，勒洛尔.恰如其分的自尊[M].周行，译.北京：生活·读书·新知三联书店，2015.

【思考】

（1）这位女士所认知的自己和外界所认识的"她"有什么不同？

（2）这位女士为什么会对自己有这样的认知？

第一节　自我意识概述

★ **心理知识**

自我认知详细列表

按照以下几个方面，尽可能多地使用词或短语描述自己。

外表：包括对身高、体重、长相、肤质、头发、穿衣风格，以及对身体具体部位（比如脖子、胸部、腰和腿）的描述。

你和他人的交往：描述你和爱人、朋友、家人、同事及在社交场合与陌生人交往时体验出的强势和弱势。

个性：描述你积极和消极的个性特征。

其他人对自己的看法：描述你的朋友和家人眼中的你。

在学习或工作当中的表现：描述你如何在单位或学校中完成重要任务。

处理日常琐碎事的能力：描述你的卫生保健、维持良好的生活环境、准备食物、照顾孩子的方式和其他满足个人或家庭需求的方式。

动脑能力：包含你对分析和解决问题的能力、学习能力和创造力、综合知识和专业知识储备情况、你所增长的智慧和见识的评价。

完成这项汇总任务后，再回过头在你认为代表优势或你比较满意的项目前标加号，在你认为是劣势或者有待于改进的项目前标减号，在中立、客观的事实陈述前不加任何标记。

资料来源：麦凯，范宁.自尊[M].马伊莎，译.北京：机械工业出版社，2019.

一、自我意识的概念

自我意识是人类大脑识别活动的一种形式，也是一种能力。在不同的文化环境中，自我意识的界定有一定的区别。在注重个人主义的西方文化中，自我意识是一种独立的自我观，它是个体内在的本质，是一种人格特质；在注重集体主义的东方文化中，自我是一种相互依赖的概念，个体对自我的理解会伴随与他人的边界浸入和转换而改变。无论是集体主义的自我还是个人主义的自我，都让人类可以观察并分析自己的思想、情感和行为，还可以站在别人的角度看问题，它是人类生存和走向成功不可或缺的重要部分。自我意识包括对自己的生理、心理特征及个体与外界关系的认识，是意识发展的高级阶段，自我意识的成熟是意识的本质特征。它是人的心理区别于动物的心理的主要特征，是一种复杂的、多维度、多层次的心理系统。

科学证据表明，那些了解自己并知道别人如何看待自己的人，往往生活得更幸福。他们会做出更明智的决定；他们在生活和职场中拥有更和谐的人际关系；他们会养育出更成熟的孩子；他们本人则是更聪明、更优秀的学生，可以选择更好的职业；他们富于创造力，更加自信，也更善于沟通；他们不那么激进，很少撒谎、欺瞒和偷窃；他们在工作中表现得更加出色，晋升机会也多于别人；他们是更高效的领导者，其下属也更富于热情和活力；他们甚至带领公司获得更多利润。

二、自我意识的分类

个体的自我意识过程是对自己洞察和理解的过程。通过学习，我们可以掌握这些塑造和保持自我意识的行为。个体自我意识是指人本身的行为方式、情绪反应和思维模式。个体对自我意识的反应有对过往自我的意识和对未来自我的意识的评价与判断。有学者认为，个体的自我意识是"通过个体对自己的对象性关系和对象化活动的认识、反省和评判"而产生的意识。一位大学生这样评价自己："我是个复杂的人。在学校，我很严肃，学习刻苦，平时跟朋友在一起快乐自在。但是在家我感觉压力很大，因为父母希望我学习优秀，如果不能达到他们的期望，他们就会对我发火，甚至经常嘲讽我的能力，所以我一回家就觉得焦虑。我可以快速切换自己的模式。"在这位学生的个体自我意识中，他是一个"复杂的人"，他解析自己在不同场合拥有不同的"模式"，根据以往自我的表现，他认为自己是个"可以快速切换模式"的人。

不同领域的心理学家将自我意识分类细化，从不同角度进行科学验证，比如，社会心理学家（如马修·麦凯）注重自我意识的社会性，即自我意识引导的人际关系走向；临床心理学家（如克里斯托弗·安德烈、马丁·塞利格曼）关注自我意识与情绪的关系，研究由于自我意识极端化带来的心理疾病；组织心理学家（如塔莎·欧里希）则关注自我意识对资本集团运作起到的作用。自我意识从过程上可以分为自我认知、自我体验和自我控制；从内容上可以分为生理自我、社会自我和心理自我；从方式上可以分为自我观察、自我评价和自我调节；从观念上可以分为现实自我、投射自我和理想自我，见表4-1。

表 4-1　自我意识的维度与分类

维度	分类		
过程	自我认知	自我体验	自我控制
内容	生理自我	社会自我	心理自我
方式	自我观察	自我评价	自我调节
观念	现实自我	投射自我	理想自我

（一）自我认知、自我体验和自我控制

★ 心理故事

战胜白血病的青春"斗士"

宋琦永远忘不了18岁那场特殊的"成人礼"。2014年11月，宋琦的18岁生日刚刚过

去一个月,一纸诊断书打破了他原本平静的生活。正读高三的他被确诊为急性B淋巴细胞白血病。宋琦开始了一场漫长的"战役"——化疗、放疗、移植、排异、感染……面对病魔,难忍的疼痛他要忍,难熬的日子他要熬。"这场仗,我打赢了!"2017年2月,当宋琦欢笑伴着泪水说出这句话时,他终于重返校园,成为一名不屈的"斗士"。2017年,宋琦以优异的成绩考入东北大学。"凡不能毁灭我的,必将使我强大。"宋琦凭借心中的"斗士"精神,战胜了病魔,并成为一名大学生,他想要帮助更多人。"经历过艰难困苦,才更能体会被爱的感动与力量。"宋琦被爱呵护,也为爱坚守。时至今日,宋琦也从未断过与"小白"病友们之间的联络。在病友的微信群里,他一直是主治大夫的"小助理",主动分享自己的移植经历,用自己的抗"白"故事鼓励病友勇敢面对一切。5年来,宋琦成为数十名"小白"病友的"私人专家"和"心理医生",积极热情地回应每一次咨询与求助。微信、电话、语音聊天……宋琦用温暖鼓舞着更多的病友,成为他们配合治疗的动力和源泉。宋琦依旧保存着这样几条微信:"你是急淋B患者的偶像,你的经历给了我继续面对挑战的勇气,祝福你!""为你骄傲,抗'白'队伍中的佼佼者,你是我的福星!"宋琦还将自己曾经获得的关怀与关爱,通过一次又一次的志愿服务,加倍回报给社会,累计志愿服务时长已达240小时。"青春是用来奋斗的,无奋斗不青春,我要用奋斗回报社会、奉献祖国。"面向未来,宋琦充满信心。

资料来源:青年之声.青春榜样:2019年度中国大学生自强之星揭晓,2020-12-19.

初入大学的大学生正处于青春期向青年期过渡的阶段,他们从学习到生活都需要有一定的自我认知来做决定,包括选课、照顾自己、交朋友、谈恋爱。这些选择影响到当代大学生对自己的认识:我是谁?我适合什么?我喜欢什么?比如,上面的"心理故事"中的主角宋琦,因为经历了病痛的折磨,他对自己的坚强意志有了一定的认识;在此基础上,因为战胜了病魔,他对自己帮助别人的能力充满了自信;5年来,宋琦以超强的自我控制能力,考上了重点大学,帮助了患有同样疾病的人走出心理困境。黄希庭、郑勇(2020)认为,处于青年初期的大学生自我认知结构逐渐丰满和完善,其内心的独立性对自我控制提出比青春期时更高的要求。大学生只有明确自我意识,拒绝诱惑,合理安排时间,建立良好的自我体验,才能提升自我控制能力。

1. 自我认知

自我认知属于人类大脑活动的认知范畴,具体指主观自我对客观自我的认识与评价。一个人对自己从生理到心理特征的认识即自我认知,在自我认知的基础上对自己从事的社会活动及别人对自己的评价的判断即自我评价。自我评价是基于一定的价值观,通过比较而做出的判断。一个人自我评价的高低对他的心理活动和表现有很大影响。心理学家普遍认为,如果个体对自身的评价与外界对自己的评价不匹配或差距很大,就会导致个体情绪波动、破坏人际关系等结果。当个体长期处于这种双向评价悬殊的境况时,将会形成特有的极端心理特征,如自满或自卑,不利于个体心理的健康成长。

2. 自我体验

自我体验是自我评价引起的情绪性结果，与个体对社会的规范、价值标准的认识息息相关。自我体验是主体对自身的认识而引发的内心情感，引起的情绪包括羞耻、愤怒、焦虑、自卑、自大等。它是自我意识的情感成分，是主观自我对客观自我的一种态度。正面、积极的自我体验有助于个体的正向自我控制。

3. 自我控制

自我控制是指个体对自身行为与思想、言语的控制，是自我意识的意志成分。自我控制对个体的意识有启动和制止的作用，即支配个体的某种行为，同时抑制与该行为无关或有碍的行为。自我控制与个体的价值观有着不可分割的重要关系。自我控制能够帮助个体调节自己的行为，抵制诱惑，使其符合集体规范和社会道德的要求。

（二）生理自我、社会自我和心理自我

1. 生理自我

生理自我也称躯体自我，是指个体对自己物理身份的认识和体验，包括个体的外貌和生理状态，如"我认为自己的身材刚刚好，头发偏黑棕色"等。

2. 社会自我

社会自我是从别人的角度看自己的世界，是个体对自己在社会关系、人际关系中所处角色的认识，是个体通过审视他人对自己行为模式的反应，进而对自我的评价。接受社会自我是个体体验到自己从属于某一个群体的连带感或归属感。比如，做某件事时，A的做法受到同伴指责，他的内心变得卑微，觉得自己不擅长做那件事，日后遇到同样的事会选择逃避。在这个例子中，A通过对方的指责评价自己的行为模式为"不擅长做"，判断在未来遇到类似的事件时会"选择逃避"。

常见的具象社会自我是集体自我，即个体接受所属集体的价值观念，可以容忍集体价值观中的某些不足。个体了解所属集体的期望，并按照一定的集体角色规范去做事，在此集体中找到自己的位置，同时感受到自己的存在对于这个集体是有意义和价值的。集体意识的实现和个体意识相似，即一个拥有自我意识的集体，它追求集体的目标、实现目标的过程、每位成员对集体的表现有什么影响。有学者分析"优良学风班"大学生的人格特征发现，相比对照组，"优良学风班"的大学生表现得更加有恒心、有责任心、敢于承担、自律、严谨、沉着自信和心平气和。

3. 心理自我

伴随社会自我的出现，心理自我也形成和发展起来。心理自我又称精神自我，是个人对自己心理意识的认识和评价，包括个人对自己的智商、性格、做事风格、信念、理想等方面的了解和评估，如"我是一个内向的人""我喜欢脚踏实地做好每件事"等。心理自我的成熟与个体的阅历、经验、认知的增长息息相关，对自我认识的统一具有重要

的现实意义。

（三）自我观察、自我评价和自我调节

自我观察、自我评价和自我调节是认识自我的三种方式。

1. 自我观察

自我观察是指对自己的感觉、思维和目标等方面的察觉，是个体进行自我认知的基本方式。擅长自我观察的个体拥有对自己能力的洞察力。

2. 自我评价

自我评价是自我调节的重要条件，是指个体对自己的思想、预期、行为表现及人格特征的判断和评估。

3. 自我调节

自我调节是个体在进行活动过程中用意识，基于自我评价对情绪、行为、态度等生理反应进行的调适。

★ **心理故事**

发现洞察力

苏珊大学毕业后，和最好的朋友住在一起。当她们收拾厨房时，苏珊突然大发雷霆，因为她的朋友把塑料杯放在了玻璃杯前面。"没人会用塑料杯喝水！"苏珊怒不可遏地说道。苏珊意识到，"我在一些无关痛痒的事情上反应过度了，我为什么控制欲这么强呢"。在那一刻，她能从一个不同的角度看自己，并由此拥有了极强的洞察力，她看透的远不止那些塑料杯。

资料来源：欧里希.真相与错觉[M].胡晓姣，陈志超，译.北京：中信出版集团，2019.

（四）现实自我、投射自我和理想自我

1. 现实自我

现实自我是个体从自己的角度出发，对自己的行为表现和心理感受的观感，也称现实我。

2. 投射自我

投射自我是个人想象中他人对自己的评价，也称镜中我。当投射自我出现时，个体会想象自己在他人心中的形象，想象他人对自己的评价，以及由此而产生的自我感。现实自我与投射自我的观感不一定完全相同，当二者之间的差异加大时，个体会感到一种自己不为别人所了解的困惑。

3. 理想自我

理想自我也称理想我，是指个人想要达到的完善的境界或形象，如"我未来要做一名企业家"。理想自我是个人所追求的目标，可能与现实自我出现分歧。理想自我虽非现实，但个体对它的描述会影响其对自身的认识、情绪及行为表现，因此，理想自我是个人行为的动力和参照物。

★ 心理故事

小松的自我意识

大学生小松在入学的时候学习成绩很好，进入"优良学风班"。他学习刻苦，成绩优异，已经连续两年获得奖学金。教授很赏识小松，让他进入自己的实验室学习，小松对自己当时的表现很满意，对未来自我的发展规划是去优秀的企业工作。大三的时候，小松成为学生会副主席，负责新年晚会的组织安排工作。在纷繁的组织工作中，小松一直以高压的办法敦促工作组成员迅速完成一系列的任务，弄得大家疲惫不堪、怨声载道。当抱怨的话传到小松的耳朵里时，小松惊讶于同伴对自己的工作能力的评价。他一直以为自己的做法是正确的，但是他忘了一起工作的人的想法了。小松开始否定当下自己的组织能力。大四的时候，小松决定继续深造而不是去企业工作，因为他认为数据比人简单，他不想面对纷繁复杂的人际关系。

三、自我意识的运行模式

多有不自满的人的种族，永远前进，永远有希望；
多有只知责人不知反省的人的种族，祸哉！祸哉！

——鲁迅

日常生活中自我意识的运行模式主要有两类：内在自我意识和外在自我意识。内在自我意识以个体为主体，思考方向从"我"向对方延伸，以"我"为中心思考对方对"我"的影响；外在自我意识以对方为主体，从对方的角度思考"我"的行为带来的影响。

（一）内在自我意识

内在自我意识关注点是自己，个体从审视自我的角度反省个体自我和观察社会自我。反省个体自我是指主观评价自己的行为模式、情绪反应和思维模式；而从审视自我的角度观察社会自我就是通过观察别人对自己行为模式的反应来评价自己。

内在自我意识图示见图 4-1。

在前文的 A 做事的案例中，以人物 B 和 C 的不同反应方式为例。B 受到指责时，会暴跳如雷，反过来指责对方，弄得双方都很不愉快，不仅事情没有做好，人际关系也岌岌可危；C 在遇到指责时，并没有马上做出反应，而是先让自己冷静下来，分析当前的情况、自己和对方的行为模式，提出解决办法。

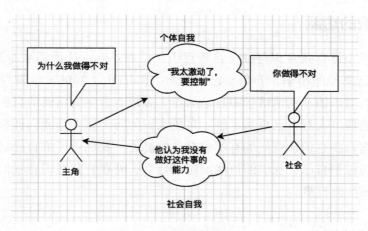

图 4-1　内在自我意识图示

A 的反应是通过对方的指责断定自己的能力盲区，在未来会选择以躲避的方式处理相似的情况。A 选择逃避并不是因为 A 胆小，而是 A 背负起了事情失败的责任。在接下来的处理方式中，A 选择了避开有可能再次受到指责的做法；B 的反应是通过对方的指责判断对方有责任，从而选择以责怪对方的方式对待问题；C 的反应是在了解了自己的行为模式的前提下做出的，并没有盲目地因为对方的反应而为自己或对方的能力下定论，而是通过理性寻求解决办法的方式处理问题。

（二）外在自我意识

外在自我意识将关注点转向外界，从他人的角度审视个体自我、分析社会自我带给自己的影响。比如，听到当年你视若挚友的同学告诉你，两年前的你傲慢无礼、高高在上的态度让她觉得和你做朋友很辛苦时，你会做何感想？你审视过朋友眼中两年前的你吗？现在的你和那时的你相比有改变吗？同学为什么现在告诉你当时的感受呢？

外在自我意识图示见图 4-2。

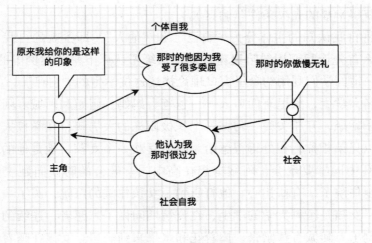

图 4-2　外在自我意识图示

四、自我意识的功能

自我意识将个体自我意识与社会自我意识交汇在一起，让我们从纷繁复杂的意见、想法中提取自己需要的精华，升华自己的能力。Balcetis（2008）等发现，生活在集体主义下的东方人对道德和利他情景中自己的行为表现有着更为精确的自我预言，比生活在个人主义下的西方人对自己更为了解。自我意识的行为模式让我们拥有不同的审视自己的能力。内在自我意识让我们拥有洞察自己的能力，我们会了解自己是否自信，是否有责任心，能否控制自己，我们的情绪反应是什么；外在自我意识让我们学会从对方的角度思考自己该如何行事。

五、自我意识的评估

研究自我认知的心理学家约瑟夫·勒夫特和哈里·英格拉姆将自我认知的分析过程整理成四个象限，并用两人的名字命名为约哈里窗口理论。这个理论将一个"自我"的概念分成四个象限来诠释，见图 4-3。

	自己知道	自己不知道
他人知道	公开的（open）	盲区（blind）
他人不知道	隐藏的（hidden）	未知的（unknown）

图 4-3　约哈里窗口理论

以本章开始的案例为例，让我们用约哈里窗口理论分析案例中的女人对自己的认识。在案例中，女人认为自己现在所有的一切是"好不容易打造的假象"，心理医生看到的她是"聪明貌美""拥有一切获得幸福的先决条件，什么都不缺"，那么女人的公开的自我是一个美好的身份；他人不知道而女人自己知道的是"不喜欢自己的样子，不喜欢拥有的一切""嫌弃自己""讨厌自己"（隐藏的自己）；女人自己不知道而他人知道的是她"拥有一切获得幸福的先决条件"（盲区）。

这个理论将自我认知的主体分为"自己"和"他人"，即主观的自我认识和客观的自我认识。那么首先让我们用约哈里窗口理论来练习认识下一个案例中的"自己"。在下面的描述中，请同学们利用约哈里窗口理论描述这位学生的"自己"。

阿城是一名大学生，家里有四口人——爸爸、妈妈、姐姐和阿城。阿城从小到大一家人生活得其乐融融，互相关爱。阿城是个积极阳光的大男孩，在学校人缘很好，和宿舍的男生们都以兄弟相称，相处得很融洽。阿城喜欢一个女孩，她是他的高中同学。大一放假期间，高中同学要聚会，阿城本想在高中同学聚会的时候向她表白，但是她没来。阿城听说她住院了，有些担心。他打听到了女孩住院的医院，买了一束花和一篮水果去探望女孩。女孩是医科大学的学生，在疫情期间做了志愿者，连续的高强度工作下来，女孩才病倒了。阿城有些紧张，捧着花和水果来到病房。女孩在睡着，阿城看到面色苍白但依然美丽的女孩，再次鼓起勇气想向她表白。这时，一个高大帅气的男生给阿城搬了一把椅子，并向他自我介绍说是女孩的男朋友。阿城心中顿时似五味瓶打翻了一样。他忘记了是怎么走出女孩病房的，只觉得心好像裂开了一道缝隙，怎么都填不满，酸楚顿时翻滚上来。

请用约哈里窗口理论客观描述上文案例中的"阿城"，见图 4-4。

	自己知道	自己不知道
他人知道	**公开的**（open） 大学生 积极阳光 和家人互相关爱 和朋友相处融洽	**盲区**（blind）
他人不知道	**隐藏的**（hidden） 喜欢一名高中同学	**未知的**（unknown）

图 4-4 约哈里窗口理论应用

现在，让我们练习认识"自己"。请同学们以小组为单位组成 3～5 人的小组。第一步，对组内的同学的优点进行客观的描述并写入表 4-2 中。

表 4-2 组内同学的优点

	外貌优点 （如头发整齐、着装整洁）	习惯优点 （如早睡早起、自律、不喝奶茶、健康生活）	礼节优点 （如助人为乐、宽容、大度）	喜欢看见我/他的 （如灿烂的笑容、和蔼的态度、大方的谈吐）	其他优点
组员 A					
组员 B					
组员 C					
组员 D					
我					

第二步，用约哈里窗口理论描述"自己"，逐一采访小组成员，将你的约哈里窗口理论表格填满（见图 4-5），简介当下的你是什么样优秀的人（未知区域留空白供未来的你填写）。

	自己知道	自己不知道
他人知道	公开的（open） 我是一名学生	盲区（blind）
他人不知道	隐藏的（hidden）	未知的（unknown）

图 4-5　用约哈里窗口理论描述"自己"

第二节　大学生自我意识的发展

★ 案例点击

艾伦的故事

　　海伦，19 岁，是美国的一名刚刚步入大学的学生。她是个众星捧月的公主，美丽、健康、智慧，是学校啦啦队的队长，是男孩们关注的焦点、女孩们嫉妒的对象。海伦有一辆漂亮的 mini cooper，是父母送的入学礼物。海伦开车不喜欢系安全带，车速很快。她喜欢摇下车窗向同龄人炫耀自己的新车。在校队赢得比赛或成人礼舞会那样疯狂的日子，海伦和同龄人一样给爱车涂鸦。总之，她爱它，开心的日子要和它分享。

　　一个炎炎夏日的周末，海伦像往常一样从家开车出门，她要去和好朋友们逛街，准备舞会的礼服。海伦开动了车子，从自家门前的柏油路一路加速往公路上狂奔。街道上空无一人，海伦喜欢这种爱车铆足了劲地冲上公路的感觉。但是这时，她需要点儿"带劲"的音乐。她需要用手机播放音乐，但是手机滑落到驾驶座位下面了。如果这时海伦减速将车停靠在公路旁边，她就可以将手机安全地从座椅下面取出来，按照希望的那样播放"带劲"的音乐。可是海伦并没有这样做，她在没有减速的情况下，一边用左手开车，一边在座椅下面摸索滑落下去的手机。而从家开到公路上的过程中有一个小弯道，海伦忘记了小弯道，涂鸦的玻璃遮挡了她的视线，车直接冲出了弯道。海伦急忙刹车，车辆翻滚出去。没有系安全带的海伦被甩了出去，撞到一块石头，摔落在草坪上。海伦动弹不得，失去了意识。海伦躺在路边一个小时左右才被人们发现，幸运的是，她还活着。海伦被送到医院后，医生发现她的脊柱有五处骨折，大脑受到重挫，面部受伤。经过两次大手术，海伦保住了性命，双腿暂时性无知觉。又经历了两次整形手术，海伦的容貌稍微恢复了一些。经过七个月的康复训练，海伦可以在辅助工具的帮助下慢慢走路了。

车祸之后的海伦，面部毁容，因为长期不动，身材变得臃肿。走路还需要辅助装备的她，无法参加啦啦队的集训了，学校里不知情的学生有时会对海伦指指点点。海伦觉得自卑，想逃离这一切。她向学校提交了休学的申请。

海伦的经历是不幸的，她曾经拥有的一切美好都因为一场严重的车祸戛然而止。如果海伦对自己遵守安全驾驶规则的能力有清晰的认识，那么她就能避免这一惨痛的结果吗？以海伦为例，她认为自己能够在不减速的情况下安全地取到手机并顺利播放音乐。事实上，她高估了自己的驾驶技术。换句话说，她对自己的认识与实际情况不符。海伦对自己的认识与海伦实际的能力是有差距的，她希望自己成为自我认识中的那个人，但是现实情况并不是这样的。学者们普遍认为，如果一个人能正确地认识自我，看到自我的优点和不足，实事求是地评价自己，他将拥有更好的自我调节的能力和完善的人格。

当代大学生生长于纷繁复杂的经济社会与网络社会交织的多元环境中，了解和分析在这种环境下个体对自我心理与生理的认识有助于帮助当代大学生更快地走出迷茫。当代大学生如果能够进一步认识自我，珍视长处，接受不足，就可以更加理智、科学地确定自己的人生方向，脚踏实地地迎接属于自己的美好生活。

一、大学生自我意识的发展过程

斯蒂芬妮·斯塔尔认为，拥有自我意识是人的必然特性，人们会对自己的判定有一定程度的怀疑，当他内心不完整时，他会害怕否定和畏惧丢脸，而且这种感觉通常在他的意识当中根深蒂固。所以拥有自我意识是人生必经的阶段。认识自己，接纳自己的优点与不足，是为未来成为一个优秀个体而夯实的必要根基。

大学时期是人生的关键时期，处于这个时期的大学生，自我意识发展到了新的阶段。在生理上，当代大学生会经历一个自我认识、自我体验、自我控制逐渐协调一致的过程。在表现上，他们的个人主义意识增强，具有外向性和开放性的特点，竞争意识也显现出不服输，喜欢有挑战性的任务。在心理上，当代大学生生于改革开放新时代，沉浸于西方文化与东方文化碰撞的思潮中，同时他们又生活在科技高速发展的时代，沉浸式成长在野蛮生长的网络时代，互联网在帮助大学生获得多种资源的同时，也让他们开始重新审视其赖以成长的世界，影响着他们的自我认识。大学生的自我意识发展在这些多元化的成长背景影响下，出现一个多层次的分化→冲突→统一→成熟的过程。

二、大学生自我意识发展的规律

1. 自我意识的分化

姚本先等（2019）认为，当代大学生自我意识的发展是在自我分化的基础上开始的。由于心理趋于成熟，处于青春期至青年期过渡时期的个体在意识中由笼统的自我分化成主观自我和客观自我，主观自我赋予个体一种洞察能力，使其能够观察、评价、控制客观自我。而当代大学生又是在网络环境中成长的一代，包罗冗杂信息的虚拟网络环境加深了当代大学生自我意识的分化程度。黄希庭等（2020）认为，当青少年进入微博等网络社交平台时，会把自己分成若干个角色，尝试各个角色带来的新体验，这些角色致使虚拟社会的其他用户对自己产生多样化的认识，从而加剧主观自我和客观自我的分化程度。这种在虚拟世界的自我认识和真实世界的客观自我的反复角色转换容易造成个体自我身份的迷失。

日趋明显分化的自我意识使当代大学生对内心世界和现实行为有了新的自我评价，意识到客观自我的更多细节。处于这一时期的大学生，在日常行为的同时，增加了深入思考、分析甚至反省的时间。这些自我剖析的过程令他们对自我赋予新的认识、体验和控制。自我意识的日趋成熟带给个体更多的激动、焦虑、喜悦和不安，同时当代大学生也会为自己的言行而深思熟虑。

2. 自我意识的矛盾

自我意识的分化会带来个体自我意识的矛盾，随着个体自我意识分化的日趋成熟，自我意识的矛盾也日趋加剧。其主要表现为主观自我与客观自我的矛盾、理想自我与现实自我的矛盾、独立意识与依附心理的矛盾、自豪感与自卑感的矛盾等。

从青春期过渡到青年期时，自我意识的分化带来的矛盾是自我意识发展过程中的正常现象。然而不能调适的自我意识的矛盾会给个体"带来明显的内心冲突，甚至引起内心的痛苦和不安、疑惑和困扰"。有学者认为，当出现矛盾的自我评价、波动的自我态度和不自觉、不果断的自我的控制时，个体对自己的评价就无法达到稳定的客观性，对自己的评价也不能保持一致性。

3. 自我意识的统一

分化和矛盾是自我意识发展过程中出现的正常现象，也是大学生心理走向成熟的必经之路。当自我意识的矛盾冲突引起不安甚至焦虑、痛苦时，个体会想办法去解决矛盾。当自我意识的矛盾解决，即意味着个体实现了"理想自我"和"现实自我"的统一。个体解决自我意识矛盾的方式会根据其社会经验、生活体验、价值观等的差异而不同。姚本先等（2019）认为，一般有三种大学生自我意识统一的途径：

一是按照理想自我的要求，努力改善现实自我，使现实自我和理想自我达到一致。

二是对理想自我中某些不合理、不科学、不实际的东西加以改正，并改进现实自我，使二者互相接近。

三是放弃理想自我而迁就现实自我。由于每个大学生在生活经验、成长环境、心智发展水平及追求目标等方面都存在着差异，因此其自我意识分化、矛盾、统一的途径会有所不同，结果也不一样。

三、当代大学生自我意识发展的特点

"00后"是完全成长在网络环境中的一代,是新媒体时代的"网络原住民"。统计数据显示,"00后"手机拥有的比例是"90后"的8倍,计算机拥有率是"90后"的3倍。网络已经成为当代大学生主要的交流工具之一,但由于网络交际关系的虚幻性、短暂性,个体在虚拟环境中得到的关注和关怀转瞬即逝,无法在现实社会中存续。黄希庭等(2020)认为,大学生若沉溺于寻求网络交际关系的慰藉,会导致心理冲突和困惑加剧,长期发展下去必然产生心理问题甚至疾病。当代大学生的自我意识形成受到现实社会和虚拟社会双重形态的影响,虽然当代大学生年龄上已成为完全行为能力责任人,但是很多高校学生处于学习、生活上缺乏明确的目标,缺乏自我认知的困境。

影响当代大学生自我认知的要素主要来自三个层面:家庭、社会和互联网。在家庭层面上,"00后"大学生多数是家庭的中心,家长对于下一代的态度是希望他们学习好,而不必参与家庭事务,如做家务、照顾家人等,"00后"的人际交往能力出现了一定的局限性;在社会层面上,改革开放以来,随着我国经济的快速发展,中国传统文化和西方文化交织,影响了年青一代的价值观,在多数大学生认同集体主义,认为国家利益高于个人利益的同时,他们也有着强烈的进取心,努力追求个人价值,个人主义和功利化的倾向较为明显;在互联网层面上,当代大学生的成长过程与互联网紧密相关,网络环境的多元化、复杂化和信息无过滤化造成"00后"大学生接触信息的渠道良莠不齐,而这些泥沙俱下的信息影响着他们的世界观和价值观。

在社会、家庭和互联网的影响下,当代大学生的自我认知凸显的主要特点集中在极端性、矛盾性、情绪化和碎片化四方面。

(一)自我意识的极端性

当代大学生有明显的过度自我倾向,体现在其自负与自卑两大方面。

首先,"00后"大学生重视自我主观感受,有强烈的自我表现欲,却缺少担当和责任,喜欢用自己的情感体验去评价他人。美国作家乔希·比林斯曾说,人的苦恼不在于他们不懂,而在于他们懂得太多似是而非的东西。当代大学生一心只读圣贤书十几年,对于现实社会的事务处理常常处于想象当中,缺乏真实体验。在从青少年向青年过渡的时期,大学生会倾向于认为自己的想法是完全正确的,忽略他人的意见和感受,甚至不能够理解别人,对自己评价高的时候,自尊心也明显加强。

"00后"独立意向十分强烈,急切需要按照自己的意愿处事,对于自己的付出追求及时回报;他们强调别人对自己的尊重,对于别人当众的批评行为有着强烈的反感,对父母、教师的一些要求会有抵触甚至反抗的情绪。由于自我归因不能到位,当问题出现时,对自己有过高认知的大学生会将问题的根源归结为周围的环境及其他的一些因素,容易心生怨怼,甚至怀恨周围的人及环境。

在丹尼尔·卡尼曼看来,人类拥有一种"近乎无限的能力来忽略自己的无知"。研究表明，与真实客观的自己相比，人们往往觉得自己更聪明、更风趣、更纤瘦、更好看、社交能力更强、更擅长运动，认为自己是更优秀、更出色的。科学家将这一心理称为"优于平均效应"。

其次，"00后"大学生的另一极端自我意识表现为过度自卑。许多大学生经常自我怀疑，对自我评价趋于主观，有的过分肯定自己，有的则过分否定自己。否定自己的时候觉得自己什么都不行，不敢去尝试与突破自我，而选择做旁观者。当个体不能容忍自己的局限和不足时，便倾向于否定自己，一定程度的否定自我可以正向驱使个体修正自我，进一步提高素质。但是过度的自我否定就会让个体只看到缺点，而忽视自身的才能和优点。当认为自己的能力不如其他人的意识产生时，个体会感觉自卑，从而丧失自信。有学者认为，过度的自我否定会压抑大学生的积极性，束缚其对美好生活的向往和追求。

（二）自我意识的矛盾性

当代大学生自我意识的矛盾性是由于缺乏社会经验、心理上不够成熟、自我意识分化而引起的，它是青少年向青年过渡时期心理发展的正常情况。

自我意识的矛盾性会激发大学生不甘人后、奋发图强，驱动其客观自我的正向发展。当代大学生自我意识的矛盾性主要有四个特点：客观自我与主观自我的矛盾、理想自我与现实自我的矛盾、独立意识与依附心理的矛盾以及自豪感与自卑感的矛盾。

1. 客观自我与主观自我的矛盾

客观自我意识即现实中的自我，是家人、朋友、同学、老师对个体的综合评价的自我，也是俗语所说的"口碑"，是个体根据别人对自己的评价在头脑中构成的自我形象。当代大学生以自身的实践活动、学习成绩、办事能力与外部的、社会的榜样作为参照系统，在自己头脑中形成自我认识，这就是主观自我。主观自我意识即个体认为和评价的自我，是"个体对自己身心状态的体验、认识和愿望"。

大部分当代大学生不谙世事，但是对自身能力有过高估计，由于对事物的理解与判断的片面性，不能准确把握做事情的尺度。由于其主观评价与客观评价有一定的差距，这种差距形成了主观自我与客观自我之间的矛盾。这种矛盾使大学生产生客观自我调控能力不足的感觉，常常使得他们对自我的理解和判断只看到表象而看不到本质，时而夸大自己的优势，时而将焦点集中在自己的劣势上，当遇到棘手事件时，易自我否定，甚至自我逃避。

客观评价与主观评价的差距造成的复杂性质的矛盾源头是评价主体的认知水平和评判标准的差异。这种矛盾产生的差异可以促进自我意识主体的认知发展。例如，若个体趋于客观评价，便会往符合社会要求与别人的评价的方向修正自我认知；若个体维持原来的自我认知和评价，就会继续按照主体意愿发展。

2. 理想自我与现实自我的矛盾

这一矛盾是在上一矛盾基础上建立起来的发展性矛盾，也是内在自我意识和外在自我意识矛盾的必然结果。个体期望的自我，是在个体对自己认知的基础上，为满足内心需求而在思想中建立起来的自己的理想化形象。现实自我是通过个人实践反映到头脑中的真实自我形象。

当代大学生由于社会经验不足，对社会现象的认识相对片面且主观，因此对事物的评价会出现拘泥于个人的某一观点、立场，而不善于从不同的角度或全面分析社会现象。比如，对他人高标准严要求，自己却纪律涣散，作风松散。

另外，受到成长环境和家庭长辈认知的影响，当代大学生逐步累积自己的价值观，从他人评价、社会关系等方面的反馈看，现实自我会与理想自我产生矛盾。尤其是当代大学生在虚拟世界和现实世界的对比中发生落差时，对理想自我的渴望与对现实自我的不满增强了这一时期大学生自我认知的迷茫感。大学生处于青年初期，其个体意识形态、心理趋于成熟，个人的世界观、价值观、人际交往的认知容易与长辈或其他社会关系成员对自己的期望发生矛盾，这时的他们对自我定位产生迷茫，当现实自我与理想自我差距过大时，大学生会产生各种各样的心理不适。面对不适，有的个体选择激励自己，努力改善自我状况，向理想自我的目标迈进，也有的个体选择降低理想自我的标准，甚至放弃对理想自我的追求。

3. 独立意识与依附心理的矛盾

个体的独立意识在青春期步入青年期凸显，从依赖家人的关爱到寻求同龄人的理解与安慰。奥地利个体心理学家阿尔弗雷德·阿德勒发现，在青春期人类会想表现独立，希望得到与成年人一样的平等对待。这一特点在大学生中尤为明显。当代大学生大部分18～19岁进入大学的新环境，开始了新的生活体验。很多大学生远离家乡到异乡求学，地域上远离亲人、朋友、同学、长辈，但是情感和经济上依赖父母。他们离开熟悉的家庭环境，表面上开始了有挑战的独立生活，随着青年时期自我意识的不断增强，大学生的独立自主欲望凸显，更希望能够自己做决定，摆脱父母的管束，但是由于社会阅历尚浅，经济上依赖家庭，在生活、学习上遇到困境或挫折时，很多大学生会表现出依附的一面，他们会需要老师与家长的督促、指导和帮助。

当个体一方面表现出急切需要被他人和群体接纳，而另一方面对自我评价又极其敏感时，其独立意识与依附心理的矛盾性就凸显出来了。这种独立意识与不得不依附的心理的冲突，令一些学生感到忧闷、彷徨或无所适从。心理学家认为，独来独往并不是真正独立的体现，独立也需要有经验的人的帮助和指导，真正的独立是指个人能够对自己的行为负责。

4. 自豪感与自卑感的矛盾

这种矛盾属于主观自我意识维度内的矛盾。当代大学生自豪感与自卑感的矛盾冲突是建立在极端自我肯定和自我否定基础上的自我意识形态。当个体在大学生活中初步接触内省时，他们开始认识客观上的自己，对自我的认识会初步停留在主观臆想的状态，容易出现对自我不满、不接纳等心理矛盾的情况，甚至可能会出现自我怀疑的情况。由于成长在网络环境和现实社会这样的双环境中，当代大学生在双重社会的人际相处时会表现为东西方文化碰撞中的自我认识的矛盾。

当个体对自我的认识和评价过高时，会忽略现实中社会对自己的制约，容易以自我为中心，不愿意服从任何人，从而表现为狂妄自大。这时的个体在臆想中追求不现实的理想目标，继而容易受到挫折，衍生出行为上的抱怨，造成人际关系紧张。

当个体对现实自我评价过低时，在意识里会认为现实自我与理想自我差距过大，即使经过努力也难以达到。曾巧莲等（2019）认为，个体心理上缺乏必要的承受能力和驾驭自我的能力是产生这种情况的主要原因，而大学期间学业、实践任务等对个体学习、独立等能力的要求的提高会强化个体的失败体验，加重挫折感，从而使个体陷入深深的自卑中。陷入自卑中的个体更容易陷入苛求于自己的困境，因而更倾向于孤独、沉默，过分依赖亲密关系对象，同时表现为不敢承担责任、碌碌无为。

刚刚独立的大学生急需同伴的理解与关爱，以及寻求除原生家庭之外的新的归属感。急于证明独立能力的大学生，受到自我意识形成初期的影响，对自我评价十分敏感。这种敏感造成的极端自我——自大与自卑——都是对自我的否定，否定自我的个体更倾向于掩盖真实的自己，不愿意和周围的人交往，容易产生过度的心理防御，从而导致偏激行为。

★ 案例点击

心中的洞

A 和 B 是同一个专业的大学同学。两人住在同一个寝室，又在同一个实验小组里工作。A 是个自信的人，热爱生活，也爱聊天，而 B 则是个沉默寡言的人。B 很怕犯错，在学习上、工作时和生活中总是小心翼翼。平时，A 不停地找 B 闲聊让 B 非常受不了，但是 B 又不敢开诚布公地把问题说出来。

像 A 这样的人，一直都是 B 的眼中钉、肉中刺，因为 B 在 A 面前感到自卑。B 却没有意识到这些，只觉得 A 是金玉其外败絮其中的人。因此，B 就时不时给 A 做点儿小破坏。比如，"忘了"向 A 转达一个重要来访者的电话，偶尔扣留一份对 A 很重要的资料，或者在其他同学那里不断地讽刺挖苦 A。A 对这些完全不了解，他认为自己和 B 的关系非常融洽。对于 B 的偶尔"健忘"，A 顶多只在事情发生的时候怪罪他一下。

后来有一次，A 在实验中犯了一个非常严重的错误，他拜托 B 帮忙，B 说没问题。B 分析了 A 的数据，发现了错误之处，然后又往上偷偷加了一个小错误，但他对 A 说他也解释不清问题是怎么来的。这个错误导致实验中断，使得 A 和整个实验室面临巨大的困境。

B 的自卑感使得他在主观意识中对 A 进行负面评价，以抵消内心的自卑感。B 感到自卑，认为自己是受害者，A 是加害者。B 这种由自卑感导致的扭曲认知，驱使他对 A 进行报复。一个人因为不自信把自己筑进墙里。这堵墙不仅用来自我保护，也被作为发动攻击的埋伏地点。B 在脑海里将可怕同学 A 的电影演完了，但是他却走向了现实，导演了一场"战争",并对 A 造成了巨大的伤害。

资料来源：斯塔尔.认同自己：如何超越与生俱来的弱点[M].陈佳,译.天津：天津人民出版社,2018.

（三）自我意识的情绪化

大学生由于思想上接受高密度的信息，但是现实社会经验不足，处理人际关系时易感情用事，敏感而脆弱，十分在意他人对自己的看法和评价，会担心暴露自己的不足，难以接受自己的不完美。当主体对自我的认识模糊，弄不清自己究竟是怎样一个人时，在自我情感体验上会造成较大的波动。当代大学生自我意识的情绪化体现在多方面，基于身体状态的情绪化，表现为自豪、自大、羞愧、内疚；基于自我体验的情绪化，表现为情绪起伏、易变、短暂、有爆发性等特点。情绪化的特点也渗透在大学生自我意识的其他方面，情绪好时自我评价较高，充满信心，自控能力较强；情绪低落时自我评价较低，会自卑，自控能力较弱，容易愤怒、焦虑甚至抑郁。

自我意识严重的情绪化会影响大学生的身心健康。比如，因过分注重身材而进行节食的行为会导致负面情绪的增强；而羞愧会导致负面自我评价增加，提高了个体的低自尊水平。此外，当个体自豪感增强，提高对自我意识的正向认识时，自尊水平会呈上升趋势。

（四）自我意识的碎片化

由于自我定位不明确，当代大学生自我意识呈自我认识碎片化和模糊化态势。

有学者发现，当代大学生在进行自我描述时，信息表述呈碎片化。他们通常只选择最重要的、最易表达的信息，用一个词或几个词进行概括，重点突出自己对自身某一个或某几个点的认识和感知，对自己的优点、特点、缺点等自我认知呈不清晰状态。曾海燕（2019）认为，自我认识碎片化的特点把当代大学生的自我演变成为无主体性、零散化的自我，是具有后现代特点的解构自我的直接体现。

除了以上四个主要特点，当代大学生的自我意识还包括找不到合理的自我位置，控制不了自己，在乎别人的视线，缺乏自信，放纵自我，甚至自我放弃等负面特征。例如，有些大学生在生活、学习方面从众现象严重，在认知、判断上缺乏自我，盲目地跟风。

第三节 大学生自我意识发展的偏差及其调适

一、大学生自我意识发展的偏差

客观自我意识与主观自我意识出现差异时，大学生内心的矛盾冲突就凸显了出来。价值观的设定、自身行为模式和情绪控制这三方面的原因，造成了个体对理想自我的渴望与对现实自我的不满，以及对现实自我与社会自我意识的落差两种差异。这两种差异构成了大学生自我意识发展的重要特点。

心理学家认为，自洽的自我认知是成熟人格的标志。大学生尚处于自我意识发展过程中，往往会出现自我认知偏差。处于这种心理状态的个体不必焦虑，通过学习与训练，会逐渐缩小这种偏差。相较于其他社会群体，处于青年初期的大学生会表现出较高的自尊水平与自信心。他们对成功的渴望较高，当微小的成就来到时，有些个体较容易表现出以自我为中心的倾向，处于这种心理状态的个体，会感觉可以掌控世界。但是，当遭遇失败与挫折时，如考试不及格、失恋等，他们就会自我否定，甚至自我批评，怀疑自己的能力，更有甚者会自暴自弃，从而陷入自卑情绪状态。这些极端的心理状态与大学生自我认知不全面、缺少社会经验、自我定位不准确有关。当代大学生自我意识的偏差主要表现在极端自我认知的偏差、自我中心和从众心理的偏差、虚拟自我与现实自我的偏差三个方面。

1. 极端自我认知的偏差

自我认知容易出现两种影响正常的人际交往的偏差——低认知偏差和高认知偏差。这两种偏差在大学生群体中出现的概率较高于其他群体。当个体由于某种生理、心理上的缺陷或其他原因导致过低评价自己而在人际交往中产生消极心理状态时，就是低认知偏差。过低自我认知者会感觉没有价值感、缺乏信心、自我排斥、自我否定。过低自我认知会造成个体自我否定，常常表现为个体不喜欢自己，不能容忍自己的缺点和不足、苛求自己，就像本章开篇的案例，那位女士因为过度地否定自己，忽略自己的优势，看不到自身的价值，过分关注、夸大自己的不足甚至会造成个体自暴自弃，丧失生活的信心。

高认知偏差是指由于高估自己、过分自信而在人际交往中贬低别人、抬高自己所带来的交往障碍。极端自我认识偏差即过高自我认知或过低自我认知与客观自我的偏差。过高自我认知即不切实际地高估自己能力与优点的同时把别人看得一无是处。

2. 自我中心和从众心理的偏差

自我中心是个体自我意识的发展基础，当代大学生喜欢强烈关注自我，对事物的认识、评价大都是从自我的角度、标准进行，这样做的结果是会出现个体自我中心的倾向。自我中心是人类自我意识发展的必经之路，但是如果与某些不健康的思想意识和不良的心理特征结合在一起，就会出现极端的、扭曲的自我中心。极端的自我中心意识会对个体的自我形象造成负面影响，受到他人的厌恶、贬低。这种负面影响可能会对自己、他人和社会造成危害。

与自我中心相反的现象是从众心理。从众心理是个体经历青少年至青年初期的典型表现。从众心理与集体自我意识有相似的地方，即个体接受其所在群体的行为规则，不同的是，从众是个体在群体的影响和压力下的一种自我保护行为。在大学校园环境中生活，大学生很容易表现出从众行为，如旁观、起哄、聚众闹事，或当校园内部出现某种流行的服饰或者发型时，跟随这种潮流。盲目从众是青少年至青年初期大多数个体的心理倾向，也是自我统一发展中的问题之一，过强的从众心理是一种依赖反应，是个体缺乏独立意识的表现。

3. 虚拟自我与现实自我的偏差

现在是信息高速发展的社会，网络的野蛮生长在为社会带来强大的信息量和信息搜索功能的同时，也令新时代的大学生沉浸在多元的网络世界无法自拔。网络的社交平台和游戏世界的虚拟角色令当代大学生有机会与不同的网民交流，获得不同主体的评价，从而增加自我认识的全面性，同时造成个体虚拟自我与现实自我转换的混乱。

★ 案例点击

虚拟世界的 P 与现实世界的 P

大学生 P 时常沉浸在网络游戏中无法自拔。在游戏中他有多重角色，时而是凶悍的强盗，时而是伟岸的君主，也可以扮演成俊俏的女侠。在游戏中他自由转换多重角色，得心应手地对付各种敌人，和同伴配合默契，经常能够赢得游戏，是位受欢迎的虚拟人物。然而在现实中，由于沉迷游戏，P 时常旷课，无法按时完成学习任务，考试经常挂科，他的现实角色实在太不尽如人意。他无法在现实世界进行有效的自我控制，对自我能力的评价在虚拟世界和现实世界发生混乱。P 会因为在虚拟游戏中常常获胜而认为自己能力很强，可以胜任多种任务，但是事实上，由于在现实社会表现得拖延、漫不经心、毫无参与感，他并没有能力去拥有现实自我所需要的经验和能力。

大学生 P 经历的状况正是由于过度使用网络造成的现实自我与虚拟自我偏差。黄希庭等（2020）认为，沉迷于网络社会中的虚拟自我的个体一般很难与现实中的自我相匹配，而这种不匹配会令个体的自我意识统一性处于分崩离析的状态。大学生 P 有理想的目标，但是由于长期沉迷于虚拟网络，没有将足够的时间和精力用于实现理想自我，当他终于认识到无法企及理想目标时，失望和沮丧令他产生挫败感，从而放弃对理想自我的追求，更加沉迷于虚拟世界。

当虚拟"我"和现实"我"之间矛盾加大时，会造成其自我意识的统一性难度加剧。而处于人生彷徨期的大学生自我意识无法统一时，他们在现实中无法找到自己的位置，更不能有效地调适这一时期出现的各种矛盾与差异，更有甚者会造成严重的精神问题。

二、大学生自我意识的调适

大学阶段，自我意识矛盾和偏差每个人都会经历。理性引导和正面积极教育大学生形成完善的自我意识，是对大学生进行心理健康教育的重要内容之一。对于当代大学生来说，多种自我意识矛盾的主要根源在以下四方面：①个体不能进行理性的自我认知；②无法悦纳自我；③迷茫于如何发展自我、完善自我；④不能合理调整互联网的使用。

因此，引导大学生建立理性的自我认知，积极悦纳自我，发展自我、完善自我和合理使用互联网是调适大学生自我意识差异的主要途径，也是自我意识健康发展的重要任务。这里只介绍前三种途径。

1. 建立理性的自我认知

理性的自我认知是大学生自我意识调适的基础，是个体获得积极的自我体验，进行良好的自我控制、自我设计和自我完善的前提。上大学之后，大多数学生都面临着重新认识和评价自己的问题。面对学习上、生活上高手如林的大学环境，学生们在竞争中会背负或多或少的压力，这些压力可能会带来自卑感，也可能会带来更多动力。无论压力带来哪种结果，都会造成个体无法适应新的生活环境，因此大学新生要学会根据自己的实际情况来认识自己。

首先，每一个大学新生都应该做好成为"普通人"的心理准备。

大学生之前的学习、生活经验比较简单，对自己在家庭和学校中的定位主要以"孩子"的身份和"学习为主"来要求自己。进入大学之后，除了学习，大学生还要独立处理人际关系，照顾自己，个体的定位可能会从"优秀的学生"滑落至"生活无知者"。类似这样的能力落差会让大学生拒绝面对现实，但是越是在自我意识矛盾时期，越要学会正确地认识自己、接纳自己，如在新的生活环境中，重新给自己定位，客观分析自己的优势和劣势，对自己进行合理预期，将有限的时间和精力用在自己认为重要和喜爱的事情上，不要处处与人比较。

★ **心理训练**

你的优势和劣势是什么

你的优势：

（1）过去，在未经多少训练的情况下，你轻松学会过什么？

（2）什么事情你做起来看似比别人更快或者更好？

（3）什么类型的工作最让你觉得富有成效？

（4）什么类型的工作最让你引以为傲？

（5）什么成就让你自己由衷地感到意外？

你的劣势：

（1）你最失败的经历有哪些？这些经历有哪些共性？

（2）你什么时候对自己的表现最失望？

（3）你最常从他人那里听到的富有建设性的反馈是什么？

（4）你最害怕什么任务或活动？

（5）你喜欢的人会拿你身上的什么特质逗乐子？

资料来源：欧里希.真相与错觉[M].胡晓姣，陈志超，译.北京：中信出版集团，2019.

使用欧里希的"你的优势和劣势是什么"问卷可以帮助大学生准确定位自身的优势和劣势，使用的时候，需要调整心态，遇到问题主动面对和解决，不逃避。大学期间的学习特点是要求学生学会自我管理，把自己的身份定位在普通人，遇到不懂的问题主动请教老师，提高主动性和自觉性来适应大学的学习环境。

其次，多方位、多角度来认识和评价自己。

初入大学的学生可能会经历从备受呵护到强烈需要独立的过渡阶段，这一阶段会令学生迷茫、困惑，不知该如何定位自己。曾巧莲等（2019）提出大学生可以从多角度，如与他人适度的比较、他人的态度、自己的活动结果及正确的价值尺度，来认识和评价自己。

（1）大学生可以通过与他人适度的比较来认识和评价自己。大学生生活在大学校园中，身边什么样的人都有，和他们进行比较时要综合分析、全面比较才能更客观、准确地评价自己，避免产生自卑和自负心理。大学生通过比较看到自己在某些方面的差距，为自己寻找今后努力的方向，从而使自己变得更加完善和成熟。

（2）大学生需要从他人的态度中认识自己。和外在自我意识运行过程的原理一样，个体认识自己需要通过了解他人对自己的看法，这样做有助于发现自己忽视的问题。他人的态度就像一面镜子，可以用来观测自身，肯定自己的优点，反省自己在哪些方面存在不足，从而加以调整和改正。

（3）大学生需要通过活动结果来认识自己。大学生应积极从事多方面的活动，挖掘自己的天赋与才能，通过不断探索与尝试，从不同的角度了解自己的兴趣、能力和意向，并从中找到最适合自己的发展方向，对自己有较为客观的认识，建立信心，更好地发展自己。

（4）大学生需要用正确的价值尺度评价自己。人类是群居生活的群体，个体所在群体的价值观和尺度是影响个体行为模式的重要因素。要想正确认识自己，首先要正确认识所在群体，即社会、大学、班集体、家族、朋友圈等。大学生要洞察生活，积累经验，了解人生意义，探索合适的群体价值观和尺度，做出对自己正确的判断与评价。

心理自测

你的行为模式是什么

下面哪些表述与你的行为相符？请标记。标记的句子越多，你就越应该质疑自己对自己的看法，也越应该通过获得反馈来改变之前的看法。

1. 你的学习或生活是否曾在很长一段时间里让你感到不快乐或没有成就感？
2. 你是否曾因自己没有得到老师、长辈或领导的赏识，或未能成功得到某项任务而感到吃惊？
3. 你是否曾对某项任务把握十足但最终一败涂地？
4. 你是否曾对某项成绩评估结果感到吃惊？

5. 你是否曾经被来自家人、朋友的否定反应所蒙蔽？
6. 是否有某个同学、朋友或亲密爱人在你完全不知道的情况下生你的气？
7. 你是否经历过爱情或友情生变，而你却完全搞不清楚原因？
8. 你是否经历过浪漫的爱情或纯洁的友谊无疾而终的情况？

这个问卷可以帮你避开盲点。做事之前，你的假设是什么？

1. 这个决定对你所处的集体及各个利益相关群体造成何种影响？是否有利益相关人员被遗漏？
2. 若执行这一决定，最好的情况是什么？最坏的情况又是什么？
3. 这个决定的哪些后果是你没有考虑到的？
4. 一个聪明又有竞争力的对手如何看待这个决定？他们又将做何反应？
5. 与这个决定毫无关联的人会如何看待决定的可取之处和不可取之处？
6. 何种走势可能会改变你的思维模式？
7. 做这个决定时，你可能忽略了哪些信息或数据？

资料来源：欧里希. 真相与错觉 [M]. 胡晓姣, 陈志超, 译. 北京：中信出版集团，2019.

大学生只有正确、全面地认识自我、评价自己，才能找到真实的、符合自己的自我意识。看到自己的长处和短处，把握自己与群体的关系，认清自己在社会中所处的位置，对自我做出恰当的评价，有利于调适现实自我和构建理想自我。

再次，大学生需要不断反省自我。

古人云："吾日三省吾身。"自省就是通过自我意识的反省来培养自我意识的主动性和积极性。大学生需要通过反省、分析自己来了解自我认识，与自我进行对话，对自己的内心世界进行分析，使自己不但成为被观察的主体，也成为自我观察的对象。另外，给自己独处的时间和机会，反省过去发生的事情，思考未来的活动，这既是吸取教训、总结经验的过程，同时又是一种开拓创新。

最后，大学生需要树立正确的、适合自己发展的目标，客观地设计理想自我。

大学期间，无论是学校的培养目标，还是学生的自我发展目标都更加丰富和多样化。大学生应该在学习、实践期间对自己的未来职业做出合理的规划，立足自身的优势、经验、发展需要、专业能力，客观地设计理想自我。理想自我应该符合社会发展需求，遵循社会道德准则；同时，又要注意其现实性，理想自我应高于现实自我，保持适度差距，才具有激励作用。

2. 积极悦纳自我

悦纳自我是个体对自身及自身所具特征持有的一种积极的态度，即欣然接受自己现实中的状况，允许自己有不足的地方。

很多时候，我们之所以痛苦，是因为我们只生活在自己的世界里，对除"我"以外的情况不了解，以为只有自己一个人有问题，其他人都生活得非常幸福。很多人的"问题"本身来源于他对自己某些行为、特征的不接纳，当他知道自己所谓的"问题"是一个普遍的现象之后，个体的压力就会减轻。

心理学研究证明，心理健康者会表现出对自我的接受和认可，而心理障碍者会表现出对自己的不满和排斥。有些大学生由于对自己外在或物质条件等方面不满意，却无力改变，容易产生自我排斥的心理。这时，个体需要理解，对自己有所肯定又有所否定是心理发展的正常现象，这样有助于在自我意识的发展中建立起二者的动态平衡。大学生要积极地悦纳自我，就应该对自己进行积极的评价，积极正面的评价会使个体产生自尊感、克服自卑感，获得成功时，要自我鼓励，充满自信。

3. 发展自我、完善自我

在自我意识的发展中，大学生不仅要理性认识自我、悦纳自我，而且要从点滴小事和行动开始发展自我、完善自我。

（1）大学生要根据日常的学习、生活设立切合实际的行动目标，并遵循脚踏实地、按部就班的原则逐一地实现它们。

大一学生默默希望自己未来是一名优秀的金融分析师，她为自己设定的日常小目标都是为了成功实现这个大目标。优秀的金融分析师必须掌握专业的金融理论知识，熟练使用金融分析软件，并熟悉如何与客户打交道，这些知识和技能涉及领域较广，默默需要有规律地安排好自己的时间并严格执行，才可以将这些事做到满意。默默喜欢整理房间，对做家务等日常琐碎的事安排得井井有条，而这样的思维模式对她使用烦琐、复杂的金融软件和办公软件有很大帮助。另外，默默还需要观察身边人的日常需求，练习如何和不同的人打交道，才能既与对方成功沟通自己的想法，又令对话变得舒服。

（2）遇到困难或诱惑时，大学生要自我控制，培养顽强的意志力。

自我控制是个体主动地、定向地改变自己的心理品质、特征及行为的心理过程，是自己的态度实际化、具体化的过程。有效控制自我是塑造健康自我、完善自我的根本途径。人类在实现人生目标的过程中，既有来自本能欲望的干扰，又有许多来自外界的诱惑，在大学时期，这两方面的诱惑尤为明显。由于主业是学习，很多大学生鲜少有来自社会的压力，因而闲暇时间充裕，有的学生在这些充裕的时间里沉迷游戏、交网友、谈恋爱，或忙着比吃穿、炫耀，这些本能的欲望和外界的诱惑常令人失去理智，丧失奋进的斗志；有的学生利用闲暇时间做兼职、社会实践，实现所学知识有所用，距离自己的远大目标越来越近。

大学期间做到积极有效的自我控制首先要有坚持精神，对实现目标要有排除万难的决心和克服困难的能力，同时要对成功有正确的态度，面对失败与挫折学会吸取教训、积累经验，增强自我控制的自觉性和主动性。其次要自尊和自爱，尊重自己的内心需要，爱护自己的身体与内心，对不愿意、不喜欢的外界要求要有拒绝的能力。如果连自己的内心和身体都不尊重，如何能更好地为社会服务？自尊和自爱是自我控制的激励因素，在自己应该为他人和社会做出贡献的同时要尊重自己内心的选择。此外，自我控制是超越自我、更新自我的过程，在尊重爱护自己的内心和身体的同时，能做到积极、主动地为社会服务，勇担历史重任，是个体超越自我、更新自我的表现。

（3）大学生要塑造健全独立的人格。

由于人格会直接影响人的身心健康和社会适应情况，因此健全独立的人格与个体的独立能力息息相关。大学时期是最好的培养独立能力和健全人格的好时光，大学生可以通过学习理论知识并应用于实践当中的机会，培养自己从独立面对生活、建立良好的人际关系到规划自己的未来职业发展的能力。健全独立的人格有助于大学生培养积极、健康的自我意识。

心书推荐

《真相与错觉》
[美国] 塔莎·欧里希

古希腊箴言"认识你自己"一直是人类的重大议题。我们眼中的自己是怎样的？如何获知他人对自己的真实评价？只要与人打交道，我们恐怕都离不开这两个问题。遗憾的是，人类对此存在很多错觉和偏差。研究表明，95%的人认为足够了解自己，然而真正拥有自我意识的人数占比不超过15%。

幸运的是，组织心理学家塔莎·欧里希在《真相与错觉》中指出，洞察自我是一项可以培养的技能。她通过对《财富》500强企业及其高管的实地考察和研究，并结合数百项研究成果，揭示了关于自我认知的谬论与陷阱，告诉我们对自己有哪些误解，如何发现内心的自己，如何让他人告诉我们关于自己的真相。

福特汽车公司前总裁艾伦·穆拉利、苹果公司前高级副总裁安吉拉·阿伦茨……他们的经历正是一次次自我意识的重塑之旅。这本书提供了一套惊人的技巧与策略，帮助你实现同样的进步，在生活与工作中更加充实、自信与成功。

心理测试

积极心理治疗量表（选自《积极心理学治疗手册》）

请仔细阅读表4-3的每项陈述，在复选框内用表格顶部的5分制给自己打分。请只在每行的复选框内做记号。有些问题是关于品格优势的。品格优势是通过思想、感觉和行动表现出来的稳定特质，具有道德价值，对自己和他人都有益。品格优势涉及乐观、热情、灵性、公平、谦虚、社交能力、毅力、好奇心、创造力和团队合作等方面。

表4-3 积极心理治疗量表

5—非常符合；4—符合；3—一般；2—不符合；1—非常不符合

	积极情绪P	投入E	关系R	意义M	成就A
1. 我感到开心	☐				
2. 我知道自己的优势		☐			
3. 我能感觉到与经常和我互动的人之间的联结			☐		

(续)

5—非常符合；4—符合；3—一般；2—不符合；1—非常不符合					
	积极情绪 P	投入 E	关系 R	意义 M	成就 A
4. 我所做的事对社会很重要				☐	
5. 我是一个有抱负的人					☐
6. 别人说我看起来很开心	☐				
7. 我追求能发挥自己优势的活动		☐			
8. 我感到和我爱的人很亲近			☐		
9. 我觉得我的生活是有目标的				☐	
10. 别人的成就能激励我采取行动来实现自己的目标					☐
11. 我能注意到生活中的美好事物并心存感激	☐				
12. 我会利用自己的优势来解决问题		☐			
13. 遇到困难的时候，总有人可以帮助我			☐		
14. 我参加宗教或精神活动				☐	
15. 我很好地完成了生活中的许多事					☐
16. 我感到轻松	☐				
17. 在擅长的活动中，我注意力很集中		☐			
18. 我的人际关系支持着我成长和成就辉煌			☐		
19. 我所做的事情对更大的事业有所贡献				☐	
20. 一旦我设定了一个目标，我就能完成它					☐
21. 我能发自内心地笑	☐				
22. 当我投入到我擅长的活动中时，时间过得很快		☐			
23. 在我的生活中，至少有一个人能很好地倾听我，了解我和我的感受			☐		
24. 我会用自己的优势去帮助他人				☐	
25. 实现目标激励我去完成新的目标					☐

请将以上每一列的分数加起来，填入表 4-4 中。

表 4-4 分数统计表 （单位：分）

范围	临床	非临床	你的得分
积极情绪（5~25）	14	21	
投入（5~25）	16	21	
关系（5~25）	14	22	
意义（5~25）	14	19	
成就（5~25）	18	21	
总分（25~125）	76	104	

评分说明见表 4-5。

表 4-5 评分说明

维度	计分项（每条优势前的序号）	PERMA 元素定义
积极情绪	1+6+11+16+21	体验积极情绪，如满足、自豪、平静、希望、乐观、信任、自信、感激
投入	2+7+12+17+22	将自己沉浸在活动中，利用自己的优势来体验最佳状态，其标志是敏锐的注意力、高度的专注力和进一步发展的动力

(续)

维度	计分项 （每条优势前的序号）	PERMA 元素定义
关系	3+8+13+18+23	拥有积极、安全、值得信任的关系
意义	4+9+14+19+24	有使命感和信念，并为之服务，这种使命感和信念超越了自我
成就	5+10+15+20+25	追求成功、掌控感和成就本身

思考与练习

1. 小雨来自一个普通的家庭，从小懂事听话。刚进入大学的小雨和寝室的另外三位女孩相处不错，她们向小雨展示了女孩的生活可以如何多姿多彩，尤其穿着打扮要漂亮。虽然小雨在上大学前从未在意过穿着打扮，但现在的她却在室友的影响下觉得外在美很重要。小雨每天都和室友们看美妆视频，购买同样的化妆品，注重穿搭，甚至上课时也要紧跟潮流看直播。为了满足虚荣心，小雨每月的生活费已经无法支撑她购买化妆品、服饰的欲望了。可是小雨并没有停止，她开始考虑借贷了，听室友说某某贷只要提供身份证信息就可以借出 5 000 元，还可以分期还款，这些钱刚好够小雨买新款手机了。

请分析小雨现在的自我意识受到哪些因素的影响。如果你是小雨，现在应该怎样做？为什么？

2. 我们应该以什么样的态度来对待不完美的"我"？

第五章·CHAPTER 5

培养健全的人格
——大学生人格发展与心理健康

🕐 学习目标

（1）了解人格的基本知识；
（2）了解当代大学生的人格特征和自我人格发展状况；
（3）掌握大学生常见人格障碍的表现、形成原因及调适方法。

🎓 案例导入

讨好型人格的悲歌

第六季《奇葩说》中有一个辩题非常扎心：如果在婚礼当天，发现自己没有那么爱对方，要逃婚吗？

贵州遵义的一场全国皆知的婚礼回答了这个问题。婚礼当天，按照当地习俗，新郎一方要帮新娘买全身的衣服，但买回来的内衣非常小，根本不适合新娘，于是女方家拒绝男方的迎亲，为此双方闹得不可开交。女方认为，新郎家是故意买小的，是要给准备过门的她一个下马威，对方要登门道歉。而男方却觉得，再不济穿旧的也行，没必要算得那么清楚。最后，这场不了了之的婚礼以申请离婚告终。

在我看来，男女双方都用自己的行动回答了开头的问题——别说爱不爱这么重大的话题了，如果连内衣这个细节都过不去，婚礼就别办了。然而很多人认为，现场那么多人看着，双方起码要顾及一下面子，况且都交往三四年了，就先忍一忍道个歉，继续把婚礼办下去，免得别人笑话。但在此，我却想讲一句：婚礼当天大闹一场，至少证明两个人在某些方面严重不合适，所以婚礼办不下去，从某种程度上说是件好事。无论男方还是女方，如果为了面子，向对方低头，继续把婚礼办下去，其实都隐藏了这样一个信息——委屈自己，讨好对方，让观众觉得你是一个知情达理的人。问题是，委屈自己，值得吗？如果一个人非常自然而然地做一件事，基本可以预料这个人在自己的一生中做了成千上万次这样的事。在这个节骨眼儿上，无论结婚双方中的哪一方严重委屈自己，那么基本可以预料到，这个人一生中也会有成千上万次这样对待自己。这样的人生，简直就是老好人的人生悲歌。

所谓老好人、讨好型人格，我想大家已经非常熟悉了。一个极度讨好的人，意味着他会讨好所有人，在各种各样的环境中，都倾向于去讨好别人。在日常生活中，常见的一些表现有：上学时，室友让帮忙带饭，讨好型人格的人就算不是很愿意，仍会忍着帮忙带。在恋爱中，一个极度讨好的男性，他可能毫无尊严和底线地对对方；如果是女性，她可能是一个滥好人，任何事情都考虑所有人，唯独不考虑自己。

然而，一个过于讨好的人，通常会有这样的问题：在十几二十岁时，他对自己有极强的认同感，觉得自己很棒，周围的人也会说这个人很不错。但等到三十多岁，如果他还是个讨好型人格的人，这时他心中会开始有怨气。到了四五十岁，如果他仍极度对别人好，这种怨气会让他的脸呈现一副"怨鬼相"。如果到了六七十岁，他还没有改变，这时不仅有一副"怨鬼相"，他还会成为一个怨气冲天的人，甚至周围的人都不敢与其打交道。我那些好人朋友，为什么四十多岁的时候，不能够稳定地去做咨询？因为通过咨询，他们会知道：这是我亲手创造的一生。并且，他们还会明白，原来自己一直以来引以为傲的道德资本，是通过自我牺牲、自虐换来的，除了维系着关系，没有实际扎实的好处。因此，他们会非常拒绝直面这件事，自然很难接受做心理咨询。但要知道，到了五十多岁时他们遇到的问题会更严重；到了七十多岁时，他们付出的代价更大。

所以我得说，如果你一直觉得自己挺好的，但有时你发现自己并没有那么喜欢自己的"好"，也不是很喜欢别人给你发的"好人卡"，这其实是一个很重要的迹象：你其实表面上对自己认同，觉得自己是个好人，但在你的内心里，对自己的好有种很深的抵触。如果从这个时候改变自己，是一个特别重要的开始。

最后，我们再回到《奇葩说》的那道辩题：如果在婚礼当天，发现自己没有那么爱对方，要逃婚吗？当然要逃！我曾听过这样一个说法：选择分手的最好时机，是过去某个你明确知道自己不爱对方的时候，这是第一好的选择；而第二好的选择，就是此时此刻结束这个关系。

我也想分享一位来访者讲的一段话：每个人的人生，都是由几千几万个选择组成的，如果一个人做选择时，总是背叛自己，那真的对不起自己了。这样的一生，必然是一个大悲剧。在老好人的人生中，如果你只获得了一个好，却迎来一堆悲剧，就是一个很悲惨的局面。

因此，我特别想说，好人，要警惕你的人生悲歌。

资料来源：武志红.为什么我建议你不要做个好人 [EB/OL]. (2021-01-06) [2021-06-01]http://mp.weixin.qq.com/s?__biz=MzU2ODI5ODMzNg==&mid=2247594894&idx=1&sn=f9ca4f30087b0a5d0128d014f35b3436&chksm=fc932d81cbe4a497a736d59396c5bd56559a3cc89780df21dde44bacf29ef671bc65a8469e7e&scene=27.

【思考】

（1）"老好人"类型的人具有什么样的特点？怎样做才能既不会成为"老好人"，又能成为大家都喜欢的人呢？

（2）"老好人"属于什么类型的人格？这种人格属于人格障碍吗？人格障碍都有哪些类型？

★ 心理故事

待人温暖，是顶级的人格魅力

丽丽是我小时候的玩伴，她一直是一个超级温暖的人。2018年我生日的时候，我自己都忘记了，却在第一时间收到了她的祝福。那时候我心里充满感动。她就是那种会记住每个人生日的人。不管我们在不在一个城市，在不在一个地方，她都会第一时间送来祝福。她也是那种每年连生日礼物都准备得超级用心的人。她会亲手制作精致漂亮的小礼物，是用再多的钱也买不到的珍贵礼物。十年友情，风雨不变。我不会忘记她告诉的"陌生人之间也应该有暖意，温暖是很容易打动人的东西"。记得很久以前，我们一起去一家饭店吃饭，丽丽在服务员每次拿上来东西时都会微笑着说："谢谢。"那时候的我就是一个孤傲偏执的人，所以我不解地问她："她给我们拿东西，我们为什么要说谢谢呢？我们都出钱了，她给我们拿上来不是应该的吗？"

"因为，听到谢谢的人会很开心。因为，我们要做一个温暖的陌生人。"

一个温暖的人，不仅自带光芒，还时刻给身边的人带来感动和幸福。像丽丽一样，那些温暖的人都有着共同的特点：他们细致入微，助人于心，助人于细；他们积极乐观，微笑成为巨大的生产力；他们懂得把自己的生活过得更加完美。待人温暖，是顶级的人格魅力。

资料来源：元旭文化. 待人温暖，是顶级的人格魅力[EB/OL]. (2019-01-16) [2021-06-01]. https://www.sohu.com/a/289271262_648760.

由此故事可见，人格在一个人的素质结构中起着决定性作用。虽然对于人格的具体内容，不同流派有着不同的定义，比如，人格心理学家阿尔波特认为，"人格是个人适应环境的独特的身心体系"；提出"人格双因素理论"的德裔心理学家艾森克认为，人格"是决定个人适应环境的个人性格、气质、能力和生理特征"；发明"16种人格因素测验（16PF）"的美国心理学家卡特尔认为，"人格是可以用来预测个人在一定情况下所做行为反应的特质"。

著名的思想家、哲学家马克思认为，人的本质是一切社会关系的总和。⊖故事中，丽丽记得朋友的生日，用真心给朋友准备每一份手工礼物的举动温暖着朋友，"温暖"是丽丽独有的人格魅力。同时，丽丽用温暖的"谢谢"感染着孤傲偏执的朋友。可见，人格也是个体社会化的结果。

历史上，许多心理学家对"人格是什么""人格来自哪里""人格会随着年龄的增长而改变吗"这样的问题不停地深入研究，并催生了许多不同的人格理论，于是形成了现代心理学的一个分支——人格心理学（personality psychology）。心理学家普遍认为，人

⊖ 马克思，恩格斯. 马克思恩格斯选集：第1卷[M]. 北京：人民出版社，2012：135.

格的健康是一个人的身体和心理面貌的集中反映，人格的健康成长发展过程是一个促进整个社会健康发展的主要动力。大学生综合素质发展的重要组成部分之一是人格素质的培养与发展和提高，这一章将集中说明人格的含义、大学生的综合人格特征和培养健全人格的途径及方法。

第一节　人格概述

一、人格的含义

人格（personality）是一种由于我们个体内部的各种社会心理素质和其心理机制所综合构成的心理集合，具有一定的不可组织性和相对的不可持久性，它们直接性地影响着我们作为个体在生活中对于我们心灵内部、物理和其他各种社会心理条件的相互适应及同它们之间的相互作用。兰迪·拉森和戴维·巴斯认为人与人之间差异的特征描述是人格的心理特质（psychological traits）。有的人会害羞，有的人性格开朗，"害羞"和"开朗"就是个体的心理特质。人类对信息的心理加工过程是人格的心理机制（psychological mechanisms）范畴，它包括三种基本成分：输入、决策规则和输出。兰迪·拉森和戴维·巴斯描述，当一个外向的人会寻求与他人在一起的机会就是信息的输入，当他进一步思索在每一种情境中与他人接触和交流的可能性属于决策规则，当他为了促使他人与自己互动而表现出特定的行为就是心理机制的输出。

人格的英文"personality"起源最早可以追溯至希腊拉丁文的persona（面具）一词，原指在古希腊罗马传统舞蹈戏剧中舞蹈演员在舞台上表现作为扮演角色或其扮演者时所要佩戴的一种角色面具。彼时的"人格"在心理本质上仍然包含两个重要的基本方面：①人格是现代人为了遵从现代社会、文化、风俗对其性格要求而做出的心理反应，好比戏剧舞台上的一个演员根据对其角色的性格要求而将其表现表露出外在的一种人格精神品质和心理特点；②人格是某个现代人由于自己性格方面的某种原因而不断地愿意将其表现表露出来的一种人格本质组织和成分，即戴上面具后真实的自我，这也是一种现代人格的内在本质特点。心理学上所说的"人格"是指一个人表现于外的给人以印象性的特点和生活。

到今天，"人格"一词已经完全包含了个体在自身对人、做事、处境，以及自我适应各种生活方面的心理行为上的内在趋势和精神特点。人格形态是一种具有高度稳定性的个体行为模型与待人接物的习惯形态，一旦建立，不易发生改变。人格是先天遗传和后天影响的结果。与智商的基本遗传性发展程度相似，人格也是有机会被遗传的。人的智商基本遗传性发展程度大致平均值为0.75，人格的基本可遗传性发展程度大约平均值为0.50，也就是说，至少只有一半的人格是不会被遗传的。人格主要表现为个体适应各种环境下具有灵活性和连贯性的自我，并在适应社会化的过程中逐渐形成并赋予自我以独特的身心和精神组织，它主要是指个人的能力、气质、品德、性格、需求、动机、兴趣、理想、价值观和身心素养等各个方面的综合。

⭐ **心理故事**

人格是可遗传的

托尼和罗杰还在襁褓中时就被领养了。托尼生长在费城一个温暖的意大利工人家庭。罗杰在佛罗里达州长大,父母都是受过高等教育的犹太人。托尼是个推销员,在各地跑推销。有一天,当他在新泽西州的一家餐厅吃饭时,有位女士跑过来用非常肯定的语气对他说:"罗杰,你好吗?你很久没给我打电话了。"当托尼最终说服这位女士他不是罗杰,也从没听过这个名字时,他的好奇心被激发了。他大费周折地找到了罗杰。当他们核对了生日后,才知道他们是双胞胎兄弟。这令人吃惊。当然,他们外表看起来很像,声音听起来也像,智商差不多。他们用同一种牙膏,都从小学起就是无神论者,学业成绩也一样。他们都抽幸运牌香烟,都用卡奴牌须后水。他们加入了同一个政党,有着相似的工作,喜欢相同类型的女人。他们在接下来的一次生日宴会上互送了礼物,结果是一模一样的毛衣和领带。

资料来源:塞利格曼.认识自己,接纳自己[M].任俊,译.杭州:浙江教育出版社,2020.

二、人格的基本特征

(一)人格的内部整体性

人格是一个有机的整体,在这个整体中,多种成分和特质相互作用、相互制约、彼此协调发挥各自的作用。人格的内部整体性主要是指人格在一个具有现实意义的人身上,但它们并不都是孤立地存在的,首先它们都是内部统一的,个体可以根据自己所处的环境、情况、心理状态调整自己内心的矛盾、协调个体主观与客观之间的关系,使得个体的思想动机和行为能够保持和谐统一。人格的和谐统一本身就是人格健康的标志,一旦不能做到自己的人格内在统一,个体的言论和行为便会由几种彼此抵触的心理动机来影响和支配,导致人格发生分裂,这在临床上又被称为"双重人格"或"多重人格"。

(二)人格的稳定性和可塑性

人格具有一种稳定性和可塑性。心理学家普遍认为,人格特征是在遗传的基础上随着社会化进步过程而逐渐发展形成的一种心理特质。而这些个体在日常生活中、不同的社会情景中呈现出来的对待事物时所持有的一致态度与行为,就是他们人格的安全与稳定。由于这种人格的稳定性,我们很容易就能够通过对某个人格特点的描述,推论个体当下的情景。同时,人格还应该具备可塑性,可随着现实情景的改变而产生某种改变。

⭐ **心理故事**

培养13位博士的母亲

1897年,王淑贞出生在江苏如皋。她家境殷实,上过女中,喜欢诗词、音乐,从小信仰佛教。19岁那年,如花似玉的王淑贞嫁给当地"富二代"李浩民,从此过上了相夫教子的生活。那个年代，人们崇尚多子多福，王淑贞给李家生了8个女儿5个儿子。李浩民主外经营粮行，王淑贞主内相夫教子，家境殷实富裕，8女5男健康成长，一家人过着神仙都羡慕的生活。1948年，李家举家迁往台湾。1949年春节前，50岁左右的李浩民在苏南买了一批鱼苗，乘太平轮运往台湾，却不幸遇难。"太平轮"事件后，李家失去了顶梁柱，整个家庭开始衰落。他们刚到台湾不久，王淑贞独自带着13个孩子在陌生的环境里举目无亲。失去丈夫的王淑贞并不气馁，不仅要让13个孩子都吃饱饭，还要他们都能上学，受到良好的教育。为此，她甚至给人帮佣维持生计。为了供这13个孩子吃吃喝喝和上学，王淑贞也使出浑身解数，从以前的"大家闺秀""全职太太"到"帮佣""下人"，在富人家里带孩子、洗衣做饭、当音乐家教，只要是能靠一双手挣到钱的活儿，她都没日没夜地做。当时的王淑贞与13个孩子住在台湾桃园区一个荒芜的郊外，而孩子们上学都在市区，每天来回都必须走上好几十里路。眼看着快揭不开锅了，可王淑贞就算砸锅卖铁也坚持把孩子们送去上学念书。起初，年纪尚小的几个孩子都不觉得父亲不在有多大的影响，但后来发现日子越过越窘迫。王淑贞含辛茹苦、呕心沥血地把子女拉扯大，动之以情、晓之以理地跟他们说："以后要有本事、有出息。"王淑贞对子女要求严格，近乎苛刻。她的儿子李昌钰从警官学校毕业后成为一名巡官，待遇、工作都不错，她却对儿子说："你还要继续往上读，硕士不够，还得把博士读出来。"她希望自己的孩子极尽可能地成为优秀的、拔尖的人才，不仅仅是长大成人，更是长大成才。在这样的教育理念下，李家一门便诞生了13位博士，这在世界范围内都绝对是个奇迹。2003年3月6日，王淑贞在美国纽约逝世，享年106岁。

资料来源："神探"李昌钰之母，培养13位博士的传奇母亲. https://www.sohu.com/a/194383675_373593.

王淑贞是一位典型的人格稳定的女人，她的人格里有从容和不懈，这种稳定特质令她在丈夫逝世、家道中落之后放下身份毅然扛起生活的重担，抚养儿女，教导成才。如同人格心理学家所总结的那样，人格的稳定性会使得个体的各种人格特点都具有跨时空的持久性和跨社会情境的一致性，人格的可塑性也会使得个体因为现实情景而发生某些改变。王淑贞的坚毅人格是从她从容和坚持不懈等优良特质中塑造出来的，她使出浑身解数，为了让13个孩子能上学，只要是能靠一双手挣到钱的活儿，她都没日没夜地做。王淑贞的坚毅也影响着她的13个孩子，她的孩子们最终都能以博士身份毕业，在中美社会中做出杰出贡献，都与这位母亲的稳定人格和可塑性人格的影响分不开。

（三）人格的独特性和共同性

人格的独特性在我国古代就已经有了记载，《左传·襄公三十一年》中提到："人心之不同，如其面焉，吾岂敢谓子面如吾面乎？"意思是"人的内心世界各不相同，如同他们的面貌各不相同一样。"现代的人格心理学家在此基础上对人格的独特性进行了定义，指出人与人之间的心理和行为各不相同。一个人的性格是由某些与别人共同的或相似的特点，以及与他们完全不同的性格特征错综复杂地组合在一起而构成的，具有独特性。

由于人格结构的复杂性和多样化，每一个人都应该具有自己独特的性格和特点，比如在生理、心智健康、身体素质、精神、心理、行为、道德、品行等诸多方面存在着差异，人格的产生与形成及其发展也必然各不相同，如有的人开放、自然，有的人顽固、守旧，有的人沉默寡言，有的人谨小慎微。虽然每一种人格都具有其独特性的一面，但是那些长期居住于同一个社会团体中的年轻人也可能会因此而表现出与之相同的各种人格特点。例如，中华民族本身就是一个辛苦奋斗和勇敢奉献的民族，中华民族的后代所呈现的共同人格特点之一便是勤劳和勇敢。由此可见，人格特征本身既具备独特性的一面，又具备共性。同一个民族、同一社会阶层、同一种群体中的人们应拥有类似于自己的人格性质。许多研究结果表明，全球各个国家和地区的华人有许多相同的性格和特点，如勤劳、勇敢、正直、善良、尊老爱幼、不畏艰险等。虽然现代人格心理学家也深入地研究了人的共性，但他们更加注重人的独特性。

（四）人格的社会性和生物性

健全的人格成长需要建立在个体的生物学属性与社会属性基础上。首先，由于人格是个体在其生物遗传的基础上逐渐形成的，人的各种自然和生物学属性构成了其人格的基本原则，同时，人格的形成和发展也就离不开个体的社会化过程。社会化也就是一个个体在与别人的互动和交往中能够掌握其社会经历和行为准则，获得自我的一个过程。在社会化过程中，个体获得了价值观、自我概念等性格特质。生物学的性质和社会学的性质直接影响着一定人格的发育方向与途径和表现方式，影响了某些人格特质在具体个体心理中形成的困难程度。因此，人格的建立基于个体的生物性，是个体社会化的对象和结果。

★ 心理故事

人格的遗传性学说代表人物——汉斯·艾森克

假如遗传对人格起很大作用的话，我们可以说，汉斯·艾森克生来就是那种无论到什么地方都会成为注意中心的人。

汉斯1916年生于德国一个名流家庭。其父艾杜阿德·艾森克是一位著名演员、歌唱家，在欧洲曾经是一个舞台偶像。他的母亲艺名是赫尔加·莫兰德尔，是一位无声电影明星。他们为汉斯计划了灿烂的演艺前程。汉斯8岁时就在一部动作片中饰演了一个小角色。但是，汉斯的父母在他小时候就离婚了（他的母亲后来嫁给另一位演艺界人士）。汉斯童年的大部分时光是与祖母在柏林度过的。反叛的汉斯在柏林的公立学校毕业后，决心从事物理与天文学职业，这已引起家人的不满，而他还要出国。汉斯在法国待了一年后，来到英格兰，最终在伦敦大学获得博士学位。与那一时代的许多人一样，汉斯在1934年离开德国，部分原因是要逃离纳粹的统治。他回忆道："如果我想读大学，就必须加入纳粹冲锋军。我知道，在我那不幸的祖国，我是没有前途的。"由于汉斯是德国公民，他不能加入英国军队。第二次世界大战期间，他在一家急救医院工作。"二战"后，汉斯重返伦敦大学，在那里度过了他漫长的职业生涯，出版了79部著作，发表了1000余篇论文。

汉斯虽然没有进入父母期望的演艺界,但也没有离开公众的视线。汉斯似乎经常寻求并投入心理学界最大的争论中。1952年,他发表了一篇论文,质疑心理治疗的有效性。他特别批评了精神分析,指出当时有实证证据显示,接受精神分析治疗比不接受治疗好不了多少。他声称人的智力差异大部分来自遗传,这引发了更大的争议。因此,他经常被不公正地与那些认为智力有天生种族差异的人相提并论。1980年,汉斯在一本书中辩称,吸烟导致的疾病并不像人们认为的那样严重。当人们发现他的这一研究得到美国烟草商赞助后,对他的批评更加激烈。

汉斯一生的好斗风格被一位传记作家形容为"知识界的斗士"。汉斯无疑喜欢这一称呼,他写道:"从我青年早期与纳粹对立,到我与弗洛伊德和投射技术对立,提倡行为疗法和遗传学研究,以至近期的许多问题,我一直反对多数派,支持少数派,(但是)我更愿意认为,在这些问题上,多数人错了,而我是对的。"

资料来源:BURGER J M. 人格心理学(原书第8版)[M]. 陈会昌,译. 北京:中国轻工业出版社,2020.

三、人格的结构

人格心理是一个复杂的社会心理性质结构形态体系,它本身包含着不同的心理成分,具有次要倾向性和主要心理特征两个不同方面。人格的一种倾向性就是它泛指个体人格的内在动力和发展方向,人格的一种心理特征就是它泛指不同个体之间的心理差异。性格和个人气质仍然是现代人的两个重要基本心理特征的组成部分。性格的气质形成从本质上说就反映了人类的性格特点,是人类个体在自身基因进化遗传的一定基础上和其自身后天心理环境的相互影响下所发展、形成的一种对现实的生活态度和追求相应的性格行为形成模式,具有稳定的性格心理特征;人的气质本就是一个时代人的各种心理活动和其各种行为形成模式的基本性格特征,如果说人的气质本就是一个时代人的基本性格特征,人的气质就是给这个时代人的各种性格特征涂上了一种色彩对比的标记,赋予了他们不同的性格气质或者光泽。

(一)性格

性格是人格结构的重要组成部分之一,它的存在令个体本身不同于其他人的思想、感情和行为的特征模式,是个体在对现实的稳定态度和习惯化的行为方式中表现出的人格特征,是个体的品行、道德和风格。一个人的性格由认知、情感和行为倾向三个因素组成。

★ 案例点击

双胞胎完全一样吗

一位朋友家里有一对双胞胎姐妹,两个孩子长得几乎一模一样,在同一个班级,学习成绩也差不多,可是性格却差异很大。姐姐悲观,遇事总能想到不好的一面;而妹妹乐观,遇事总往好处想。比如家里人一起出门，遇到火车晚点，而且一晚就晚了一个小时，姐姐就开始烦躁，不停地埋怨妈妈买了这趟车的票，害她们不能早点儿到达目的地；而妹妹则丝毫不在意，坐在旁边看书，一看就是一个小时。再比如，前几天月度考试，有一道数学题，老师平时讲题的时候把答案讲错了，结果全班没有一个人做对，姐姐就埋怨老师，说老师不专业害自己没考好；而妹妹则说，幸好这次月度考试出了这道题，才让老师及时察觉自己讲的是错的，不然如果到期末考试出了这道题那就糟了。

资料来源：超级育儿师.为什么双胞胎性格反差巨大[EB/OL].(2019-11-15) [2021-06-01]. https://new.qq.com/omn/20191115/20191115/A0P85L00.html.

性格代表了一个人对现实与周围世界的看法和态度，对自我、对他人、对事物的看法和态度。每个人的心理和性格都可能是不一样的，即便他们是双胞胎，拥有相同的身心发展背景、所处的环境，性格也很可能大相径庭。瑞士著名心理学者荣格是人格心理学的经典代表，他主张将性格分为两大类：内向型和外向型。他在这两类性格基础之上，通过对性格的思维、直觉、情感、感觉四种功能进行分析，总结出了八种性格：外向思维型、外向直觉型、外向情感型、外向感觉型、内向思维型、内向直觉型、内向情感型、内向感觉型。

★ **心理知识**

内向与外向

心理学家经常谈及内向与外向这两种人格特质。如果你是外向型的人，你对外部环境的反应（比如他人的称赞和批评、公众的钦慕）会非常敏感，你乐于表达自己的观点和情感（典型：政治家、商人）。反过来，如果你是内向型的人，你会更加关注自己的内心世界，对周围人的态度和外部环境的变化没有那么敏感，你很少表达自己的情感（典型：研究员、IT技术员）。

这两种性格的人在社会环境下呈现出不同的行为反应。外向型的人很乐于表现和形容自己，喜欢被别人称赞，对于批评也会有直接的回答，可能在那些还没那么自信的年轻人眼里有点夸夸其谈。内向型的人比较安静，看似对赞扬的态度没有那么敏感，一旦有人提出反对他的建议，他并不马上表现出自己的想法和情绪，但是当他认为对方完全不在乎时，往往会极力保留和维护自己的想法和观点，令对方大吃一惊。

资料来源：安德烈，勒洛尔.恰如其分的自尊[M].周行，译.北京：生活·读书·新知三联书店，2015.

1. 外向思维型

这种类型的个体都是为了努力让自己能够生活在普通社会所承认的准则和规范中。他们头脑灵活，属于行动型；他们判断事物偏理性，倾向于客观性，重视理解自然现象和客观事物的规律，喜欢用逻辑顺序分析、处理问题，有一定的判断和鉴别能力，但是疏于情感表达，会造成交友方面的阻碍。

2. 外向直觉型

这种类型的个体往往具有准确地把握被隐藏在自己身边或者深处的真相和可能性的知识与能力。他们所追求的是可能性而非事实，倾向于依靠自己的感觉去估量自己生活的价值，给他人一种不尊重周围人的观点、主张、习惯等的感觉；他们会自认为本身拥有特殊的道德观，信仰自己的真正直觉，情感上的体验也就会较肤浅，对于事物本身所存在的价值和意义并没有太多的想法。

3. 外向情感型

这种类型的个体善于分析自己周围的情况，会选择跟随自己的感情去处理事物，对周围某件事物进行价值的判断时也很容易受到自己感情的影响。这种类型的个体比较随和，容易与人群形成和谐的环境气氛，但是也很容易使周围的个体感觉到见异思迁、变化不定。

4. 外向感觉型

这种类型的个体愿意生活在现实里，他们喜欢"拥有"的感觉，善于察觉客观存在，并享受这种感觉。他们是很好的伙伴，因为擅长带来欢乐，然而与外向思维型不同，外向感觉型性格的人不能以原则和理念规范自己，不能把道德放在首位，因此周围人会看到他们一边谈笑风生、热情好客，一边不能适应拘泥于现实的生活。

5. 内向思维型

内向思维型的个体与外向思维型的人类似，他们也追求一个新的理念，只是方向朝内。这种类型的个体更加喜欢在自己的内心建构一个理想化的世界，比较有活力和积极性，却又不太愿意把自己的理想付诸实现；他们会忽视客观世界，只为理论而理论，比较固执，不关心外界现实，会表现得以自我为主、情感冷漠、与人疏远，即使表现出礼貌和亲近也会让人感到生硬。

6. 内向直觉型

这种类型的个体不会十分关心外部的事物，以自身意象和行动为主，内在直觉强化会造成个体与真实之间强烈的疏远，给人一种既不愿意和外界接触，也不努力适应现实的印象。他们虽然有着丰富的内心世界，但当他们在与其他人进行交往的过程中，会显得生硬、愚蠢、不易于表达。

7. 内向情感型

这种类型的个体情感沉着，从外部很难看到其情绪和感受发展的程度，少言寡语，会使别人对其产生难以亲近的感受，有时甚至表现出恬静、深沉，给人以轻松和自信、充实的感觉。

8. 内向感觉型

这种类型的个体往往对于外界的一切东西都不太在意，倾向于让自己沉浸在主观情感中。比起一切事物的形态和外观作用性，他们更加注重事物所能带给自己的一种主观情感感觉和效果，同样，他们不擅长表达自己。这类性格的人容易被偶发性事件牵着走，不能从理性的角度进行分析。刘杉文等认为，外向的人也许不像他表现的那样，反之，外向性格的人很多时候心中有苦说不出，导致其内心世界很压抑，周围的人也认为其内心强大而很少表达关心。因此，外向孤独症患者近些年在大学生群体中有逐渐增加的趋势。相反，内向性格的人往往社交焦虑感较低。一般来说，人格特点偏于内向性格的大学生安静、独立且注重友谊，很少有人出现冲动的行为，做事比较细心，做任何事情都会深思熟虑，考量周全。因此，内向性格的大学生很少会有社交焦虑的困扰。

（二）气质

气质分为儿童的气质和成人的气质。

儿童的气质是反映了儿童行为方式及其对外界做出反应的一种表现方式，也是反映他们调整自己的心理、情感与行为的一种方式，可以细化成容易型、困难型、慢热型和三种混合型。

⭐ **心理知识**

儿童的气质

现代心理学历史上有关儿童的气质最著名的一项研究是"纽约纵向研究"，该研究对 133 名婴儿进行追踪直到他们成人，并将其中大约 2/3 的儿童归为以下三种气质类型：① 40% 的儿童属于"容易型"，该类型的儿童情绪通常比较愉悦，生物功能如睡眠、排泄等具有节律，容易接受陌生人或适应陌生环境；② 10% 的儿童属于"困难型"，该类型的儿童容易愤怒、经常不开心、生物功能缺乏节律、情绪表达激烈；③ 15% 的儿童属于"慢热型"，该类型的儿童比较温和，但是对陌生人和陌生情境适应较慢。此外 35% 的儿童不能归为以上三种类型的任何一种，什么情况都有可能出现。例如，有的儿童排泄比较有规律，但是睡眠没有规律；有的儿童饮食和睡眠都很规律，但是害怕陌生人或陌生情境；有的儿童对新的环境或食物适应较慢，但是对陌生的照料者适应得很快。需要说明的是，所有的这些变化都是正常的，没有必要非得给自己的孩子或学生套上某种气质类型的帽子。

资料来源：杨元魁.气质的故事[J].中国科技教育，2017（07）：76-77.

成人的气质是指成年人个体所呈现出的心理活跃强度、速率、灵活性和指向能力等方面的稳定性。这种特点既决定了每一个个人心理活动的能量和劳动性特点，也为每一个人的心理行为蒙上一层鲜明的色彩。关于成人的气质的分类，在世界范围内，有两种学说。一种就是广泛流传的四种气质，即公元前 4 世纪，古希腊的哲学和药物科学理论家普遍认为，人体里有血、黏液、黄胆汁和黑色胆汁四种液态，这使得人类自然形成了四种气质：胆汁质、黏液质、多血质、抑郁质。另一种则是过去 40 年里人格研究者关注最多的人格特质分类说——五因素模型。

1. 四种气质类型

（1）胆汁质。性格特点：豪爽、有魄力，冲动、脾气急。胆汁质的人外向，但是情绪不稳定，反应速度快，具有较高的主动性，有"一点就着"的脾气；他们精力充沛，有创新精神，思维灵活，做事粗枝大叶。

（2）黏液质。性格特点：踏实、忍让、守旧、呆板。黏液质者性格缄默而沉稳，做事时精神专注，不紧张，保质保量，严格遵守公司日常生活、工作秩序和各项工作规章制度。但是，他们在面对各种外部环境的强烈刺激时会容易表现得突出心理反应性较低，不能很好地适应各种外部环境的复杂变化，在各种情绪和心理行为上的动作往往进展得迟缓、稳定，缺乏行动灵活性。这种类型的中年人的人际情绪不易激动，也不容易随意外露自己的真实情感，遇事时既会克制又能忍让，是活在朋友圈的"老好人"。

（3）多血质。性格特点：活泼、爱交际、浮躁、不坚毅。多血质的人灵活好动，喜怒外露，可塑性强。他们的语言表达能力强，有一定感染力，兴趣广泛，喜欢张罗，易对人产生感情，但是体验不深，喜欢结交朋友，容易顺应新环境，但对于问题的解决方法不求甚解，容易投机取巧，做事缺乏毅力。

4）抑郁质。性格特点：孤僻、悲观、谨慎、敏感。这种类型的人内向，情绪不稳定，有较强的自我感觉和语言表达能力，对于个人情感和各种行为上的动作一般都会表现得缓慢、柔弱，由于敏感，对外界事物的变化观察深刻，隐晦而不至于外露，易表现为多愁善感；对力所能及的各项工作也会表现出顽强的进取精神。

四种气质并无优劣之别，任何气质都具有积极与消极两个方面。现实生活中，只有少数的个体可能具有某一类型气质的典型特征，大多数个体都比较倾向于中间型或者混合型。比如，有些现代心理专家、学者虽然认为《红楼梦》里的王熙凤是多血质心理人物的典型代表，但是王莹分析人物性格时发现王熙凤的性格包含胆汁质、抑郁质等其他气质——她放诞无礼、处世圆滑、阴狠毒辣、贪恋权势利益、善妒成性，但也常怀恻隐之心。因此，心理学家建议，大学时期，个体更要正确对待自己的气质类型，有意识地控制自己气质中的消极品质，发扬积极品质，形成良好的个性。

2. 五因素模型

心理学本身是一门科学，因此其成功的科学实践应当在不同的研究对象之间进行重复检验。五因素模型在过去的40年里已经表现出了惊人的可重复性和实验性。五因素模型有着不同的术语称谓，被广泛地称为"大五"（big five）或"高五"（high five）。构成"大五"的基本特质分别表现为外向性、随和性、尽责性、神经质（与情绪稳定性相对）和开放性，见表5-1。

表5-1 "大五"的基本特质

序号	因素	形容词	对立特质
1	外向性	健谈的 好交际的 爱冒险的 开放的	寡言的 隐遁的 谨慎的 不坦率的

(续)

序号	因素	形容词	对立特质
2	随和性	和蔼的 合作的 温柔的或温和的 不嫉妒的	易怒的 抗拒的 任性的 嫉妒的
3	尽责性	尽责的 细心的 坚忍的 爱挑剔的或整洁的	不可靠的 不谨慎的 不安定的 粗心的
4	神经质（与情绪稳定性相对）	平静的 镇静的 不过分担心自己健康的 泰然自若的	焦虑的 易兴奋的 过分担心自己健康的 紧张的
5	开放性	理智的 有美感的 富于想象力的 优美的或优雅的	粗心大意的或眼光短浅的 缺乏美感 简单的或直接的 粗鲁的或粗野的

五因素人格测试对预测大学生使用高科技产品和社会未来发展有正向的作用。例如，蔡丽等在"大学生人格特质与微信使用行为"的研究报告中指出，使用"大五"人格的跨文化性实验结果表明，高开放性的个体倾向于寻求新体验，因此在交友 App 使用中会尝试不同的交流方式并且具有更高的使用频率；高外向性个体有更高的交友 App 使用频率和更多的使用时间，并且具有更多的虚拟好友数量，也更容易表现出网络成瘾的倾向；高随和性个体更倾向于被动使用网络社交媒体，而且较少发布消极的信息；高神经质个体容易倾向于使用搜索信息的行为。

第二节 大学生的人格特征

相对中学生来说，大学生的自我意识、自理与控制能力已有很大提高，他们会积极做出调整以达到适应环境和完善自我。根据国内外著名社会心理学家关于社会人格观和素质心理结构的问题的调查结果分析，结合当前我国大学生的心理发展形势及当代大学生在我国校园文化建设中的社会实践活动表现，我们可以大致认为当代的我国大学生社会人格观在素质心理结构发展、存在过程中主要具体呈现出以下几个重要的方面。

一、能正确认知自我

能正确认知现实自我和理性规划理想自我。首先是能自我认可，能接受属于自我的东西，从而形成对自己的积极的看法。其次是自我客体化，对自己的所有与所缺都比较清楚和明确，理解现实自我与理想自我之间的差别，有明确的奋斗目标和愿望，并为之努力。大学生看问题会从父母的角度出发，体谅父母的用心，逆反心理渐渐减弱，对抗性的表现也逐步缓和或消失；在与别人发生矛盾时也能够理性处理；大学生对于自己未来的规划逐渐持理性态度，而不再是花季年少时那样活在自己的美梦中。

二、拥有健全而合理的智能结构

大学生通过 12 年来基础知识的积累和校园人际关系培养的锻炼，基本上拥有了健全而合理的智能结构。这样的人类智能结构就是指个体在社会中具有很强的观测力、记忆能力、思考能力、注意能力和想象等心理机制，并且每个人的各种认识能力都会被有机地相互结合和充分地发挥出自己应有的功能。

三、独立意识增强，对社会环境的适应能力较强

随着当代中国大学生独立自主意识的增强，其对外部世界的兴趣、爱好和广泛参与社会实践的积极性日益增强，对于社会生活的探索和追求欲望也不断增强，愿意积极投身于各种形式的社会实践中。同时他们逐步形成自己的人生观、价值观，也能够容忍别人与自己在价值观与信念上的差异，能根据实际情况做出正确的判断，而不是根据自己的主观愿望去看待一件事物。

四、具有一定的创造性和竞争意识，有事业心

当代大学生多数比较热衷于自主创造，敢于改革与创新，竞争意识强，而且富有幽默感，态度务实。他们往往认为自己的事业是人类生活中很重要的一个组成部分，在自己的事业上具备了较强的奋斗进取心与责任感，以及对市场公平正义做出贡献的积极态度，具有开放主义的思想观念，少有一些保守主义思想。

五、情感饱满适度

当代大学生在自身的情绪表达方面要求饱满适度，拥有良好情绪的高度稳定性与波动性、外显和内隐等因素并存，情感丰富多彩，积极地进行情绪、情感的体验是以学习、生活为主导。

第三节　大学生人格发展异常的表现与评估

虽然当代大学生的人格表现以积极为主，但是由于受原生家庭、学业难度、同龄人之间的竞争、就业等方面压力的影响，有些大学生在某一时期会出现暂时性人格发展异常的情况。这时的人格发展异常者或心理学所称的人格障碍者急需朋友、同学、家人和师长的帮助，因此了解大学生人格发展异常的表现和评估的方式尤为重要。

★ **案例点击**

自卑的小刘

小刘是一个清秀的大二男生,来自赣南的一个边远山村,从小就喜欢与人比赛,凡事都喜欢比个高低输赢,并且很在乎结果和别人的评价,自身的性格也比较内向。小刘儿时的梦想是走出大山看看外面的世界,高中的理想是考上一所自己心仪的大学。尽管他努力拼搏,但高考结果还是不尽如人意,最后无奈进入一所三本学校开始了新的学习生涯。小刘说他本来是有充分的思想准备的,既然高考失利,只要有机会上大学,就要好好珍惜机会,不管什么学校,只要自己认真学习,学好专业知识,将来一样能取得大学文凭,一样能找到一个满意的工作。可是到学校一段时间之后,他看到有的同学整天不学习,只是吃喝玩乐,而听到高中其他同学考上他们理想的大学的消息后,他心里很不是滋味,再想想自己家境贫寒,又没有特殊才能,感觉在很多方面都低人一等。渐渐地,小刘发现自己的生活开始了"三不政策":不抬头说话、不主动社交、不出风头。周末他很怕其他大学的老乡来串门,也从不愿意向别人提起自己是大学生,干什么事都提不起精神,计划好的事情总是无法坚持下去,每天都在消磨时间,身心极为疲倦。"我有前途吗?""我为什么总是处处不如别人呢?""我的未来在哪里?""我该怎么办?"……这些问题总是闪现在小刘的头脑中,后来发展到令他寝食难安、不想上课、无法集中精力学习的地步,这让小刘陷入了深深的绝望之中。

资料来源:曾巧莲.大学生心理健康教育教程[M].西安:西安电子科技大学出版社,2020.

当今社会生活节奏加快,高校大学生的消极情绪在整体上有所提升,易导致人格发展异常问题的加剧。这种消极情绪来自三方面:一是人际关系的处理不理想,既包括与身边同学的友谊发展,也包括对恋爱关系的处理;二是学习竞争压力较大,相较于高中时期的应试学习,大学时期的学习需要更多地投入个人的精力,进行知识的累积和深度的思考,很多大学生不能适应自由激发知识和思维碰撞的学习过程,会产生自我焦虑,对自己的认知不全面;三是就业压力增大,很多学生面临着毕业即失业的现实考验。长期经受这三重精神压力,人格易扭曲化发展。

一、人格发展异常的表现

大学生的一些常见人格发展异常的表现主要包括自我中心、自卑、懒散、偏激、急躁、依赖、嫉妒、孤僻等,这些不良的性格和品质都会影响大学生的身心健康,严重的还可能会直接导致各种心身病变,危害社会。

(一)自我中心

自我中心是指做任何事情完全从自己的核心价值观批判角度和自身实际需要角度出发,不顾及其他任何人的核心利益和个人想法,不允许其他任何人对自己的核心利益、观点造成任何伤害或威胁,对自己不道德的罪恶行为毫无负罪感,对自己伤害别人的罪恶行为毫不后悔，对自己的所有罪恶行为都无限执意或者无限偏袒。

⭐ **心理故事**

如果你是宇宙的中心

在以自我为中心的宇宙中，你就是整个宇宙，其中的每一个原子都或多或少与你有关，所有事件经过恰当解读后，似乎都和你脱不开干系。不幸的是，你无力控制事态进展，反而是在承受压力、腹背受敌或者在所有人的监视之下。

以自我为中心有自恋的成分。你走进一间挤满人的房屋，立刻开始和别人进行比较，如谁更聪明、更能干、更受欢迎等。

你的室友抱怨公寓空间狭小，你马上理解为她嫌你的东西太多。朋友说他感觉很无聊，你认为他是在抱怨你很沉闷。

以自我为中心的一大缺点是它会激发你的不良行为。你可能会为了一个子虚乌有的问题和室友剑拔弩张。你可能会用低俗平庸的笑话来调节气氛，却弄巧成拙，真正惹怒对方。这些有失分寸的行为会将身边的人越推越远，他们对你的敌意或厌烦会由想象变为现实而挑起新一轮胡搅蛮缠的唇枪舌剑。

察觉以自我为中心的倾向很难，有种方法是特别留意他人的抱怨。比如，如果工作时有人抱怨其他人用完工具和文具后不放回原处，你会做出何种反应？你是否会自然而然地认为他是在抱怨你？你是否会自然而然地认为他是想暗示你对此问题采取一些措施？如果是，就说明你有以自我为中心的倾向。你不自觉地就将抱怨与自己挂钩，从来没想过他可能只是发发牢骚，和你没什么关系。另外一个诊断方式是留意自己在与别人相比时，是否总强调自己的弱项，得出自己不如别人聪明、有魅力、能干等的结论。

资料来源：麦凯，范宁.自尊[M].马伊莎，译.北京：机械工业出版社，2019.

（二）自卑

大学生的身心发展处于一个敏感时期，他们会因为学习、生活、家庭、外貌、性格和人际关系等方面受到挫折而产生自卑心理。自卑主要来源于一种人在心理上的消极感和暗示，自卑的人面对失败时主要关注的是自己的弱点和所犯的错误，由失败带来的消极感占满了他们的内心。当个人认为自己在一定的方面或者是某几个方面表现得不如别人时，就会表现出自怨自艾、悲观失望、畏缩的性格特点。阿尔弗雷德·阿德勒在《自卑与超越》一书中描述，当一个人意识到他无法解决一个棘手的问题时，他就会出现一种自卑的情绪。而这时，他可能会表现出愤怒、流泪或不知所措。这种自卑感往往会对人的内心造成紧张，所以人们会有另一种补偿性的表现，用以掩盖他的自卑。这种补偿性的表现被称作争取优越感，比如夸大自己的能力、吹嘘自己的人际关系。争取优越感的行为不但不能治愈自卑，反而会令有自卑心理的个体向反方向越走越远。

（三）懒散

懒散是泛指一种恍惚、闲散、拖拉、疲惫、松懈的生存状态。它是一种意志和精神活动不能控制的情况，是意志活动无力的表现。懒散主要表现的特点为：生命活力不够，什么也不想做，没有计划，随波逐流；无法把自己的精力全部集中到学业上，无法选择从事自己真正喜欢做的事，百无聊赖，心情不爽，情绪低落，犹豫不决，做事磨蹭。导致很多大学生懒散的重要原因之一就是做事没有成就感，生活中没有设定一个有意义的目标，没有培养自己坚定意志的习惯。

（四）偏激

偏激是指个体观念看待问题的绝对化、片面化，要么就完全好，要么就一无是处，把自己碰到的一切困难都归罪于自己的命运和他人的失败或者错误，把社会和外部对自己不利的环境和条件都视为不应当的，对自己存在的缺点却毫无感情地去觉察，也没有去改正。这种过度总结情况往往发生在那些具有紊乱不定的个体心理特征的个体身上，造成其难以与他人形成融洽的人际关系。

★ 心理故事

过度总结的牢笼

认知扭曲会彻底改变你周围的世界。过度总结打造出一个不断缩小的世界，在这个世界里，绝对化的准则给生活套上层层枷锁。这是一个科学方法被彻底颠覆的世界——本应详尽搜集数据，总结出可以解释所有数据的规律，最后再加以验证的程序被篡改为只在一个事实或事件上大做文章，由此得出普遍结论，还从不进行检验核实。

例如，一个名叫乔治的总会计师邀请本部门的一名女会计与他一起吃晚餐。女会计不去，说她从不和老板单独出去。乔治由此得出结论，他的部门里没有一个女人愿意和他私下出去。他对仅有的一次拒绝进行过度总结，并且决定以后再也不邀请女士了。

如果你擅长过度总结，碰一次钉子就意味着你不擅长社交；与一位成熟女性的约会失败就意味着所有年龄大的女性都认为你肤浅、幼稚；一张摇摇晃晃的桌子就意味着你不是做家具的料；一次拼写错误就意味着你是文盲。更有甚者，你过度总结的习惯禁止你检验这些结论。当你的病态批评经常使用"从不""总是""所有""每一""没有""没有一个""每个""每个人"这样的词语时，你就可以断定自己是在进行过度总结了。批评者用绝对化的语言关闭了可能性的大门，堵住了你改变和成长的道路。

资料来源：麦凯，范宁.自尊[M].马伊莎，译.北京：机械工业出版社，2019.

（五）急躁

急躁是在大学生中常见的不良人格品质，表现为遇到不称心的事情马上就激动不安；做事时往往没有做好足够的心理准备就盲目地采取行动，急于快速实现所有目标；

缺少耐心、细心、恒心。性情急躁的大学生往往快人快语、竞争意识强、容易冲动、情绪常陷入紧张、焦虑的状态，他们什么都想学，而且希望在短时间内迅速掌握，生怕落后，急于求成，但实际效果往往达不到他们的预期，从而容易泄气、发怒，既严重影响了自己的健康与正常工作效率，又严重阻碍了良好的社会人际交往关系的建立。

（六）依赖

当代中国大学生普遍存在身心发展不匹配，心理成熟落后于生理成熟的现象。虽然多数大学生在大学期间逐渐摆脱对家长、老师的依赖，成长为独立的个体，但是部分大学生依然存在依赖心理，在生活上无法独立，经常需要辅导员、老师、同学、父母的开导、劝解甚至催促，像这样在心智上还没有走向成熟的个体，在经济上更是对父母百般依赖。

（七）嫉妒

嫉妒本身是人对美好事物向往的一种情绪，适当的嫉妒使人趋向美好，但是极端的嫉妒则令人陷入心理困境。近年来，社会新闻报道中我们可以清楚地看到，一些高校毕业生由于不能够正确地处理自己的嫉妒情绪和心理问题而导致的伤害事件越来越严重，使得我国社会心理科学界针对高校毕业生的嫉妒情绪和心理问题进行了深入、系统的研究。极端的嫉妒主义者往往会将他人在能力、地位、境遇或外貌等各个方面的优越感视为对自己的一种威胁，因而使自己感到焦虑、愤怒，甚至是怨恨。他们通常会采取对他人的心灵甚至是身体有害的手段来维持自己的尊严和虚荣心，以求得精神上的平衡。极端的嫉妒心往往具有严重的威胁性和危害性，它深深地潜藏在一些人的内心，嫉妒者会有意或无意地掩饰它，这样做会导致其陷入因为害怕被揭穿而焦灼不安的痛苦中。

（八）孤僻

大学生群体中存在一部分较为孤僻的人。孤僻的主要特点就是不合群，不喜欢交往，对周围的人怀着强烈的戒备心理或者厌烦情绪。这样的人平时很难和周围的人进行良好的交往和建立融洽的人际关系，疑心比较重。孤僻的大学生不喜欢向同学和朋友倾诉自己的不良情绪，当这些情绪不断积聚起来之后就容易引起严重的心理疾病而影响其身体健康。

二、人格评估

本部分将着重介绍在近几年广泛应用的两个人格心理学量化表——迈尔斯–布里格斯人格类型量表（MBTI）和大五人格量表；简单介绍 20 世纪著名的大五人格量表、人格调查问卷和投射测验的原理及应用。

（一）迈尔斯–布里格斯人格类型量表

心理学测量工具最广泛的应用领域是商业领域。在过去 40 年，美国中等规模以上的企业普遍使用迈尔斯–布里格斯人格类型量表（Myers-Briggs type indicator，MBTI）。

MBTI 是由凯瑟琳·布里格斯和她的女儿伊莎贝尔·布里格斯·迈尔斯共同研制的，沿用的是 20 世纪最有影响力的精神病学家卡尔·荣格的理论。最新版本的 MBTI 有 93 个题目，其衍生产品本身已经价值上亿美元，MBTI 用来评估人们在 4 个维度上的倾向或趋势：外向型、内向型、感觉型、直觉型、思维型、情感型、判断型、理解型。

每年有超过 250 万人使用 MBTI，布赖恩·利特尔认为有五个原因：①使用 MBTI 既简单又令人愉快；② MBTI 的营销、产品包装和衍生产品令人愿意接受；③分享和比较 MBTI 得出的人格类型，促使人们谈论人格与倾向，与谈论星座不同，这些谈论的内容令人信服；④人们认同 MBTI 对他们人格所做的描述；⑤当人们使用 MBTI 或其他人格量化表，觉得描述符合自己的特质时，会打消对自己的怀疑，并立即产生兴趣。

（二）大五人格量表

大五人格量表由萨姆·戈斯林、贾森·伦特福罗和威廉·斯旺编制，表格内容精简，测量五个人格维度，使用者只需二十几分钟就可以完成。另有一个大五人格修订版（NEOPI-R），内容更长、更全面，由保罗·科斯塔和罗伯特·麦克雷编制。大五人格量表反映的是人格的五大因素：尽责性（conscientiousness）、随和性（agreeableness）、神经质（neuroticism，与情绪稳定性相对）、开放性（openness）和外向性（extraversion）。

（1）**尽责性**。尽责性与学业、职业成就密切相关。尽责性分数较高的人的特点是有条理、有秩序、认真、坚韧、谨慎、周全和不冲动。

（2）**随和性**。随和性是非常可取的人格特质，尤其在个体与他人合作的情境中。随和的人具备高度的合作精神，与随和的人相处是令人愉快的，他有一颗同情心，友好且乐意为别人做事。

（3）**神经质**。神经质是被最广泛研究的人格维度之一，也是各个领域中预测幸福生活方面最为关键的要素之一。神经质是影响人格的一个重要维度，神经质程度高的人，主观上的家庭幸福感相对较少，消极的心理情绪状态多于积极的心理情绪状态，不是很善于与其他人进行交往和处理复杂的人际关系，工作上的满意度相对较低，健康状况差。神经质同时也可以是对其他种类人格的一种视觉放大。

（4）**开放性**。开放性与封闭性相对，适用于个人的事物体验和情感体验，当一个人开放性的分数较高时，其接受新的观点、新的人际关系和新环境的倾向性就会更高，更加富有创造力。开放性的人易于体验积极情绪，有更细腻的幸福感。

（5）**外向性**。外向性和神经质一样，是人格中被研究最多的维度之一，也是对幸福影响最大的维度之一。外向性具有中等程度的遗传性。外向者更喜欢同时做很多事来提高自身的唤起水平，如写作业的时候喝咖啡、听音乐，还打着游戏。

心理自测

你有哪些人格特质

以下有一些人格特质，它们可能对你很适用，也可能不适用。根据你的赞同或反对程度，为每一个陈述打分。你需要对每一对特征中的每一项都做出评估，即使其中一个比另一个对你更适用也没关系。

强烈反对	比较反对	有一点反对	既不赞同也不反对	有一点赞同	比较赞同	非常赞同
1	2	3	4	5	6	7

___1. 外向，热情。
___2. 爱挑剔，好争论。
___3. 可信赖，自律。
___4. 焦虑，容易心烦意乱。
___5. 对新体验持开放的态度，多元。
___6. 保守，文静。
___7. 具有同情心，热心。
___8. 散漫，粗心。
___9. 平静，情绪稳定。
___10. 传统，缺乏创造力。

【统计指标】

尽责性得分＝[第3项分数＋（8−第8项分数）]÷2。
随和性得分＝[第7项分数＋（8−第2项分数）]÷2。
情绪稳定性得分＝[第9项分数＋（8−第4项分数）]÷2。
开放性得分＝[第5项分数＋（8−第10项分数）]÷2。
外向性得分＝[第1项分数＋（8−第6项分数）]÷2。

成年人的平均分数：根据305 830名被测试者的分数得出。

尽责性：4.61分，其中6分及以上为高分，3.2分及以下为低分。
随和性：4.69分，其中5.9分及以上为高分，3.5分及以下为低分。
情绪稳定性：4.34分，其中5.8分及以上为高分，2.9分及以下为低分。
开放性：5.51分，其中6.6分及以上为高分，4.4分及以下为低分。
外向性：3.98分，其中5.6分及以上为高分，2.4分及以下为低分。

资料来源：利特尔. 突破天性[M]. 黄珏苹，译. 杭州：浙江人民出版社，2018. 引用时有修改。

和MBTI量表不同，大五人格量表是一个连续性量化表，多数人会获得中间水平的分数。这部分人被心理学家称为"中间性格者"，介于内向者与外向者之间。中间性格者的唤起水平接近最佳，是其最有优势的一个方面。

（三）20世纪流行的人格调查问卷

除了MBTI和大五人格量表，从20世纪40年代开始，欧美的研究性大学心理学教授和精神科医生编纂的多种人格量表被广泛使用于临床、科研、经济学等多个领域。比如，1940年美国明尼苏达大学心理学家哈兹威和精神科医生麦今利研制的明尼苏达多相人格问卷（MMPI）；1952年英国心理学家艾森克编制的艾森克人格问卷（EPQ）；1957年高氏编写的加利福尼亚心理调查表（CPI）；1971～1978年广泛使用的、由美国伊利诺伊州立大学心理学家卡特尔教授研制的16种人格因素问卷（16PF）等。

（四）投射测验

投射测验也被称为投射评估技术（projective techniques），是一种个人把自己的过失或不被社会所认可的情绪和欲念增添到别人的精神心理行为中的技术。这种情绪投射主要发生在潜意识中，是一种心理预警和防范机制，用来帮助人们减轻焦虑的情绪和压力，以及保护自我并且能够维持其内在的价值观和性格。

心理学家弗兰克在1930年首先提出了如何运用个体投射心理技术，其基本的假设是人类个体不是被动地随意接受来自人或外界的各种刺激，而是主动地、有意地或选择性地给外界的各种刺激赋予某种新的意义，然后主动表现出适当的生理反应，人们就认为可从这些接受刺激者的反应中推论得出他的具体性格。投射测验具有以下特点。①呈现给受试者的心理情境常常是一个模糊而相对没有基本结构的刺激情境，这样就可以使受试者能够同时有许多机会充分表达自己不清楚的心理需要及许多特殊的心理感知，以及对于该情境做出许多心理解释。②受试者对于此次测验的实际目的是完全不清楚的，因此，受试者不易进行伪装。③现场受试者完全可以自由地用各种方式进行回答，不同于现场调查问卷的操作方法，回答问题具有一定的强迫性。④此类人格测试主要注重对潜在人格的总体性质分析，而一般的总体人格分析测试往往仅限于能够直接测量一些潜在人格中的特点。此外，投射评估技术还可以被广泛用于帮助考察成年人的心理智能、创造力、解决复杂问题的反应能力等。

心理学家罗斯曾经做过这样一个实验：招募80名大学生志愿者，询问其是否愿意背着一块大牌子在校园里走动，其中48名学生愿意这样做，而这48名学生认为大部分学生和他们一样都会愿意背着这块大牌子在校园里走动，而那些拒绝的学生认为，只有少数学生会愿意这样做。可见，这些同学将自己的想法直接投射在其他同学身上了。

著名的投射测验有洛夏测验、填句测验、主题统觉测验、房子–树–人测验及画人测验，其中洛夏测验是排在首位的。

第四节　大学生人格完善的途径和调适方法

★ 案例点击

回避型人格的表现

艾伦是一名患有回避型人格障碍的大学生。她今年21岁，因为总是在社会交往中感到不适，所以她去学校心理诊所寻求帮助。她非常害羞和紧张，因此把自己的社会交往限制在最小范围内。她害怕下学期的分班，因为那样她就必须与一拨新同学相处。她尤其害怕上心理课,因为"这样其他同学就会发现我是个怪人"。她补充说,"他们会发现我是个机能障碍的笨蛋,因为我太害羞,一想到要在一群陌生人面前发言就紧张不已"。她还说她正在考虑从心理学专业转到计算机专业,虽然她对人很感兴趣,也喜欢心理学,但在他人面前还是难免感到尴尬。她认为计算机对她来说要容易许多。

艾伦说,她从小就在学校里受到其他孩子的戏弄,每当这时她总是回避他人,尽量不引起别人的注意。十几岁时,她曾经试过做保姆,但她从未拥有一份真正的工作。

在大学里,她习惯把功课攒到一起,然后一次性把它们做完。她尽量每天都找点事情做,把宿舍收拾得很整洁,每月去食品店两次。她形容自己的生活"不是很开心,但至少有规律"。她喜欢在宿舍里上网,她说她喜欢网上聊天室,但是当进一步询问时,她坦白地说她只是看别人聊天,从没有真正参与过。她喜欢待在一边,看其他人交流。她说:"别人根本不知道我也在,所以就不会嘲笑我。"

资料来源:拉森,巴斯.人格心理学:人性的科学探索[M].郭永玉,译.北京:人民邮电出版社,2011.

一、健全人格概述

健全的人格是一种泛指人格和谐、全面、健康地形成和发展,简称完美的人格或理想型的人格,是一种生物学过程中的演变所赋予一个人的最佳心理本性在得到充分发挥的过程中实现和达到的境界,是与当今社会条件和环境相适应,为其他社会成员所理解和接受而又能够充分体现出一个人最好的心理和行为特点的一种人格模式,是对于一个人最佳心理和行为的有机整合,也是人类努力追求的一种价值目标。

黄希庭等在课题研究中深入总结自20世纪50年代以来西方社会心理学的研究领域给我国社会带来了又一次重大的心理变革,并重新建立了基于健全人格等在心理模型方面的基础研究,提出了五大基于健全人格的心理模型:马斯洛的"自我实现者"心理模型、奥尔波特的"成熟者"心理模型、罗杰斯的"功能充分发挥者"心理模型、弗洛姆的"创发者"心理模型与皮尔斯的"立足现实者"心理模型,见表5-2。

表5-2 五大基于健全人格的心理模型

模型	特点
"自我实现者"心理模型	良好的现实知觉;对自己、他人和现实表现出高度的接纳;具有较强的自发性和率真性;以提出的问题作为研究的中心;有别于个人的独处;高度的创造性和自主精神,不受环境和社会文化的影响和支配;具有较高品质的艺术鉴赏能力;对普通人日常生活的新奇感;常常会有一个高峰的体验;能够和其他人建立起持久、深厚的友谊;具备民主的个体化性格和组织结构;具有强烈的职业道德情感和自己独立的人格好坏判断力;具有善意的幽默感;富于创造力;不被现实主义文化所限制
"成熟者"心理模型	具有持续的自我扩展能力;人际关系融洽;情绪上富有一种安全感且能够被人所接纳;具有对现实世界进行客观感受和认识的能力;具有对自我做出客观评价的能力;以提出问题的方法为研究中心并进一步开发出提供问题的解决方法和技术;具备统一的人生哲学

（续）

模型	特点
"功能充分发挥者"心理模型	他们的社会经验都能进入意识领域，对一切经验持开放态度；协调的自我；以自身的内部评价机制为基础来判断和评价自身的经验；自我重视；乐意赋予别人一种无附加条件的内心关爱，并且希望能够和其他任何人之间保持一种高度的沟通、协调
"创发者"心理模型	创发性爱情，这是一种自由、平等的关系，相爱的双方都可以保持他们的个性；创发性思维，创发性的爱会使人意识到与被爱者有密切关系，意识到关怀被爱者；有真正的幸福体验，即身心健康，个体各种潜能得到实现的状态；以良心为定向系统，"创发者"有一种特殊的良心，弗洛姆称其为"人本主义良心"，它引导人们实现个性的充分发展和表现，并使人获得幸福感
"立足现实者"心理模型	生活在此时此地；了解并接纳自己的现状与特点；能够坦率地表达自己；不干预别人的生活；能够与自我和世界保持密切的联系；生活不受外界环境的影响；不以幸福为人生的目标

（一）马斯洛的"自我实现者"心理模型

美国著名的哲学人本主义者和心理学家马斯洛强调了人的自我实现。他认为，自我实现是一种过程而非结果。马斯洛长期观察并研究了那些能够充分发挥自己才能，全力以赴把工作做得最出色的人，总结出他们具有 15 种特征，见表 5-2。

（二）奥尔波特的"成熟者"心理模型

美国著名心理学家奥尔波特认为，健康的人应该是理性、有意识地进行活动的，对于激励他们的积极性和活动的力量完全是我们能够预知和控制的。他觉得健康的人应该关注当下和未来，而不是陷入童年时期的困境。他把心理健康程度高的人称为"成熟者"，根据多年在哈佛大学的研究，奥尔波特从"成熟者"身上归纳出七个特点，见表 5-2。

（三）罗杰斯的"功能充分发挥者"心理模型

美国人本主义心理学家罗杰斯提出了一种观点，他认为人类的基本动机是实现自我的成长与发展，人性是美好的并且具有无限可持续发展的潜力。罗杰斯强调，健全人格不应理解为人的状态，而应理解为过程或趋势。罗杰斯把"功能充分发挥者"的优良性和特点概括为五个重要的方面，见表 5-2。

（四）弗洛姆的"创发者"心理模型

人本主义哲学家和精神分析心理学家弗洛姆认为，每个人都有充分利用自己潜能成长和发展的固有倾向，现代社会对人类的种种压抑和不合理，许多年轻人没有能力做到自我保护心理健康，由此产生了病态的社会性质，而病态的社会性质就会产生病态的个性。他强调社会变革在产生大量健康者或"创发者"方面的重要性。弗洛姆认为"创发者"在人际关系和亲密关系中的表现有四个方面的特征，见表 5-2。

（五）皮尔斯的"立足现实者"心理模型

德国心理学家皮尔斯认为，拥有健全人格的人生活在眼前、当下，即此时此地。也就是说，一个人格健全的人应该能够充分了解和坚定地把握自己所处的现实环境。皮尔斯提出，立足于社会现实的个体必须拥有七种人格性质，见表5-2。

五大健全的社会人格价值模型我们可以简单地将其总结为：当一个社会个体已经具备正确的自我认识、良好的对现代社会生活环境的自适应能力、和谐的社会人际关系和积极向上的学习、工作、生活态度时，他就立即可以拥有一个健全的人生价值观。当代大学生面临的是自己从心理到生理的成熟过程，又处于从依赖到独立的外部环境要求下，在这些转折、变化中，如何调适自己的心理状态，使自己更加积极、勇敢地去构建健全的人格是拥有美好大学生活、未来稳步立足社会的关键。

二、大学生健全人格的培养途径

（一）自立意识的培养

高自立意识的大学生从思想上表达了较多的自主行为与独立自控的行为，他们往往能够比较合理地安排日常生活规划，对于挫折与困难能主动做出自我调节和控制，能积极地参加学校的各类社团活动及其他各种形式的群众性活动。当他们碰到困难的时候，会选择一种更成熟的处理方法，已经形成的自我意识具备了驱动作用，并且能够促使个体行动。高自立意识的大学生对于自己有着相当积极的理解和认知，能更积极地投入到生活和工作中，而且人际交往关系也变得更加和谐。通过一定的培训活动，如小组、群体辅导等，还能够增强和促进大学生的自我观念，改善大学生的社会独立意识。

（二）自信心的培养

培养人格和自信心的一个关键点就是必须充分肯定自身存在的价值，学会客观地分析和评估自己，既要看到自己的优点和长处，也必须充分了解和弥补自己的不足。具备了良好的自我信仰，才能够更好地挖掘和利用自己的创造力，迈向成功之路。

（三）保持自尊

自尊的青年人往往非常渴望表现自己，进取精神强，关心个人形象，对平等对待事物具有强烈的自我追求；非常热爱社会科学，研究真理，尊重现代社会的客观现实；既不孤芳自赏，也不随波逐流，能够被别人接纳并信任别人。正因为如此，自尊心才有机会成为促进青年人不断顽强奋斗、积极进取的强大精神驱动力。

（四）有自制力

在正确的学习动机和人生目标观念支配下的大学生，会激励自己努力进取、勤奋学习，同时也会抑制和阻止无关活动或杂念的干扰。在这种自制力的强大影响和推动作用下，大学生能够有效地主动排除干扰，抑制那些不必要的工作行为。自制力强的个体，能够正确地选择自己的心理活动点和动机，调整自己行动中的目标和生活计划的正确实施；也能够更加理智地控制自己的心理欲望，分别采用不同方式去不断满足个体的需求，以及个体的身心健康发展必须符合要求的心理欲望，对不正当的心理欲望坚决摒弃。

（五）培养乐观向上的生活态度

人格健全的大学生一般积极追求上进，有自己的目标并努力去实现它，并在此过程中追求自我价值的实现。而且人格健全的大学生往往比较乐观，乐观是我们每一个人都应该具有的生活态度。乐观的人常常能看到生活中光明的一面，对前途充满希望和信心。因此，家庭、学校和社会应给予遭遇心理问题的学生更多的外部关怀，帮助其人格健康地发展。

另外，大学生也要从自身调整心理状况，学会正确地与人打交道，与身边的同学建立友好的联系，不能一遇到关系破裂就一蹶不振，应建立良好的自我修复系统，增强自身的抗挫折能力，遇到困难与其选择逃避，不如尽全力积极解决。大学生应当积极进取，树立远大理想和志向，努力奋斗，乐观地看待未来，要保持昂扬向上的生活姿态，学习多方面的知识，增强自身的社会适应能力。

三、大学生人格的调适方法

没有谁的人格是绝对稳定不变的，我们的人格被个体在特定时间追求的个人计划与同时有意识或无意识对他人的看法的组合建构出来，这种建构的结果不时受到挑战并被重构。因此，如果某名大学生在幼儿时期出现了人格障碍，别担心，在大学时期，人格障碍还未定型，可以通过调整自己的适应力、追求自我价值、实施自我监管等适合自己天性的方法来战胜遇到的人格障碍，重构健康的人格。在调适的理论方面，有国外和国内两种类型的建议。

首先，在调整自己的适应力方面，国外的心理学者认为，大学生需要明确两个要点：①你的生物源性格是否与当下的环境相匹配；②无论你是什么特质的人格，都会遇到与当下环境不匹配的情况，这时你需要找到自己的"小小桃花源"。其次，个体对自己和外部的分析，即自我监控能力，这种能力有两类：高自我监控和低自我监控。灵活调整自我监控的能力有助于当代大学生有效地追求自我价值。最后，当代大学生在激烈的学业和就业环境中既想脱颖而出，又想保持本我，健康发展，则需提高自己的计划与实践的能力。

（一）国外心理学者的建议

1. 生物源性格与生活环境相匹配

如果个体生物源性格与生活环境一致，则能够提高其活动表现和幸福感，而不一致则会造成自己的消耗。例如，在加州大学伯克利分校进行的一项纵向研究表明，大学四年间，由于学校的学习氛围存在高度竞争性、要求严格，学生需要适应这种环境所鼓励的批判与挑战传统的能力，学生的人格发生了显著改变，学生的神经质程度降低了，变得越来越难相处。因此，当个体本身的生物源性格与环境特质相匹配时，生活就会很幸福。如果大学生在大学期间有大量的社交活动，先适应新的生活、学习环境，再将所建立的社交网络作为宝贵资源，投入学业计划，就会令自己的生物源性格与环境达到匹配。

2. 找到自己的"小小桃花源"

人们生活在社会中，不可能所有的生物源性格都能与外部环境完全匹配，个体一定会需要压抑自己的某些生物源特质去匹配外部的环境。长期的压抑不能释放会对个体的身心造成伤害，个体需要找到一个让自己暂时得到喘息的地方。著名心理学家布赖恩·利特尔称让他恢复元气的地方为"小生境"，我们称这个地方为"小小桃花源"，因为它能够让个体精神上远离外部环境的喧嚣，令压抑的性格得到自由释放，而这种自由释放有助于个体生物源性格的复原。

3. 高自我监控与低自我监控

高自我监控者可以根据不同情境表现不同的特质，比如，高自我监控者在学习竞争中会表现为争强好胜，聪明干练；在家里会表现为孝顺又幽默；和朋友在一起时，耐心而敏感；遭遇公交车小偷时，冷静又果断。低自我监控者面对同样的情境变换时，不容易在不同情境中呈现不同的自我，而是会以不变应万变。在这两种自我监控中，高自我监控者由于灵活变化的特质反倒没有本质的自我，而低自我监控者，由于核心牢固，不容易改变，更容易得到周围人的信任，尤其在亲密关系中，低自我监控者更不容易轻易分手或离婚。当代大学生由于处在一个多元的社会环境中，需要呈现一个多元化的自我，那么在这个社会环境中请提高自我监控能力；而当面对亲情、友情、爱情时，请展示低自我监控，做个坚实而不易动摇的人。

★ **心理自测**

自我监控量表

以下陈述是关于你在不同情境中的个人反应的。没有哪两个陈述是非要相像的，因此，在回答前请仔细阅读。如果某个陈述是正确的或对你非常适用，就用"T"来作答。如果某个陈述是错误的或通常对你不适用，就用"F"来作答。这个测试的关键是，做测试时你要尽可能地坦率、真诚。接下来，把你的答案写在左侧的横线上吧。

_____ 1. 我觉得模仿他人的行为很困难。

_____ 2. 在派对和聚会上，我不会试着迁就别人而去做他们喜欢的事或说他们喜欢听的话。

_____ 3. 我只能支持我相信的事情。

_____ 4. 我可以就我几乎一无所知的主题做即兴演讲。

_____ 5. 我认为我可以当众进行表演，而且我的表演会给人们留下深刻印象或者让人们开心。

_____ 6. 我有可能成为一名优秀的演员。
_____ 7. 在一群人中，我很少会成为人们关注的焦点。
_____ 8. 在不同的环境中，和不同的人在一起时，通常我会表现得像完全不同的人。
_____ 9. 我不擅长让别人喜欢我。
_____ 10. 我并不总是我表现出来的那个人。
_____ 11. 我不会为了取悦他人或让别人喜欢我而改变我的看法或我做事的方式。
_____ 12. 我曾考虑做一个演员。
_____ 13. 我从来就不擅长你比我猜这样的游戏，也不擅长即兴表演。
_____ 14. 我很难改变自己的行为以适应不同的人和场合。
_____ 15. 在派对上，讲笑话、讲故事的人通常不是我。
_____ 16. 在公司里我会感到有一点局促不安，表现得不太像我本来的样子。
_____ 17. 只要有正确的理由，我就可以脸不红、眼不眨地撒谎。
_____ 18. 即使我不喜欢某人，我也能表现得很友好，让他相信我喜欢他。

【统计指标】

以下是计分答案。如果你的答案与计分答案一致，就把相应的答案圈出来。算一算你总共圈了多少个答案，总数便是你在这个测试中的得分。把你的分数记录在下面的横线上。

1. F   2. F   3. F   4. T   5. T   6. T   7. F   8. T   9. F
10. T   11. F   12. T   13. F   14. F   15. F   16. F   17. T   18. T

我的分数：_____

资料来源：利特尔. 突破天性[M]. 黄珏苹, 译. 杭州：浙江人民出版社，2018.

一个人能够制订计划并坚定实践体现了个体的控制能力。大量心理学实验证明，拥有高控制能力的人更能拥有幸福和成功。对于要努力去完成的任务和目标，有高控制能力的个体更倾向于采取积极主动的方式，提前做计划，知道如何将自己的志向与有助于实现它的具体方法联系起来。大学生要提高自己的控制力首先需要具有更好的延迟满足的能力，在等待满足的过程中，有更好控制力的个体能够抗拒诱惑，在学习中有更好的表现。其次，成为高控制能力者，需要当代大学生有更强的抗压能力，研究表明，高控制能力者更能够抗拒有害影响，避免不合理风险方面的压力，为实现重要目标而制订清晰的计划。最后，大学生要时刻检查自己的控制能力的按钮以防止它失效。

⭐ **心理故事**

来自学生的试探

有一次下课后，一个瘦瘦高高、满头鬈发的男生走过来，我记得他是建筑系的学生。他塞给我一张纸，说那是他就这个主题写的课程日记，然后又补充了一句："检查一下你办公室的门。"当时，我正要离开学校，但出于好奇，我还是返回了办公室。办公室门上吊着一个烟盒，从里面伸出一些电线和一个大大的铜按钮，烟盒上写着"按我，看看会发生什么"。

我不认为自己是个非常愚蠢的人，但也从来不真的觉得这有什么危险。我觉得这是一种聪明的象征手法，象征着学生最近听到的课程，于是我哈哈一笑，然后走开了。

资料来源：利特尔. 突破天性 [M]. 黄珏苹, 译. 杭州：浙江人民出版社, 2018.

（二）国内心理学者的建议

我国的心理学者针对大学生的人格特点提出了四种调适方法：反向观念法、习惯纠正法、行为禁止法和情绪调节法。

1. 反向观念法

反向观念法是一种自我改造和使个体的自我认识不被扭曲的有效教育手段。反向自我观念的说法其实就是指自己主动与自身原有的不良自我保护观念之间做出的一个相反思维，原来都认为是以自我观念为中心，现在则大都认为应该慢慢地学会放弃自我这个中心，学会设身处地地为他人利益着想；原来都是热衷于自己走个人的极端，现在则是更倾向于认真学习，多方位地仔细考察这个问题；原来很多人喜欢这种超越和规则化，现在更多的是有时候还是应该偶尔自己放松一下，学会轻松无拘、有规律、自由自在地行事。采用反向观念法来克服自身缺点的基本工作要点大概有两个：首先对自己的一些错误点和思维方式进行自我分析，然后再自我提出正反的观点建议和一些改进性的意见，在生活中尽量按照新学的观念方法去做。这种自我情绪分析既可以定期实施，也可以在遇到重大挫折的时候再实施。

2. 习惯纠正法

人格异常者的许多行为都已经变成一种习惯，破除这些不良习惯将有利于对人格异常的治疗和调适。以一个有依赖性的人格为例，实施这种方法有三个基本要点，一是清查自己的行为中到底有哪些事情是习惯性地依赖别人去做，哪些事情是自己做决定的，可以每天都做一次记录，以一个星期为周期记录下来。二是将自主意识很强的事情都归纳在一起，如果已经做了，则把它们当作一件值得庆贺的事，以后再遇到其他同类的情况时应该继续坚持下去；如果还没做，以后遇到同类的情况应该要求自己动手去做。面对自我意识较差、没有按照自己意愿去做的事情，自己提出改进想法，并在以后的实践中逐渐落到实处。比如，在自己制订某项计划的时候，你虽然听从了朋友们的意见，但是你对这些意见并不欣赏，便要把自己不欣赏的原因和理由说出来，随着你的意见的增加，你便可以从完全依赖别人的意见逐步变得更加自主地做出决定。三是找一个自己信赖的人当监督者，并与这个监督者订立一份双边协议，当你在工作中有了良好的表现时，予以奖励，当你发生违约时，予以惩罚。

3. 行为禁止法

对许多人格特征异常者的不良行为，可以选择采取此法。比如，一个偏执型或者心理异常人，当对某件事情忍无可忍而将要发作时，可默念如下命令："我必须能够克制住自己的逆向攻击行为，我至少需要忍十分钟。我的攻击性行为实际上是过分的，在十分钟内，让我当即分析一下有哪些非理性的观念正在作怪。"当我们采取这样的办法后，不久就有机会看到，每次我们认为愤怒的情况发生了，只要再忍上几分钟，用一种理性的观念去综合分析，怒气便有机会随之减少。不少我们曾经认定是一件极具危险和威胁性的事情，在忍耐了几分钟之后，会惊讶地发现灾难并没有真正到来，它只不过是我们的一种无谓的担忧罢了。

4. 情绪调节法

人格特征异常者多见并伴有其他情感异常。比如，戏剧性强的个体对于人格的感情、感受表达程度超过一般人所能接受的程度。向你身边的亲朋好友做问卷调查，听听他们对你的态度评价。对于他人提出的意见和各种看法，你首先应该对其保持一种全盘接受的乐观态度，千万不要予以强烈反驳，然后扪心自问，上述的各种情绪在实际表现中哪些可能是完全有意识的，哪些可能是完全无意识的；哪些是好东西也可能是别人喜欢的，哪些是好东西但可能是别人讨厌的。对于自己无意识的这种表现，可将其具体描述记录下来，放在醒目的地方，不时自我提醒。此外，可以通过邀请家人、朋友在关键时刻给予一些提醒或者在事后对自己的传达表现方式做一个深度评价，然后从中深刻感受自己的紧张情绪及表达过火之处。按照这种方法，将身体、情感、心理的表达坚持不懈地进行下去，个体这三方面的表达也就一定会变得越来越和谐、自然。

心书推荐

《突破天性》
[加拿大] 布赖恩·利特尔

布赖恩·利特尔是人格心理学大师，连续三年被评为"哈佛大学最受欢迎教授"。他开设的人格心理学课曾在哈佛大学和剑桥大学受到大量学生追捧。《突破天性》一书提供了一种新的看待自己和他人的方式，通过个人计划、个人建构、稳定特质、自由特质等多个层次、多种视角来认识自己和他人。布赖恩·利特尔告诉我们，想要了解他人，不能问"你属于什么人格类型"，而应问"你生命中真正重要的事情是什么"。这本书颠覆了所有对性格进行分类的理论，认为没有谁的性格是稳定不变的，改变性格是一种适应生活的策略，也是每个人都可以拥有的能力。每个人都可以在做自己的同时，选择性地"不去做自己"，以实现生活和工作的双赢。

心理自测

个人控制量表

根据你对每个陈述的赞同程度，请用 1～7 的数字打分。

不赞同			中立			赞同
1	2	3	4	5	6	7

_____1. 如果努力争取，我通常能达成所愿。
_____2. 一旦制订了计划，我便一定会按计划进行。
_____3. 相对于纯粹靠技巧的游戏，我更喜欢需要一点运气的游戏。
_____4. 只要下定决心，几乎没有我学不会的东西。
_____5. 我的成就主要源于我的努力和能力。
_____6. 我通常不设立目标，因为我很难坚持到底。
_____7. 有时候坏运气会妨碍我实现目标。
_____8. 只要我真心想要，几乎任何事情皆有可能。
_____9. 职业生涯中发生的大多数事情都是我所不能控制的。
_____10. 为太困难的事情不断付出努力，在我看来毫无意义。

【统计指标】

将第1项、第2项、第4项、第5项和第8项的分数相加，总分加上35分，然后再减去第3项、第6项、第7项、第9项和第10项的分数，最终得到的数字便是你的个人控制能力得分。以年轻人的平均得分为标准，得分为60分属于外控，60分以上属于高度内控，而得分在48分或48分以下则属于低度内控。

思考与练习

1. 你能想到人类的哪些特征最可能受到遗传影响吗？哪些特征不受遗传影响或影响不大？

2. 在某些方面每个人的人格都具有跨时间的稳定性，而在另一些方面则会随时间而改变。在本练习中，你可以通过回答"现在的你是什么样子的"及"你认为自己将来会是怎样的"这两个方面的问题来评估自己。以下是所列的项目，对每一项目，用从1～7的等级进行简单评定。1表示"根本不能描述我"，7表示"高度精确地描述了我"。对每个项目进行两次等级评定：①是否描述了现在的我？②是否能描述将来的我？

项目	描述现在的我	描述未来的我
是快乐的		
是有信心的		
是抑郁的		
是懒惰的		
到处旅行		
有许多朋友		
是贫穷的		
是身材好的		
在公共场合谈话得体		
自己做决定		
操控别人		
是强大的		

(续)

项目	描述现在的我	描述未来的我
是可信的		
是不重要的		
是令人讨厌的		

现在比较你在两个问题上的答案。如果在有些项目上你给出同样的回答，这表明你相信对你来说，这个特质会随着时间的推移保持稳定。但是，在另一些项目上你的回答发生了变化，这反映出你的这方面的人格随时间的推移将发生变化。

你可以通过多种途径看待可能的自我（possible self），但有两种特别重要。第一种是期望的自我（desired self），即你希望成为的人，如希望变得更快乐、更强大、有更好的身材的人。第二种属于恐惧的自我（feared self），即你不希望成为的那类人，比如穷人或呆板的人。你希望的可能的自我是什么样子？你恐惧的可能的自我是什么样子？

3. 情绪智力用来解释为什么一些人学业良好，但在实践技能、人际技巧或者人情世故方面却所知甚少。戈尔曼在其可读性很强的著作《情绪智力》一书中提供了许多实例。这些人具有较高的传统智力，但在其他生活方面却很失败，如人际交往方面。戈尔曼还研究了一些心理学文献，认为传统的智力测验尽管可以很好地预测学业成就，但不能预测后来的生活状况，如职业成就、薪水、职业地位及婚姻质量。戈尔曼认为情绪智力对这些生活事件有更强的预测力。情绪智力包括以下五方面的能力。

（1）意识到自己的感受和身体信号；能确定自己的情绪并做出区分（如明了隐藏在愤怒背后的恐惧感）。

（2）管理和调控情绪，特别是消极情绪的能力；能进行压力管理。

（3）克制冲动，引导注意和努力；能够专注于目标任务，延迟满足。

（4）能够分析、理解他人的社交和情绪信号；能够聆听；能站在他人的立场看问题（同理心）。

（5）具有领导力——在不触怒他人的情况下，影响和引导他人的能力；具有激发合作的能力；具有谈判和解决冲突的能力。

我们很容易就能发现，这些技巧和能力为何能够带来积极的生活成果，以及它们与传统智力概念如学术成就和学术智力，有多大不同。你能想到自己认识的某些人，他们虽然有很高的学术能力，但在情绪智力上却存在一个或多个方面的缺失吗？这样的人在学校很成功，但在生活的其他方面（如交朋友及脱离家庭而独立生活方面）却困难重重。相应地，你能找出自己认识的某些人，他们的情绪智力相当高，但学术智力却不佳吗？

第三篇·PART 3

关爱成长

第六章·CHAPTER 6

我的未来不是梦
——大学期间生涯规划及能力发展

🎓 **学习目标**

(1) 了解在大学期间需要发展的能力目标;

(2) 能对自己的大学生涯进行规划,有目的地安排自己的时间,更好地适应大学生活,获得自我发展。

🎓 **案例导入**

缺少规划的代价

小王以优异的成绩考入了大学,但是进入大学后,他很迷茫,每天除了上课不知道还能做什么。他发现大学的生活和高中相比似乎没有什么太大的区别,每天依旧是学习,每次依旧是担心考试成绩……不同的只是大学里自己拥有的时间好像很多,没有老师的督促和家长的"唠叨",自己不知道该做些什么、能做些什么、该怎么做。他开始玩游戏、刷视频,后来开始逃课,刚入大学时的"抱负"也不见了踪影,剩下的只有迷茫和沉迷于网络。后来他由于学习成绩不佳,受到了处分,差点退学。

【思考】

(1) 是什么原因给小王造成了这样的结果呢?

(2) 你在学习、生活中有没有遇到过这样的"迷茫"?

第一节 大学生活的特点及生涯规划

一、大学生活的特点

经历了12载的寒窗苦读,在"千军万马的厮杀中"获得成功的莘莘学子终于步入了"象牙塔",这里是学子梦想起航的地方,是他们独立生活的起点,要想成就心中的梦想就必须了解大学生活的特点。

(一) 学习上的转变

由于大学的学习和高中的学习有很大区别,所以步入大学后要尽快做到以下转变:观念上要从待哺到自觉地学习的转变;从被动学习知识到主动学习理论、构建自己观点的转变;从隔绝学习到相互关联学习的转变;从学习常识到领悟思想的转变;从泛泛学习到有针对性地学习的转变;从书本学习到实践的转变;从茫然学到针对问题学的转变。

大学里,每门课程需要掌握的内容明显增多,而课上时间有限,老师讲的内容也只是框架,所谓"师傅领进门,修行在个人"。因此,课后的时间尤其宝贵,除了复习课上学习的内容,还要根据自己的薄弱环节,有针对性地学习,以便在下次上课的时候能够顺利跟上老师讲课的节奏。与高中不同,在大学,没有了老师的督促,也不会有一次次的月考发挥鞭策作用,但是仍然有期末考试最终发挥"审判"作用,这样一来,平时自制力很差的学生,甚至是那些在父母的"帮助"下考上重点大学的"听话"学生,到了大学也可能很快迎来挂科的厄运,并且类似的案例也确有发生。因此,在上述提到的几点区别中,能否成功地实现从被动学习到主动学习的转变,是决定一个学生能否在大学顺利度过的关键因素。

(二) 独立生活的转变

步入大学,远离了父母和家人,只身一人在校求学,所有的生活都要由自己安排,对于一些以前过着"衣来伸手,饭来张口"生活的学生来说,这样的独立生活是一个挑战,也是一种很好的锻炼,这是大学生走向社会的第一步,是大学生走向成熟的起点。

事实证明,如果不能很快地适应大学中的独立生活,很多事情都会因此而不能顺利进行。举个很琐碎的例子,一个男同学不会洗衣服,甚至不会洗袜子,或者说根本懒得洗,经常是袜子攒了一堆,袜子的味道自然也弥漫开来。久而久之,寝室的人对他避之唯恐不及。大家明着不说,但这个男同学"不洗袜子"的习惯很快传遍班级,加上这个同学的性格有些古怪,很快成为班级同学"谈论"的典型,人缘也自然不是很好。每位同学都希望自己是受欢迎的,至少谁也不想成为被排斥的对象,而对于大学室友来说,是否被他们接受主要取决于你是否有很好的独立生活能力。

(三) 积极面对丰富多彩的课余文化生活

大学生活和高中生活的不同,在于大学生活是丰富多彩的,在课余时间,可以参加体育锻炼,可以参加自己感兴趣的各种社团,可以勤工助学,还可以参加各种各样的讲座、讨论会以及学术报告活动、文娱活动、公共活动等。这些活动对于大学新生来说,的确令人眼花缭乱,因此必须有计划地安排自己的时间才能使自己过得充实。

面对这些课余文化生活,每个人的态度不同,外向爽朗的同学参加的活动会多一些，而内向喜欢独处的同学可能会尽量避免参加自己不是很感兴趣的活动。但在这里，要给大学生提两个"不要"：第一，不要盲目地参加各种活动。的确，每个活动都有其优势，但是在选择自己参加的活动时，一定要做好时间安排，毕竟除了课余生活，在大学，主业还是学习，不能让活动时间过分占用学习时间，那样就会本末倒置，活动本该带来的充实反而成为期末挂科的帮凶，得不偿失。第二，不要拒绝参加任何活动，大学生集体活动机会本就不是很多，可能同一个班级的同学也不会很熟悉，因此，参加课余活动成为结交新朋友的绝好机会，相反，对于不喜欢参加活动的同学，他们损失的不仅仅是课余活动带来的技能提高机会，更多的是，他们错过了太多欢笑，也错过了很多志同道合的朋友。

如此，面对课余文化生活，大学生应该做到两点：积极、有度。

（四）尽快找到新朋友

大学生可支配的时间多了，和同学之间学习以外的交流时间也多了，而且在大学学习生活中要和同学朝夕相处，所以如何进行人际交往、如何尽快适应环境、如何尽快找到新朋友，是大学生必须面对的问题。

与高中不同的是，到了大学，没有走读生，所有学生必须住校，如此，同一寝室的同学就成了新朋友的首选对象，与他们相处得融洽与否直接关系到未来几年的大学生活是否和谐。但是，人与人总不会是相同的，相处一段时间总会发现，彼此有一些不足，甚至生活习惯的不同也会带来摩擦，室友之间难免会产生矛盾和误会，这些都是正常的，不必耿耿于怀。大学生反而应该持一个更加宽容的态度，去寻找室友身上的闪光点，即那些可爱的、值得喜欢的地方。需要大学生明确的是，室友不同于一般意义上的朋友，他们的到来不是由你选择的，有可能一段时间后，你会发现还是无法与其成为好友，但至少要与他们相处得融洽，他们是你大学生活中很重要的一部分，就像大学里的晴雨表；倘若幸运地，你与他们每一个人都成了好朋友，那么恭喜你，你的大学生活将不需要担心风雨，因为再艰难的时候，也有他们像亲人一样体谅你、支持你。

此外，对于大学生来说，朋友也是非常重要的。对于大多数学生来说，上大学意味着背井离乡，每一次开学，都要与家人告别一段时间，离开了父母，很多事情，尤其是那些令人烦恼、困扰的事情，都要自己去面对、选择，这其中会有孤独、无助。在这个时候，朋友的出现就像沙漠中的一股泉水，再少也是甘甜的，把自己遇到的挫折说给朋友听，他们不一定能真正解决问题，但在你倾诉的时候，心里的困苦也会被冲淡许多。

（五）管理好自己的"小金库"

进入大学，虽然学习、生活的费用几乎还是来自家庭的支持，但是大学生能够"掌控"的生活费和高中时期的零花钱相比，那是几倍甚至是十几倍的增长，所以大学生要学会"理财"。

大学生的生活费出口一般就是饮食、服饰、书籍、娱乐等，而如何把握这四者之间的比例，才是理财的关键。对于女生而言，主要注意不要把过多的钱用在买衣服和零食上，把握住一个度，就不会出现"财政赤字"；对于男生而言，注意不要把太多的精力和财力投在游戏上，依旧要做到适可而止，这样才能较好地理财。总之，要想不成为"月光族"，最佳法宝就是"注意节制"。

二、生涯规划

（一）生涯与人生

美国国家生涯发展协会提出，生涯是个人通过从事工作所创造出的一个有目的的、延续一定时间的生活模式。这是生涯领域中最被广泛使用的一个观念。

"延续一定时间"（time extended）是指生涯不是作为一个事件或选择的结果而发生的事情。更确切地说，生涯在本质上是持续一生的过程。它受到个人内在和外在力量的影响。

"创造出"（working out）在这里是指生涯是一个人的愿望与可能性之间、理想与现实之间妥协和权衡的产物。生涯发展是一系列选择连续进行的结果。

"有目的的"（purposeful）是指生涯对个人来说是有意义和有价值的。

"生活模式"（life pattern）在这里意味着生涯不仅是一个人的职业或工作，还包括生活中的各种角色担当。

"工作"（work）可能是生涯领域最易被误解的词语之一。我们每个人对它的含义都有一定的认识。但对生涯专家而言，工作是一种活动，可以为自己或他人创造价值。

生涯规划，简单来说，就是对影响我们生涯发展的经济、社会、心理、教育、生理等各种因素的选择和创造。它通常建立在个体对自我全面、深刻的认识的基础之上，需要结合职业发展的一般性特点。

在人的一生中，职业生涯占据了较大比重。职业生涯伴随着人的成长，伴随着人的心理的发展。美国学者唐纳德·舒伯认为人的职业发展分为成长、探索、建立、维持和衰退五个阶段。

（1）成长阶段（从出生至14岁）。这一阶段主要根据儿童自我概念形成的特点，发展儿童的自我形象，发展他们对工作意义的认识及对工作的正确态度。

（2）探索阶段（15～24岁）。这一阶段青少年通过学校生活和社会实践，对自我能力及角色、职业进行探索。这个阶段可划分为试探期、过渡期和承诺期三个时期。

（3）建立阶段（25～44岁）。这一阶段的任务是根据人们的职业实践，协助其进行自我与职业的统合，促进职业的稳定，即通过调整、稳固而力求上进。

（4）维持阶段（45～65岁）。这一阶段的任务是帮助人们维持现有的成就和地位。

（5）衰退阶段（65岁以上）。随着个体心理与生理机能的日益衰老，他们逐渐离开工作岗位，这一阶段的任务是协助个体发展新的角色，寻求新的生活方式替代和满足个人发展的需求。

个体生涯发展的五个阶段中，每一阶段都包含成长、探索、建立、维持和衰退的循环，个体的生涯发展构成了一个完整的循环式发展任务系统，见表6-1。

表6-1 个体生涯循环发展任务系统

	青年（15～24岁）	成年早期（25～44岁）	中年（45～65岁）	老年（65岁以上）
衰退	减少用于嗜好的时间	减少运动时间	集中于主要活动	减少工作时间
维持	验证当前的职业选择	设法保持工作的安定	巩固自己面对竞争	保持仍有兴趣的事
建立	开始创业	安于现职	学习新的技能	从事向往已久的事
探索	从更多的工作机会中学习	寻找机会做自己喜欢的事	辨识新问题并设法解决	寻找合适的退休后的场所
成长	发展适宜的自我观念	学习与他人之间的关系	接纳个人的限制	发展非职业性角色

资料来源：舒伯，1965，职业生涯设计。

从生涯发展的角度看，个人的职业兴趣、职业认识和职业选择受多种因素的影响，随着年龄的增长和生活的变化，人的职业心理会不断发生变化，儿童时的梦想、高中时的理想、大学时的专业都未必决定个体的职业，职业流动变得更加宽松自由，成本降低，生涯发展成为现实可能。

（二）个人奋斗与生涯规划

生涯就是生活，生涯就是每日点点滴滴的累积。由于每个人的生活环境、志向与知识背景不同，因此对生活的理解也不同。但是，如何使人的生活多姿多彩，如何使人生具有意义，是萦绕在每个人心头的一个重要的人生任务。在寻求生活意义的过程中，每个人都会进行有关自己的生涯规划，矢志不渝地朝着人生目标奋斗之途迸发。

所谓生涯规划，是指个人在生涯发展历程中，对个人的各种特质或职业与教育环境资料进行生涯探索，掌握环境资源，以逐渐发展个人的生涯认同，并建立生涯目标；在面对各种生涯选择事件时，针对各种生涯资料和机会进行生涯评估，以形成生涯选择或生涯决定，进而以"择我所爱、爱我选择"的心情，投注其生涯选择，承担生涯角色，以获致生涯适应与自我实现。

生涯规划包括两个层次的问题：一个是生涯角色间和生涯形态的规划，另一个是生涯角色内和生涯目标的问题。第一个层次的生涯形态问题，是在时间和空间的向度下，如何来组合各种角色；第二个层次的生涯目标问题，是在各个角色中要追求哪些职务或实现哪些目标。生涯规划的这两个问题并不是独立的，而是相互联系的，通过对这两个层次问题的思考和规划，能够寻求满足我们的生涯需求、实现我们的人生价值的途径。

★ 心理故事

两兄弟的故事

有两兄弟，他们一起住在一幢公寓楼里。一天，他们一起去郊外爬山。傍晚时分，他们爬山回来，回到公寓楼的时候，发现一件事——大厦停电了！这真是一件令人沮丧的事情。为什么呢？因为很不巧，两兄弟住在大厦的顶楼。那么，顶楼是几楼呢？那就更加不巧了，顶楼是80楼。很恐怖吧！虽然两兄弟都背着大大的登山包，但看来也是别无选择，于是，哥哥对弟弟说："我们爬楼梯上去吧。"于是，他们就背着一大包行李开始往上爬。

到了20楼的时候，他们觉得累了，于是弟弟提议说："哥哥，行李太重了，不如这样吧，我们把它放在20楼，我们先上去，等大厦恢复电力，我们再坐电梯下来拿吧。"哥哥一听，觉得这主意不错，于是说："好哇！弟弟，你真聪明呀！"于是，他们就把行李放在20楼，继续往上爬。卸下了沉重的包袱之后，两个人觉得轻松多了，一路有说有笑地往上爬。但好景不长，到了40楼，两人又觉得累了。想到只爬了一半，往上一看，竟然还有40楼要爬，两人就开始互相埋怨，指责对方不注意停电公告，才会落到如此下场。他们边吵边爬，就这样一路爬到了60楼。到了60楼，两人筋疲力尽，累得连吵架的力气也没有了。哥哥对弟弟说："算了，只剩下最后20楼，我们就不要再吵了。"于是，他们一路无言，安静地继续往上爬。终于，80楼到了。到了家门口，哥哥长吁一口气，摆了一个很酷的姿势说："弟弟，拿钥匙来！"弟弟说："有没有搞错？！钥匙不是在你那里吗？"

好，大家猜猜发生了什么事？正确，钥匙还留在20楼的登山包里！

这个故事其实在反映我们的人生。20岁之前，我们活在家人、老师的期望之下，背负着很多压力，不停地做功课、考试、升学，就好像是背着一个很重的登山包，加上自己不够成熟，不够有能力，所以走得很辛苦。

20岁以后，从学校毕业出来，踏上工作岗位，开始了自己的职业生涯，自己喜欢做什么就做什么，想怎么做就怎么做，就好像是卸下了沉重的包袱。所以说，从20岁到40岁，是人一生中最愉快的20年。

到了40岁，人到中年，发现青春早已逝去，但又有很多遗憾，于是开始抱怨，骂老板不识货，怪家人不体恤，埋怨政府，埋怨国家，埋怨社会……就这样在抱怨遗憾中又过了20年。

到了60岁，人们发现人生所剩不多，于是告诉自己，不要再埋怨了，就珍惜剩下的日子吧，于是默默走完自己最后的岁月。人到了生命的尽头，突然想起，好像有什么忘记了。是什么呢？是你的钥匙，你人生的关键。你把你的理想、抱负、关键都留在20岁，没有完成。

想一想，我们是不是也要等到40年之后、60年之后才来追悔？想一想，我们最在意的是什么？想一想，我们希望将来的自己和现在有什么不同？是不是可以做些什么来不让这个遗憾发生呢？那么，我们要做什么呢？

我们要做好我们的职业生涯规划。

资料来源：http://www.z2020.com/center/a/ljwx/lhgw/rsghdzyx/2010/1112/497.html。

（三）大学生的生涯规划

生涯规划不仅指单一的人生目标的确立，也不仅仅是单一的生活事件，而是面临着许多生涯角色、生活目标的选择与建立，面临着一系列认知活动与行动的历程。

1. 大学生生涯规划模式

尽管每个人的生涯规划有其独特性，但是在对生涯的规划中，人们大体上从"自己的特质""教育与职业资料""自己与环境的关系"三个方面来进行生涯目标的规划。就发展历程的观点而言，大学生正处于生涯探索期和生涯建立期的关键阶段，面临着许多关乎未来发展的重大抉择，如学业、职业、人生价值、婚姻等。因此，大学生的生涯规划主要是要透过生涯探索的历程，增长生涯认知，并逐渐认清生涯发展方向，以完成具体的生涯计划和准备。

2. 大学生的生涯定向

对大学生而言，生涯设计与定向关乎其今后的发展方向，也决定着大学生的校园生活与学习的重点。生涯不确定的大学生经常会出现焦虑、目标与兴趣模糊不定、缺乏求学动机、学生角色投注不足、学业成绩偏低等现象，进而不能适应今后的发展。但大量的研究发现，大学生中缺乏生涯规划与定向的情形较为普遍和严重，相当一部分大学生并不能自觉地确立自己的生涯发展方向。

心理学家马西亚从自我认定的角度，依据面对的选择危机和专注定向，将青年的自我认定归纳为四种不同的形态，就生涯认定角度而言，四种自我认定形态如下所述。

第一，自我定向者（identity achievement，IA），即在经历抉择危机之后，逐渐确定其生涯方向或职业目标。

第二，提早定向者（foreclosure，F），即本身未曾面对抉择危机，但在生涯方向或职业目标上，已接受父母或他人的安排而定型。

第三，延迟未定者（moratorium，M），即面对个人的抉择危机，正在寻求定向。

第四，茫然失措者（identity diffusion，ID），即面临抉择危机，因生涯方向或职业目标模糊不定而感到焦虑，甚至逃避抉择。

其中，提早定向者在社会的限制和父母的保护之下，面临生涯抉择之际不致产生过多的焦虑，但在生涯准备或课程学习方面，能避免听天由命、缺乏学习兴趣和动力的状态；延迟未定者和茫然失措者在面临生涯抉择之际，由于缺乏目标定向，可能会产生焦虑、不安等不良心理，不利于其课程学习和学校适应。

马西亚的研究结果说明，生涯确定是青年期主要而关键的发展任务之一；生涯决定的明确与否影响个人当前的生活调适，更影响其长期的发展。

第二节 大学生综合能力概述及培养途径

一、大学生应该具备的综合能力

（一）良好的心理素质

积极乐观、自信自爱、自强自立、主动适应、不怕挫折等良好的心理素质不仅对大学生的学习、生活十分重要，而且是大学生适应社会、取得职业成功的重要保证。现代社会对大学生的心理素质提出了更高的要求，有很多单位在面试的时候让应试者做心理测试，这已经成为惯例，因此大学生要有意识地培养自己良好的心理素质。

近年来，许多大学生由于失恋、降级等原因，心理承受力差，选择近乎极端的方式进行发泄，甚至少数学生失去了理智，选择轻生。逝去的人已经逝去，可是他们活着的亲人还要为之痛苦一生。一部电影中有这样一句台词：当你想要放弃生命的时候，请你想象一下，你的父母慈祥、微笑的脸庞会变成什么样子，还会继续微笑吗？

这种事例的出现说明，当代大学生的"三观"（世界观、人生观、价值观）是存在问题的，学校方面应该注重思想的教育，而作为大学生则更应该自觉，通过认真上思修课、多看书（尤其是"心灵鸡汤"之类的书）、多和老师及同学交流，来培养自己较健康的心态，从而为今后步入社会打好基础。

（二）健康的体魄

现代社会，人们的生活节奏加快，工作强度大，很多职业对人的身体素质有着较高的要求，健康体魄的重要性日益凸显。只有健康的人才能有充沛的精力去面对挑战，才有机会去享受自己成功的喜悦。因此，要从日常生活开始，合理安排作息时间，坚持体育锻炼，注意科学饮食，充分利用大学校园提供的便利条件，储备自己的健康资本。

（三）学习的能力

在知识呈几何速度更新的今天，大学所学的知识和技能已远远不能满足工作的需要，终身学习成为必然。这就要求大学生具备较强的自学能力，能够在工作中不断提升自己的专业知识和实用技能。学会学习是当代大学生必须掌握的一项能力。因此，大学生在大学期间，必须有意识地培养和提高自己的学习能力。

（四）动手操作能力

大学生通过多年的学习拥有了一定的知识积累，但是实践应用知识的能力、动手操作的能力却未必能够适应用人单位的要求。"眼高手低"的人并不在少数，企业需要的是做事的人才，而不是应试的人才。因此，大学毕业生如果在动手操作方面有过硬的本领，往往会受到用人单位的青睐。

（五）语言表达能力

语言表达能力是指运用语言阐明自己的观点、意见或抒发感情的能力，主要包括口头表达能力和书面表达能力。一个人要想让别人了解自己、重视自己，更好地发挥自己的才能，前提就是要能够表现出自己的能力。要准确地将自己的价值展现出来，离不开出色的表达。在求职过程中，撰写求职信、个人简历，回答招聘人员的提问，接受用人单位的面试等每一个环节都需要较强的表达能力。

(六) 计划与管理能力

计划能力是指一个人是否能够对行动进行周密的计划，并妥善地安排实施的能力。懂得做计划，善于做计划，是大学生取得职业成功的重要条件。在职业生涯中，人生的远大目标只有分解成一个又一个阶段性的目标，为每个阶段都做好周密的计划并执行落实，才有可能成功。计划的能力还包括时间管理的能力。合理、高效地分配和利用时间对于每个人来说都很重要。

(七) 人际交往能力

人际交往能力直接影响一个人的事业成就。沟通、合作、妥善解决人际冲突等方面的能力不仅能够促进大学生的自我成长，而且也是大学生适应职业要求所必需的。现代社会靠个人单打独斗取得成功的可能性微乎其微，团队的合作越来越重要。合作、团结、互信、互助的团队精神已成为很多企业文化的重要内容和现代企业用人的基本要求。

(八) 创新的能力

在科技飞速发展的今天，创新已成为一个国家腾飞的标志和人才选拔的核心要素，它是人类文明进步的本质特征和发展的无穷动力。创新素质包括创新意识、创新能力和创新人格。创新素质是时代的要求，然而高校对大学生创新素质的整体培养水平还不够高。因此，大学生必须有意识地强化这方面的锻炼，抱着对世界和周围事物的好奇心，多思考、多提问，坚持学以致用，力争有所突破。

二、培养综合能力的途径

(一) 参加科技竞赛和课程实习

学以致用是将知识转化为能力的重要途径。积极参加各类科技竞赛是一种很好的锻炼方式。在竞赛过程中，大学生不仅将所学的专业知识融会贯通，应用于实践，更锻炼了自己的意志品质和心理承受力，如果能够取得一定成绩，更可为以后的求职增添成功的砝码。

参加课程实习，大学生能在实际工作中检验自己已具备的知识和技能，发现欠缺的部分，并有意识地补充完善。

(二) 参加社会实践

大学生走出校园参加社会实践，既能了解社会，又能开阔视野、拓展思路。大学生将自己放在社会的背景下衡量，为如何发展自我能力提供参考。社会实践是生涯规划的必经环节。大学生只有适应社会的要求才能使自我得到全面的发展。

（三）担任学生干部

担任学生干部是对自己组织管理和协调沟通能力的最好锻炼。在团队活动中培养的大局意识和责任心能够迁移到日常生活中，对自我情商的提升十分有益，更为今后的职业选择奠定了基础。很多用人单位在挑选录用大学毕业生时，在同等条件下，往往会优先考虑那些曾经担任过学生干部、经过一定组织管理锻炼的学生。

（四）参加社团活动

社团活动不仅让大学生活丰富多彩，给大学生提供了展现自我风采的机会，更重要的是培养了大学生的团队精神。任何社团活动都需要全体成员团结协作，共同为一个目标而努力。与集体荣辱与共，伴随它成长，这个过程是令人难忘的，也是一个人自我成长的难得体验。

（五）勤工俭学

利用课余时间，通过辛勤劳动来获得生活或学习费用，这种经历能使大学生积累一定的工作经验，懂得最基本的职业要求。大学生在勤工俭学的过程中，锻炼了自己，增长了才干，是一种宝贵的生活磨砺。

第三节　大学期间生涯规划的制定

一、我想做什么

在大学期间或者是大学毕业之后，自己究竟想做什么，很多同学不是很清楚，甚至很多同学就连为什么要上大学都不知道。不知道想做什么，就不知道如何去做。那么是什么左右人们的想法呢？是兴趣，它直接决定着人们想做什么。

兴趣是人们力求认识某种事物和从事某项活动的意识倾向。它表现为人们对某件事物、某项活动的选择性态度和积极的情绪反应。兴趣在人的实践活动中具有重要的意义，可以使人集中注意力，形成愉快、紧张等心理状态。

兴趣以需要为基础。需要有精神需要和物质需要，兴趣基于精神需要（如对科学、文化知识等的需要）。人们若感到需要某件事物或某项活动，就会热心于接触、观察这件事物或积极从事这项活动，并注意探索其奥秘。兴趣又与认识和情感相联系。若对某件事物或某项活动没有认识，就不会对它有情感，因而也不会对它有兴趣。反之，认识越深刻，情感越炽烈，兴趣也就会越浓厚。兴趣对人的认识和活动会产生积极的影响，有利于提高工作的质量和效果。

人的兴趣是多种多样的，但概括起来又可以分为以下三大类。

（1）**物质兴趣和精神兴趣**。物质兴趣主要指人们对舒适的物质生活（如衣、食、住、行方面）的兴趣和追求；精神兴趣主要指人们对精神生活（如学习、研究、文学艺术、知识）的兴趣和追求。就大学生来说，由于世界观和人生观正在逐步形成，无论是物质兴趣还是精神兴趣都需要师长适当地积极引导，以防止在物质兴趣方面畸形发展，在精神兴趣方面消极发展。

（2）**直接兴趣和间接兴趣**。直接兴趣是指对活动过程的兴趣。例如，有的学生想象力丰富，富于创造性，喜欢制作各种模型，在制作过程中全神贯注，表现出浓厚的兴趣。间接兴趣主要指对活动过程所产生的结果的兴趣。有的学生课余喜欢绘画，每当完成一幅画，都会对自己取得的成果表现出极大兴趣。直接兴趣和间接兴趣是相互联系、相互促进的，如果没有直接兴趣，制作各种模型的过程就很乏味、枯燥；而没有间接兴趣的支持，也就没有目标，过程就很难持续下去，因此，只有把直接兴趣和间接兴趣有机地结合起来，才能充分发挥一个人的积极性和创造性，才能持之以恒，目标明确，取得成功。

（3）**个人兴趣和社会兴趣**。个人兴趣是个体以特定的事物、活动及人为对象所产生的积极的和带有倾向性、选择性的态度与情绪。社会兴趣指社会成员对某一领域的普遍兴趣，或社会某一领域对社会成员的普遍需求。

美国心理学家、职业指导专家霍兰德的人格类型理论中详细阐述了人与职业的匹配关系，大学生可以通过霍兰德兴趣测评量表来确定心目中的理想职业（专业）。

二、我能做什么

我们做事情的时候单单有一腔的热情、浓厚的兴趣是不够的，还需要有完成工作的能力。这就需要我们对自身的能力有所了解，在进行生涯规划时可以有的放矢，不仅考虑自己喜欢做什么，还要考虑自己能做什么，这也是生涯规划中不可或缺的环节。

三、具体怎么做

（一）确立职业目标的原则

（1）清晰性原则：考虑目标、措施要清晰、明确，实现目标的步骤直截了当。

（2）挑战性原则：目标或措施具有挑战性。

（3）动态原则：目标或措施有弹性或缓冲性，能依据环境的变化而调整。

（4）一致性原则：主要目标与分目标一致，目标与措施一致，个人目标与组织目标一致。

（5）激励性原则：目标符合自己的性格、兴趣和特长，能对自己产生内在的激励作用。

（6）合作性原则：个人的目标与企业目标具有合作性和协调性。

（7）全程原则：拟定生涯规划时必须考虑到生涯发展的整个历程，做全程的考虑。

（8）量化清晰原则：生涯规划各阶段的路线划分与安排，必须具体可行。

（9）务实原则：实现生涯目标的途径很多，在做规划时必须要考虑到自己的特质、社会环境、组织环境及其他相关的因素，选择切实可行的途径。

（10）可评量原则：规划的设计应有明确的时间限制或标准，以便评量、检查，使自己随时掌握执行状况，并为规划的修正提供参考依据。

（二）职业目标与计划的制订

对于刚刚步入大学的学生来说，需要一定的时间来适应大学的学习、生活环境，所以对于未来的发展尚未仔细考虑，很难确立明确的、符合自己实际情况的职业目标。但是随着对环境的熟悉、年级的升高和专业学习的深化，大学生应该逐步明确自己的职业目标，并进行周密的生涯规划。

确立职业目标需要进行周密的思考、认真的自我剖析和理性的选择。

★ **心理训练**

分析自我，了解自我

我的职业目标：_____
达到目标的途径：_____
所需具备的条件（如能力、受教育水平、相关培训）：_____
达到目标的有利条件：_____
达到目标的阻力：_____
消除或减小阻力的途径：_____

通过上面的练习，我们已经可以初步确定自己的目标，职业生涯的规划贯穿大学生活的始终，从大一开始就要为自己做好生涯的规划，而且要不断调整自己的规划。

第四节 学会时间管理

时间管理是指在同样的时间消耗情况下，为提高时间利用率和有效性而进行的一系列控制工作。它需要应用现代科学技术的管理方法对时间的消耗进行预测、预控、计划、实施、检查、总结、评价及反馈等程序以克服时间浪费，达到既有效率又有效果，既合理又经济地完成预期的目标。

大学阶段是个体自我发展及知识积累的重要时期。从高中阶段向大学阶段转变的显著的一点就是学习方式的转变，大学的自主性的学习，使可供学生自己支配的时间很多，能够支配好这些时间就是从众多学生中脱颖而出的关键。对于大学生，特别是刚入学的大学生来说，很多人不知道如何规划自己的学习，尤其不知道如何分配好学习和活动时间。对于大学生来讲，机会很多，诱惑也很多，因此，一些大学生很容易迷失于各种活动中,失去发展的方向。制订大学学习计划,可以使杂乱的生活变得明朗,使看似无章的学习生活变得有章可循,使可能被外界因素干扰的学习生活达到一致连贯。

★ 心理知识

大学生时间管理的特点

(1)大学生的时间观念较好,但在客观上时间浪费的现象普遍存在。
(2)大学生的时间计划性不强,实施困难,尤其是短期的计划。
(3)大学环境一定程度上形成对学生时间管理的负面影响。
(4)大学生时间安排不合理,已经严重影响学生生活和身体健康。
(5)大学生时间管理满意度低,普遍缺乏对自身时间管理现状的信心。
(6)缺少对时间的反思和总结,对自己的时间安排情况很模糊。

史蒂芬·柯维发明了著名的四象限时间管理方法。利用四象限法进行权衡,培养对事情的关注与选择能力,也就是把事情分为四种:重要但不紧急、重要且紧急、不重要但紧急、不重要且不紧急(见图6-1)。其主旨不是告诉人们时间应该怎样分配到这四类事情中,而是尽可能减少重要且紧急的事情的出现,通过有效的规划,让更多的事情处在重要但不紧急的象限里。这个管理方法不仅在于解决当前的或是某段时间的问题,更在于总体规划。通过设计四象限,分清工作与学习的轻重缓急,合理分配自己的时间、精力,这样才能不浪费资源,避免无用功,使时间的应用达到最合理、最有效。

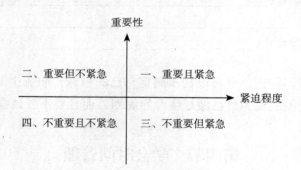

图 6-1 四象限时间管理

时间是一种重要的资源,具有不可变性、无储存性、无替代性,但是可以通过对其进行有效的管理与使用,利用最少的时间完成最有用的工作。所以掌握科学的工作和学习方法,合理安排时间,做到主观上要以学习为主,摆正学习与工作的关系;科学地安排时间,按照做好的四象限时间管理表和规划,进行学习和工作。

在做好四象限时间管理表和规划后,接下来就是要执行这些计划,有时候会由于某些原因坚持不下去,这时可以寻求老师和同学的帮助,请他们对自己的计划进行监督和管理,最重要的是学会自我管理,强化时间管理的有效性,并发现和改进这一过程中存在的不足,从而完善自我。

★ 心理训练

我的一天 24 小时都花到哪里去了

学习 （上课、自习） ＿＿＿小时	睡觉 （就寝、午休） ＿＿＿小时	吃饭 ＿＿＿小时	社会工作 （学生会、社团） ＿＿＿小时	个人卫生 ＿＿＿小时
体育锻炼 ＿＿＿小时	与朋友交流 ＿＿＿小时	谈恋爱 ＿＿＿小时	阅读 ＿＿＿小时	打工 ＿＿＿小时
上网 ＿＿＿小时	休闲娱乐 ＿＿＿小时	…… ＿＿＿小时	…… ＿＿＿小时	其他 ＿＿＿小时

想一想：

1. 你对自己一天的时间安排满意吗？理由是什么？
2. 哪一部分占的时间最多？
3. 哪一部分的时间是可以增加的？
4. 哪一部分的时间是可以减少的？

心书推荐

《成功是道选择题：斯坦福大学人生规划课》

[美国] 迈克尔·雷

成功是选择出来的。选择什么样的目标，选择和谁结婚，选择和谁一起合作，甚至选择什么样的对手……这直接决定了你一生的成败。

本书作者迈克尔·雷是斯坦福大学企管研究所创意与创新行销课程的教授，也是一位非常著名的社会心理学家，被誉为"硅谷最有创意的人"及"现代选择学之父"。本书脱胎于他在斯坦福大学商学院最有价值的人生规划课，是一本写给生活在迷茫中、失去热情、逐渐懈怠的现代人的心理励志图书。

在本书中，迈克尔·雷教授首先从"寻找人生最高目标"开始，带领读者一步步走上寻找自我之路。摒弃了当今市面上成功学书籍传递的"社会标准下的成功"，教导读者要真正从内心出发，踏上自己所规划的人生旅程。

在现如今这个人人追求"成功"的社会，许多人获得了财富、荣誉，但内心却越来越痛苦，觉得生活缺乏意义，其根源就是最初的选择出了问题，而他们为此做出的努力也就因此失去了原本的意义。本书就人生如何才能做出最正确的选择做了详细的指导与讲解，辅以大量的案例，并进行细致分析，从而具有非常强的学习和操作性。

心理自测

霍兰德职业倾向测验量表

本测验量表将帮助您发现和确定自己的职业兴趣和能力特长，从而更好地做出求职择业的决策。如果您已经考虑好或选择好了自己的职业，本测验将使您的这种考虑或选择具有理论基础，或向您展示其他合适的职业；如果您至今尚未确定职业方向，本测验将帮助您根据自己的情况选择一个恰当的职业目标。本测验共有七个部分，每部分测验都没有时间限制，但请您尽快按要求完成。

第一部分　您心目中的理想职业（专业）

对于未来的职业（或升学进修的专业），您得早有考虑，它可能很抽象、很朦胧，也可能很具体、很清晰。不论是哪种情况，现在都请您把自己最想从事的三种工作或最想读的三种专业，按顺序写下来。

第二部分　您所感兴趣的活动

下面列举了若干种活动，请就这些活动判断您的好恶。喜欢的，请在"是"框里打"√"，不喜欢的，在"否"框里打"×"。请按顺序回答全部问题。

R：实际型活动　　　　　　　　　　　　是　否
1. 装配修理电器或玩具　　　　　　　　□　□
2. 修理自行车　　　　　　　　　　　　□　□
3. 用木头做东西　　　　　　　　　　　□　□
4. 开汽车或摩托车　　　　　　　　　　□　□
5. 用机器做东西　　　　　　　　　　　□　□
6. 参加木工技术学习班　　　　　　　　□　□
7. 参加制图描图学习班　　　　　　　　□　□
8. 驾驶卡车或拖拉机　　　　　　　　　□　□
9. 参加机械和电气学习班　　　　　　　□　□
10. 装配修理机器　　　　　　　　　　□　□

统计"是"一栏得分计_____

A：艺术型活动　　　　　　　　　　　　是　否
1. 素描、制图或绘画　　　　　　　　　□　□
2. 参加话剧或戏剧　　　　　　　　　　□　□
3. 设计家具或布置室内　　　　　　　　□　□
4. 练习乐器或参加乐队　　　　　　　　□　□
5. 欣赏音乐或戏剧　　　　　　　　　　□　□
6. 看小说或读剧本　　　　　　　　　　□　□
7. 从事摄影创作　　　　　　　　　　　□　□
8. 写诗或吟诗　　　　　　　　　　　　□　□
9. 进行艺术（美术、音乐）培训　　　　□　□
10. 练习书法　　　　　　　　　　　　□　□

统计"是"一栏得分计_____

I：调研型活动　　　　　　　　　　　　是　否

1. 读科技图书和杂志 ☐ ☐
2. 在实验室工作 ☐ ☐
3. 改良水果品种，培育新的水果 ☐ ☐
4. 调查了解土和金属等物质的成分 ☐ ☐
5. 研究自己选择的特殊问题 ☐ ☐
6. 解算术题或玩数学游戏 ☐ ☐
7. 物理课 ☐ ☐
8. 化学课 ☐ ☐
9. 几何课 ☐ ☐
10. 生物课 ☐ ☐

统计"是"一栏得分计_____

S：社会型活动　　　　　　　　　　　　　　　　是　　否
1. 学校或单位组织的正式活动 ☐ ☐
2. 参加某个社会团体或俱乐部活动 ☐ ☐
3. 帮助别人解决困难 ☐ ☐
4. 照顾儿童 ☐ ☐
5. 出席晚会、联欢会、茶话会 ☐ ☐
6. 和大家一起出去郊游 ☐ ☐
7. 想获得关于心理方面的知识 ☐ ☐
8. 参加讲座或辩论会 ☐ ☐
9. 观看或参加体育比赛和运动会 ☐ ☐
10. 结交新朋友 ☐ ☐

统计"是"一栏得分计_____

E：事业型活动　　　　　　　　　　　　　　　　是　　否
1. 说服鼓动他人 ☐ ☐
2. 卖东西 ☐ ☐
3. 谈论政治 ☐ ☐
4. 制订计划、参加会议 ☐ ☐
5. 以自己的意志影响别人的行为 ☐ ☐
6. 在社会团体中担任职务 ☐ ☐
7. 检查与评价别人的工作 ☐ ☐
8. 结交名流 ☐ ☐
9. 指导有某种目标的团体 ☐ ☐
10. 参与政治活动 ☐ ☐

统计"是"一栏得分计_____

C：常规型（传统型）活动　　　　　　　　　　　是　　否

1. 整理好桌面和房间 ☐ ☐
2. 抄写文件和信件 ☐ ☐
3. 为领导写报告或公务信函 ☐ ☐
4. 检查个人收支情况 ☐ ☐
5. 打字培训班 ☐ ☐
6. 参加算盘、文秘等实务培训 ☐ ☐
7. 参加商业会计培训班 ☐ ☐
8. 参加情报处理培训班 ☐ ☐
9. 整理信件、报告、记录等 ☐ ☐
10. 写商业贸易信 ☐ ☐

统计"是"一栏得分计_____

第三部分　您具备的能力

下面列举了若干种能力，其中有您具备的，请在"是"框里打√；反之，在"否"框里打×。请回答全部问题。

R：实际型活动　　　　　　　　　　　　　是　否
1. 能使用电锯、电钻和锉刀等木工工具 ☐ ☐
2. 知道万用表的使用方法 ☐ ☐
3. 能够修理自行车或其他机械 ☐ ☐
4. 能够使用电钻床、磨床或缝纫机 ☐ ☐
5. 能给家具和木制品刷漆 ☐ ☐
6. 能看建筑设计图 ☐ ☐
7. 能够修理简单的电气用品 ☐ ☐
8. 能修理家具 ☐ ☐
9. 能修理收录机 ☐ ☐
10. 能简单地修理水管 ☐ ☐

统计"是"一栏得分计_____

A：艺术型能力　　　　　　　　　　　　　是　否
1. 能演奏乐器 ☐ ☐
2. 能参加二部或四部合唱 ☐ ☐
3. 能独唱或独奏 ☐ ☐
4. 能扮演剧中角色 ☐ ☐
5. 能创作简单的乐曲 ☐ ☐
6. 会跳舞 ☐ ☐
7. 能绘画、素描或会书法 ☐ ☐
8. 能雕刻、剪纸或泥塑 ☐ ☐
9. 能设计板报、服装或家具 ☐ ☐

10. 写得一手好文章 □ □
统计"是"一栏得分计_____

I：调研型能力　　　　　　　　　　　　是　否
1. 懂得真空管或晶体管的作用 □ □
2. 能够列举三种蛋白质含量高的食品 □ □
3. 理解铀的裂变 □ □
4. 能用计算尺、计算器、对数表 □ □
5. 会使用显微镜 □ □
6. 能找到三个星座 □ □
7. 能独立进行调查研究 □ □
8. 能解释简单的化学现象 □ □
9. 理解人造卫星为什么不落地 □ □
10. 经常参加学术会议 □ □
统计"是"一栏得分计_____

S：社会型能力　　　　　　　　　　　　是　否
1. 有向各种人说明解释的能力 □ □
2. 常参加社会福利活动 □ □
3. 能和大家一起友好相处地工作 □ □
4. 善于与年长者相处 □ □
5. 会邀请人、招待人 □ □
6. 能简单易懂地教育儿童 □ □
7. 能安排会议等活动顺序 □ □
8. 善于体察人心和帮助他人 □ □
9. 帮助护理病人和伤员 □ □
10. 能安排社团组织的各种事务 □ □
统计"是"一栏得分计_____

E：事业型能力　　　　　　　　　　　　是　否
1. 担任过学生干部并且干得不错 □ □
2. 工作上能指导和监督他人 □ □
3. 做事充满活力和热情 □ □
4. 有效利用自身的做法调动他人 □ □
5. 销售能力强 □ □
6. 曾作为俱乐部或社团的负责人 □ □
7. 向领导提出建议或反映意见 □ □
8. 有开创事业的能力 □ □
9. 知道怎样做能成为一个优秀的领导者 □ □

10. 健谈善辩 □ □

统计"是"一栏得分计_____

C：常规型能力　　　　　　　　　　　　是　否

1. 会熟练地打印中文 □ □
2. 会用外文打字机或复印机 □ □
3. 能快速记笔记和抄写文章 □ □
4. 善于整理保管文件和资料 □ □
5. 善于从事事务性的工作 □ □
6. 会用算盘 □ □
7. 能在短时间内分类和处理大量文件 □ □
8. 能使用计算机 □ □
9. 能搜集数据 □ □
10. 善于为自己或集体做财务预算表 □ □

统计"是"一栏得分计_____

第四部分　您所喜欢的职业

下面列举了多种职业，请逐一认真地看，如果是你有兴趣的工作，请在"是"框里打√；如果是你不太喜欢、不关心的工作，请在"否"框里打×。请回答全部问题。

R：实际型职业　　　　　　　　　　　　是　否

1. 飞机机械师 □ □
2. 野生动物专家 □ □
3. 汽车维修工 □ □
4. 木匠 □ □
5. 测量工程师 □ □
6. 无线电报务员 □ □
7. 园艺师 □ □
8. 长途公共汽车司机 □ □
9. 电工 □ □

统计"是"一栏得分计_____

S：社会型职业　　　　　　　　　　　　是　否

1. 街道、工会或妇联干部 □ □
2. 小学、中学教师 □ □
3. 精神病医生 □ □
4. 婚姻介绍所工作人员 □ □
5. 体育教练 □ □
6. 福利机构负责人 □ □
7. 心理咨询员 □ □

8. 共青团干部 □ □
9. 导游 □ □
10. 国家机关工作人员 □ □
统计"是"一栏得分计_____

I：调研型职业	是	否
1. 气象学或天文学者	□	□
2. 生物学者	□	□
3. 医学实验室的技术人员	□	□
4. 人类学者	□	□
5. 动物学者	□	□
6. 化学学者	□	□
7. 数学学者	□	□
8. 科学杂志的编辑或作家	□	□
9. 地质学者	□	□
10. 物理学者	□	□

统计"是"一栏得分计_____

E：事业型职业	是	否
1. 厂长	□	□
2. 电视制片人	□	□
3. 公司经理	□	□
4. 销售员	□	□
5. 不动产推销员	□	□
6. 广告部长	□	□
7. 体育活动主办者	□	□
8. 销售部长	□	□
9. 个体工商业者	□	□
10. 企业管理咨询人员	□	□

统计"是"一栏得分计_____

A：艺术型职业	是	否
1. 乐队指挥	□	□
2. 演奏家	□	□
3. 作家	□	□
4. 摄影家	□	□
5. 记者	□	□
6. 画家、书法家	□	□
7. 歌唱家	□	□

8. 作曲家 □ □
9. 电影电视演员 □ □
10. 节目主持人 □ □

统计"是"一栏得分计_____

C：常规型职业　　　　　　　　　　　　　是　否
1. 会计师 □ □
2. 银行出纳员 □ □
3. 税收管理员 □ □
4. 计算机操作员 □ □
5. 簿记人员 □ □
6. 成本核算员 □ □
7. 文书档案管理员 □ □
8. 打字员 □ □
9. 法庭书记员 □ □
10. 人口普查登记员 □ □

统计"是"一栏得分计_____

第五部分　您的能力类型简评

表6-2、表6-3是您在6个职业能力方面的自我评定表。您可以先与同龄者比较出自己在每一方面的能力，然后经斟酌后对自己的能力做评估。请在表中适当的数字上画圈。数字越大，表示你的能力越强。注意，请勿全部画同样的数字，因为人的每项能力不可能完全一样。

表6-2　职业能力自我评定表（1）

R型 机械操作能力	I型 科学研究能力	A型 艺术创作能力	S型 解释表达能力	E型 商业洽谈能力	C型 事务执行能力
7	7	7	7	7	7
6	6	6	6	6	6
5	5	5	5	5	5
4	4	4	4	4	4
3	3	3	3	3	3
2	2	2	2	2	2
1	1	1	1	1	1

表6-3　职业能力自我评定表（2）

R型 体育技能	I型 数学技能	A型 音乐技能	S型 交际技能	E型 领导技能	C型 办公技能
7	7	7	7	7	7
6	6	6	6	6	6
5	5	5	5	5	5
4	4	4	4	4	4
3	3	3	3	3	3
2	2	2	2	2	2
1	1	1	1	1	1

第六部分　统计和确定您的职业倾向

请将第二部分至第五部分的全部测验分数按前面已统计好的 6 种职业倾向（R 型、I 型、A 型、S 型、E 型和 C 型）得分填入表 6-4 中，并做纵向累加。

表 6-4　统计表

测试	R 型	I 型	A 型	S 型	E 型	C 型
第二部分						
第三部分						
第四部分						
第五部分 A						
第五部分 B						
总分						

请将表 6-4 中的 6 种职业倾向总分按大小顺序依次从左到右排列，填入下方空格处。
_____ 型、_____ 型、_____ 型、_____ 型、_____ 型、_____ 型。
最高分_____；最低分_____。

第七部分　您所看重的东西——职业价值观

这一部分测验列出了人们在选择工作时通常会考虑的 9 种因素（见所附工作价值标准）。现在请您在其中选出最重要的两项因素，并将序号填入下边相应空格处。

最重要：_____　　　　次重要：_____

最不重要：_____　　　次不重要：_____

附：工作价值标准

（1）工资高、福利好；

（2）工作环境（物质方面）舒适；

（3）人际关系良好；

（4）工作稳定有保障；

（5）能提供较好的受教育机会；

（6）有较高的社会地位；

（7）工作不太紧张，外部压力少；

（8）能充分发挥自己的能力特长；

（9）社会需要与社会贡献大。

以上全部测验完毕。

思考与练习

1. 什么是生涯规划？请结合自身的实际情况设计你的职业生涯。
2. 在时间管理方面，你做得如何？有没有需要改进的地方？

参考文献

[1] 贝恩.如何成为卓越的大学生[M].孙晓云,郑芳芳,译.北京:北京大学出版社,2015.

[2] 贾德民,乔莉莉.职业生涯与就业指导[M].郑州:黄河水利出版社,2020.

[3] 通识教育规划教材编写组.大学生职业生涯规划[M].北京:人民邮电出版社,2019.

[4] 北森生涯学院组,王占军.大学生职业生涯规划咨询案例精编[M].上海:华东师范大学出版社,2017.

[5] 邱鸿钟.大学生心理健康教育[M].广州:广东高等教育出版社,2018.

第七章·CHAPTER 7

从学习到创造
——大学生学习心理

学习目标
(1) 了解大学生学习活动的基本特点与学习心理特点；
(2) 了解大学生学习心理障碍的表现及成因；
(3) 学会调适学习心理障碍，使自己拥有良好的学习心理状态。

案例导入

案例一 动力不足怎么办

小李是一名来自农村、家庭经济困难的大学生，从小到大他的学习成绩一直非常优异，是村里唯一的大学生。上大学后，他感到茫然，学习没有动力，生活上也没有目标，有时候想到家中年迈的父母，他痛恨自己不争气，可又找不到奋斗的目标与学习的动力，学习上得过且过，上课打不起精神，甚至逃课上网而荒废了学业。他也很迷茫，想摆脱这种状态。他不是因为喜欢上网而上网，而是因为不知道做什么而上网打发时间。

案例二 "陀螺"也要"休息"

小梅是一名刚刚步入大三的学生，从小她就知道努力与奋斗，上大学以来一直对自己要求很高，成绩也名列前茅。她刚步入大学就进行了认真细致的生涯设计，一步一个脚印向前走——大二通过国家英语六级和托福考试，为将来出国留学做好准备；大二下学期加入了中国共产党；与此同时锻炼自己在各方面的能力。她像陀螺一样飞速运转着，珍惜大学的分分秒秒，因为她相信付出总有回报。可是最近小梅却开始怀疑起自己的学习能力，甚至多年积累的自信也受到挑战，对未来不敢想象。

【思考】
(1) 你在学习的过程中有没有过"动力"不足的情况？

(2)你在学习的过程中有没有过自我怀疑和自我否定?

第一节 大学生学习的心理学理论及学习特点

一、大学生学习的心理学理论

古今中外,心理学家和教育家都特别重视对学习问题的研究。大学生学习的心理学理论有许多,下面介绍其中常见的几种。

(一)人本主义理论

人本主义心理学兴起于20世纪50~60年代,其代表人物是美国的马斯洛与罗杰斯。人本主义学习观的代表是罗杰斯,其理论可以概括为如下几点。

(1)学习是个人潜能的充分发展,是人格的发展,是自我的发展。

(2)学习是有意义的心理过程,而不是刺激与反应间的机械连接。

(3)学习是一种自发、自觉的学习,是自我实现的倾向中产生的一种学习,学习者可以自由地去实现自己的潜能,求得自己更充分的发展。

(4)学习的实质在于意义学习,这种意义学习包含了价值、情绪的色彩,涉及的是整个人而不是单纯的认知成分的参与,而且这种学习以个体的积极参与和投入为特征。

(5)最有用的学习就是学会如何学习。

(二)认知学习理论

认知学习理论以苛勒的顿悟说、托尔曼的认知论、布鲁纳的学习理论为代表。

认知学习理论的主要特征是:认为学习的实质在于形成学习者的认知结构,承认在刺激与反应之间存在着中介心理过程,把学习看作是 S-O-R 过程;看到了学习者的能动性,适合于解释人类较高级的认知学习现象。

(三)联结式学习理论

联结式学习理论又被称为主义学习理论,是桑代克构建起的以"刺激-反应"为核心的学习连接理论,经过斯金纳等行为主义者的拓展与深化,成为20世纪50年代中期以前的主导型学习理论。

该学习理论把"强化"看作教学的核心,认为只有通过强化,才能形成最佳的学习环境,才能增强学生的学习动力。

(四)建构主义学习理论

建构主义的最早提出者为瑞士的皮亚杰(Piaget),之后在科尔伯格、斯滕伯格等人的发展下,随着计算机的应用、教学的日益普及,已经成为一种博大精深的理论体系,并成为目前西方极为流行的学习理论流派。

建构主义学习理论的核心是：以学生为中心，强调学生对知识的主动探索、主动发现和对所学知识意义的主动构建。

二、大学生的学习特点

（一）大学生学习内容的专业性

大学的学习实际上是一种高层次的专业学习，所以大学的课程体系设置与高中明显不同，学习内容、方法等方面有其独特性。大学阶段的学习不仅分出了文、理科，而且分类更加细致，可分为工、理、经、管、文、法、哲等学科门类，对应每一名学生进一步分出具体的学科或专业。大学的学习具有专业性和领域指向性强的特点。进入大学后，从高中的普及性知识学习转化为专业领域的深入学习，知识结构从“横向扩展”转化为“纵向深入”，学习的内容、方法、操作、实践都紧密围绕着专业的发展方向开展。

大学课程的设置紧扣专业发展需要。大学里所学的课程是由公共基础课、专业基础课和专业课组成的（见图 7-1），这些课程的设置都围绕着培养专业人才这个中心。

- 课程
  - 公共基础课
  - 专业基础课
    - 专业理论基础课
    - 专业技术基础课
  - 专业课

图 7-1　大学课程设置

公共基础课是高等学校各专业学生共同必修的课程。每个学校可能因学校性质、类别及办学理念不同而存在部分差异，但总体上可以分为三大模块：①社会科学公共基础课，如马克思主义基本原理；②自然科学公共基础课，如大学计算机基础；③实践环节公共基础课，如军事训练。公共基础课虽然不一定同所学专业有直接联系，但它是培养德智体全面发展人才，为进一步学习提供方法论的不可缺少的课程。虽然不一定同所学专业有直接联系，但是公共基础课可以帮助大学生形成一个合理的基础知识结构系统，为学生掌握专业知识、发展有关专业能力打下坚实的基础。

专业基础课是指同专业知识、技能直接联系的基础课程，包括专业理论基础课和专业技术基础课，是高等学校中设置的一种为专业课学习奠定必要基础的课程。它是学生掌握专业知识技能必修的重要课程。不同的专业有各自的一门或多门专业基础课，同一门课程也可能成为多个专业的专业基础课。

专业课与“基础课”相对，指高等学校根据培养目标所开设的专业知识和专门技能的课程，主要是那些与所学的专业联系较紧密，针对性比较强，某一专业必须学习掌握的课程。专业课的任务，是使学生掌握必要的专业基本理论、专业知识和专业技能，了解本专业的前沿科学技术和发展趋势，培养分析、解决本专业范围内一般实际问题的能力。由于专业知识的发展比较迅速和经常变动，而且专业知识的范围也比较广泛，一般情况下，专业课的设置并非一成不变，专业课的内容变化也较为迅速。但是，由于高等学校只能打下一定专业知识的基础，更加专门的知识要在实际工作岗位上继续学习，因此，专业课的设置和主要的课程内容在一定时期内具有相对的稳定性。此类课程是保证培养专门人才的根本。

专门的专业实践能力训练：各级各类高等院校教学计划中都安排了实验、生产或教育实习、社会调查、暑期的社会实践、野外考察等教学环节，就是为了达到这一目的。

高校毕业生的毕业论文（设计）是高等院校本科专业教学计划的重要组成部分，是毕业生在大学阶段须完成的最后一个重要教学实践环节，是对大学学习内容的总结和检验，对加强学生的知识综合运用能力、培养学生的科学研究能力及独立工作能力具有重要意义。毕业论文（设计）不仅是培养和考查学生理论联系实际、分析并解决实际问题的能力的重要实践教学环节，也是衡量和检验高等院校教学质量的重要方面。

（二）大学生学习过程的自主性

1. 学习内容的自主性

大学生在学习过程中，除了完成规定的课程，每一名学生都可以根据自己的兴趣爱好、发展方向，结合自身的特点有针对性地选修和辅修一些课程。除此之外，学生还可以自主选择社会实践、社会实习等各类课外活动。当然，自主性也给很多学生带来了不适应，出现了"大一很迷茫，大二很自我，大三很逍遥，大四很成熟"的"四很"问题。

2. 学习环境的自由性

很多学生在入学之后，很想看看自己的教室，其实在大学里很难固定自己的学习场所，因为在大学里教室几乎都是不固定的，这样学生可以选择适合自己的场所（如校园、图书馆、教室、操场、实验室或是机房）进行学习。自由的学习环境给学生们带来了不同的学习伙伴，拓宽了学生的视野，加大了学生间的交流与沟通。

3. 学习途径的多元性

大学教育中，除了课堂教学和学生自学之外，参加学术交流、社会实践，听学术报告，查阅文献资料等，都是有效的学习途径。此外，根据自身的兴趣、爱好参加一些校园文化活动，通过与老师、同学进行交流、讨论，借助互联网都可以促进自己的学习。

4. 学习时间的灵活性

大学生活中，学生自由支配的时间比较多，这和高中时期每天"披星戴月""朝五晚九"的时间安排大不一样。自由的时间多了，有些学生却无所适从了，不知道该如何支配自己的学习时间。因此，在大学期间如何掌控和分配时间，是保证大学生学习成效的重要条件。

（三）大学生学习方式的探索性

大学教育侧重于培养学生的学习能力，而非单纯地传授专业知识。专业知识的学习是基础，更重要的是提高学习的能力和应用专业知识的实践能力。因此，在课堂教学中，教师除了讲授基本的概念和理论外，也会提出不同学术观点之间的争论，介绍最新的学术动态。鉴于此，大学的学习要求学生具有不断创新的意识和精神，注重探索和探究，培养自己的动手能力、探索精神和研究能力。

★ 心理知识

人一天的生物钟规律

- 9 时　精神活性提高，疼感降低，心脏开足马力工作。
- 10 时　精力充沛，处于最佳运动状态，是最好的工作时间。
- 11 时　心脏照样努力地工作，人体不易感到疲劳。
- 12 时　到了全身总动员的时刻，此时最好不要马上吃午饭，而是把吃饭推迟到 13 时。
- 13 时　肝脏休息；上半天的最佳工作时间即将过去；感到疲倦，需要休息。
- 14 时　是一天 24 小时的最低点，反应迟钝。
- 15 时　情况开始好转；人体器官此时最为敏感，特别是嗅觉和味觉。
- 17 时　工作效率很高，运动员的训练量可以加倍。
- 18 时　疼感下降，希望增加活动量。
- 19 时　血压升高，精神最不稳定，任何小事都能引起口角。
- 20 时　体重最重，反应异常迅速。
- 21 时　神经活动正常，此时最适合背书；晚间记忆力增强，可以记住不少白天没有记住的知识。
- 22 时　体温下降。
- 23 时　人体准备休息。

第二节　大学生学习能力的培养及潜能开发

一、激发主动学习动机

动机是人类一切活动的驱策力，在心理学上一般被认为涉及行为的发端、方向、强度和持续性。在组织行为学中，激励主要是指激发人的动机的心理过程。激发和鼓励，使人们产生一种内在驱动力，使之朝着所期望的目标前进。

学习动机是社会和教育对学生学习的客观要求在学生头脑中的反映，它表现为学习的志向、愿望或兴趣等形式，对学习起推动作用。

（一）直接性的近景性学习动机

直接性的近景性学习动机是指具体的、与学习活动直接相联系的动机，如求知欲望、对某门学科的浓厚兴趣等引发的学习动机，也包括未来获得赞赏、奖励、避免受惩罚等引发的学习动机。这类动机与学习活动直接相联系，是对学习的直接兴趣，是对学习活动的直接结果的追求所引起的。

（二）间接性的远景性学习动机

间接性的远景性学习动机是与学习的社会意义和个人前途相联系的一系列学习动机，这类动机与人生意义和社会意义相联系，是社会要求在学生学习上的反映。比如，意识到自己的历史使命而努力学习、为了为社会做出更多贡献而努力学习的间接的学习动机。这类动机一旦形成，就具有较大的稳定性和持久性，不易为生活中的偶然因素所改变，能在较长时间内起作用。

心理学家耶克斯和多德森的研究表明，各种活动都存在一个最佳的动机水平。动机不足或过分强烈，都会使工作效率下降。研究还发现，动机的最佳水平随任务性质的不同而不同。在比较容易的任务中，工作效率随动机水平的提高而上升；随着任务难度的增加，动机最佳水平有逐渐下降的趋势。也就是说，在难度较大的任务中，较低的动机水平有利于任务的完成。这就是著名的耶克斯－多德森定律。

可以看出，动机强度与工作效率之间的关系不是一种线性关系，而是倒 U 形曲线。中等强度的动机最有利于任务的完成。也就是说，动机强度处于中等水平时，工作效率最高，一旦动机强度超过了这个水平，对行为反而会产生一定的阻碍作用。如学习的动机太强、急于求成，会产生焦虑和紧张，干扰记忆和思维活动的顺利进行，使学习效率降低。考试中的"怯场"现象主要是由动机过强造成的。

二、设立合理的学习目标

（一）确立明确的目标

确立明确的目标能激发实现目标的动机。作为大学生，在大学生活期间能够实现的理想与目标是很多的，很多同学内心深处都怀揣着自己的梦想，要实现这些梦想，就需要树立明确的目标，只有知道自己想要什么，才能指导自己怎么做。

★ 心理故事

爱因斯坦的目标

爱因斯坦一生所取得的成功是世界公认的，他被誉为 20 世纪最伟大的科学家。他之所以能够取得如此令人瞩目的成绩，和他一生具有明确的奋斗目标是分不开的。

爱因斯坦出生在德国一个贫苦的犹太家庭，家庭经济条件不好，加上自己小学、中学的学习成绩平平，虽然有志进军科学领域，但他有自知之明，知道必须量力而行。他进行了自我分析：自己虽然总的成绩平平，但对物理和数学有兴趣，成绩较好。自己只有在物理和数学方面确立目标才能有出路，其他方面是不及别人的。因而他读大学时选读了瑞士苏黎世联邦理工学院物理学专业。

奋斗目标选得准确，使爱因斯坦的个人潜能得以充分发挥。他在 26 岁时就发表了科研论文《分子尺度的新测定》，以后几年他又相继发表了四篇重要的科学论文，发展了普朗克的量子概念，提出了光量子除了有波的性状外，还具有粒子的特性，圆满地解释了光电效应,宣告狭义相对论的建立和人类对宇宙认识的重大变革,取得了前人未有的显著成就。可见确立目标的重要性。假如他当年把自己的目标确立在文学上或音乐上(他曾是音乐爱好者),恐怕就难以取得像在物理学上那么辉煌的成就了。

为了避免耗费人生有限的时光,爱因斯坦善于根据目标的需要进行学习,使有限的精力得到了充分的利用。他创造了高效率的定向选学法,即在学习中找出能把自己的知识引导到深处的东西,抛弃使自己头脑负担过重和会把自己诱离要点的一切东西,从而使自己集中力量和智慧攻克选定的目标。他曾说过:"我看到数学分成许多专门领域,每个领域都能耗费掉我们短暂的一生。诚然,物理学也分成了各个领域,其中每个领域都能吞噬一个人短暂的一生。在这个领域里,我不久就学会了识别出那种能导致深化知识的东西,而把其他许多东西撇开不管,把许多充塞脑袋并使其偏离主要目标的东西撇开不管。"他就是这样指导自己的学习的。

为了阐明相对论,爱因斯坦专门选学了非欧几何知识,这种定向选学法,使他的立论工作得以顺利进行和正确完成。如果他没有意向创立相对论,是不会在那个时候学习非欧几何的。如果那时候他无目的地涉猎各门数学知识,相对论也未必能这么快就产生。爱因斯坦正是在10多年时间内专心致志地攻读与自己的目标相关的书和研究相关的目标,终于在光电效应理论、布朗运动和狭义相对论三个不同领域取得了重大突破。

特别值得一提的是,爱因斯坦不但有可贵的自知之明,而且对已确立的目标矢志不渝。鉴于爱因斯坦科学成就卓越,声望颇高,加上他又是犹太人,当1952年以色列第一任总统魏茨曼逝世后,邀请他接受总统职务,他却婉言谢绝了,并坦然承认自己不适合担任这一职务。确实,爱因斯坦是一位伟大的科学家,他终生努力奋斗才实现了这个目标。如果他当上总统,则未必会有多大建树,因为他未显示过这方面的才华,又未曾为此目标做过努力和奋斗。

人生智慧:在人生的竞赛场上,没有确立明确目标的人,是不容易得到成功的。许多人并不缺乏信心、能力、智力,只是没有确立目标或没有选准目标,所以没有走上成功之路。这道理很简单,正如一位百发百中的神射手,如果他漫无目标地乱射,也不能在比赛中获胜。

资料来源:http://www.rs66.com/a/2/89/30893.html。

(二)确立符合自己实际的目标

踮起脚能够得到的果子是最甜的。树立起通过自己的努力可以达到的目标,目标实现后对于自己来说是一种激励。如果树立的目标过高,长时间实现不了则无疑是一个打击,有时候甚至会使自己丧失斗志,阻碍前行的脚步。

学习目标设立的过程中,我们可以借鉴管理中目标管理的 SMART 原则,见表 7-1。

表 7-1 目标管理的 SMART 原则

S=specific	具体明确的	R=relevant	平衡关联的
M=measurable	能够衡量的	T=time-based	设定期限的
A=achievable	可以达到的		

⭐ 心理故事

让目标"看得见"

1952 年 7 月 4 日清晨,加利福尼亚海岸下起了浓雾。在海岸以西 21 英里[⊖]的卡塔林纳岛上,一个 34 岁的女人准备从太平洋游向加州海岸。她叫弗洛伦丝·查德威克。

那天早晨,雾很大,海水冻得她身体发麻,她几乎看不到护送她的船。时间一个小时一个小时地过去,千千万万人在电视上看着。有几次,鲨鱼靠近她,被人开枪吓跑了。

15 小时之后,她又累又冻得发麻。她知道自己不能再游了,就叫人拉她上船。她的母亲和教练在另一条船上。他们都告诉她海岸很近了,叫她不要放弃。但她朝加州海岸望去,除了浓雾什么也没看到……

人们拉她上船的地点,离加州海岸只有半英里!后来她说,令她半途而废的不是疲劳,也不是寒冷,而是因为她在浓雾中看不到目标。查德威克小姐一生中就只有这一次没有坚持到底。

资料来源:杨祖凤.让目标"看得见"[J].心理与健康,2004(07):55.

这个故事讲的是目标要看得见、够得着,才能成为一个有效的目标,才会形成动力,帮助人们获得自己想要的结果。

实际上,制定目标是一回事,完成目标又是另外一回事;制定目标是明确做什么,完成目标是明确如何做。对于大学生来说也是如此,既不能"妄自菲薄",也不能"好高骛远",一定要针对自己的实际确立自己的目标,只有这样才能不断地激发自己的动力,一直向前。

⭐ 心理训练

我的特点

什么科目学得最好?

什么科目学得最不好?

什么时候学习效率最高?

什么时候最想休息?

什么样的休闲方式最适合我?

什么阻碍我的进步?

什么提升我的进步?

……

三、制订科学学习计划

一份好计划的制订,除了需要对要完成的目标有明确的认识,还要对完成计划的人

⊖ 1 英里 =1.609 344 千米。

进行认真的分析，在给自己制订计划之前要对自己的特点及所有达到的目标进行详细的分析，做到有的放矢。下面我们就以了解自己的特点及大学中可能会有的考试为例制订计划，见表 7-2。

表 7-2　我将面临的考试

大学可能会有的考试	准备完成时间	需要花多长时间准备
每学期期中期末考试		
计算机等级考试		
英语四级		
英语六级		
考研、考托福、考 GRE		
……		

第三节　大学生常见的学习心理障碍及调适

一、学习动机问题

（一）学习动机缺乏

学习动机缺乏的主要原因是学习动机不正确，社会责任感不强，价值观念不强，学习态度不端正，学习毅力不强，对专业不感兴趣，对自我学业期望不足，学业自我效能感低。

学习动机缺乏的自我调节包含如下三方面：一是正确认识学习的价值与大学的目标，重新规划学业与人生；二是调整心态，以积极的心态对待学习，特别是学习中遇到的挫折与困难，用自身的意志战胜惰性；三是改进学习方法、提高学习效率与学业自我效能感，提高学业的自我价值与社会价值。

（二）学习动机过强

学习动机过强的原因主要是个体学业期望过高，自尊心强，对自己的学习能力缺乏恰当的估计，因而造成学业自我效能感下降、心理压力大；渴望学业成功而又担心学业失败，受表面的学业动机的驱使，渴望外在的奖励与肯定，特别是由于学业优秀带来的心理满足使学生更加看重自己的学业优势，因而造成学习强度过大，引起心理疲劳。

学习动机过强的自我调节包含如下三方面：一是正确认识自己的潜质，制定恰当的学业目标与学业期望，调整成就动机，与此同时脚踏实地、循序渐进，不好高骛远；二是将表面的学习动机转换为深层学习动机，淡化外在奖励特别是学业成就的诱因，正确对待荣誉与学业成绩；三是端正学习态度，树立远大理想，保持旺盛精力与学习热情，坚持不懈，便会取得预期的效果。

心理自测

学习动机量表

填写注意：你将作答的问题不存在对错之分，只需将你的真实想法选出来即可。

1. 是否想在学习上成为班级第一名？
   A. 不想　　　　　　　　B. 有时想　　　　　　　　C. 经常想
2. 你考试获得好成绩时，是否想得到老师表扬？
   A. 经常想　　　　　　　B. 有时想　　　　　　　　C. 不想
3. 你是否认为，学习上碰到不懂的地方，只要努力钻研就一定会弄明白？
   A. 不认为　　　　　　　B. 有时认为　　　　　　　C. 经常认为
4. 你是否想在和同学的学习竞赛中获胜？
   A. 经常想　　　　　　　B. 有时想　　　　　　　　C. 不想
5. 你是否认为，只要用功学习成绩就会有所提高？
   A. 不认为　　　　　　　B. 有时认为　　　　　　　C. 经常认为
6. 你是否认为，只要努力学习，即使不喜欢的功课，也会变得有兴趣？
   A. 经常认为　　　　　　B. 有时认为　　　　　　　C. 不认为
7. 你在专心学习的时候，是否对周围发生的事不在意？
   A. 不是　　　　　　　　B. 有时是　　　　　　　　C. 经常是
8. 你是否认为，平时好好学习，考试时就会得到好成绩？
   A. 经常认为　　　　　　B. 有时认为　　　　　　　C. 不认为
9. 你是否认为，在测验和考试期间，可以不参加运动和游戏？
   A. 不认为　　　　　　　B. 有时认为　　　　　　　C. 经常认为
10. 你是否认为，学习紧张的时候，可以不和同学玩？
    A. 经常认为　　　　　　B. 有时认为　　　　　　　C. 不认为
11. 你是否在疲劳的时候，还想再查看一遍已经做完的功课？
    A. 不想　　　　　　　　B. 有时想　　　　　　　　C. 经常想
12. 你是否想在平时就复习好功课，以便能随时回答老师的提问？
    A. 经常想　　　　　　　B. 有时想　　　　　　　　C. 不想

【统计指标】

以上各题，凡奇数题，选A得1分，选B得2分，选C得3分；凡偶数题，选A得3分，选B得2分，选C得1分。各题得分相加得测验总分。

总分为12～21分：学习动机较弱。

总分为22～27分：学习动机中等。

总分为28～36分：学习动机较强。

二、学习焦虑问题

一些大学生因不能适应形式多样的学习要求，从而出现了过度的学习焦虑，表现为诸如夸大学习困难、怀疑自己的能力等情况。学习过度焦虑会导致生理和心理上的问题，影响学习效率。

心理学研究表明，学生在学习过程中，保持适度的焦虑是必要的，因为一定程度的压力能够增强学习的积极性，但是过度的或过于持久的压力会阻碍学生的知识获得和潜能的发挥，严重的还会影响正常生活，导致心理疾病。

大学生学习焦虑主要表现为精神高度紧张，注意力涣散，记忆力下降，烦躁易怒，寝食难安，等等。学习焦虑可分为情境性焦虑和特质性焦虑。情境性焦虑是特定情境中的一种暂时的、波动的情绪状态，考试焦虑是情境性焦虑的最突出的表现形式，即在临考前或考试时产生紧张与恐惧的情绪状态，表现为临考前过于担心，有时会有胃部等躯体不适；考试时注意力不集中，记忆力下降，严重者还会出现晕场。特质性焦虑是指相对持久的学习焦虑倾向，焦虑已经泛化到个体人格中，形成焦虑人格。不同的个体面对同样的情境时，学习焦虑水平会有所差异。

学习焦虑的原因分为外部原因和内部原因。外部原因主要是外部的压力、竞争的加剧等因素导致学习者产生学习焦虑；内部原因是学生个体本身的原因，如动机过高、准备不足或由于性格造成的焦虑。

学习焦虑的调适：一是冷静地分析，找出造成学习焦虑的原因；二是正确地认识自我，确定合适的目标；三是找出适合自己的学习方法；四是培养广泛的兴趣；五是保持适度的自尊心和情绪稳定。

三、注意力不集中

注意力不集中主要表现为：一是上课不能专心听讲，大脑常常开小差，盯着黑板却心猿意马，自己不能控制思维漂移；二是易受环境的干扰，教室外的小小动静都能引起注意力的转移，而且长时间不能静心；三是参加活动（如体育运动）或看一场电影后，久久沉浸在情节的回忆中。

注意力不集中的主要原因：一是青年时期发展任务多，因而容易导致压力与心理冲突加剧，特别是由于恋爱、性幻想等更容易引发注意力问题；二是生活事件导致心理应激，如考试失败、家庭生活发生重大变故、经济困难、失恋、宿舍关系失和等造成的思想负担重、精力分散；三是学习动力不足，学习焦虑过低，缺少压力与紧迫感。

注意力不集中的自我调节：一是学会转移注意力，遇到生活应激事件与挫折，能够尽快从中解脱出来；二是适当强化学习动机，保持适当的学习压力与学习焦虑，并进行积极的自我激励与自我暗示；三是养成良好的学习习惯与生活习惯，保持旺盛的精力；四是选择理想的学习环境，减少与学习无关的活动，并进行适当的自我监控。

心书推荐

《学习的革命》

[美国]珍妮特·沃斯　[新西兰]戈登·德莱顿

这本书告诉我们：怎样才能一天读4本书，并且把它们记住；怎样在4～8周掌握一门外语的核心内容；如何让孩子在8岁前的关键时期增长知识；如何保持终身学习；如何在学校中领先，即使开始时处于劣势；怎样才能在商务、学业、生活方面做出最佳决定；怎样找到最适合自身的学习、思考和工作方式；如何使学生在学习上突飞猛进。

这本书对于商业、学校和家庭都有突出的指导意义——每个人都会重新思考未来、重新思考新的世纪。它涉及了成年人和青年人都面临的最主要的问题，即怎样在较少的时间里学更多的东西，怎样享受学习，怎样保存所学的内容。

《学习的革命》是一本有关学习方法的畅销书。作者彻底颠覆了以往的学习理念，强调应该学会"怎样学"，从而在最短的时间内获得最大效益和最佳结果。《学习的革命》以"通向21世纪的个人护照"作为副标题。

心理自测

考试焦虑测验

本测验共有33道题，每题有4个备选答案，根据自己的实际情况，在题目后面圈出相应字母，每题只能选择一个答案，相应字母的意义如下。

A. 很符合自己的情况
B. 比较符合自己的情况
C. 较不符合自己的情况
D. 很不符合自己的情况

1. 在重要的考试前几天，我就坐立不安了。A B C D
2. 临近考试时，我就腹泻了。A B C D
3. 一想到考试即将来临，身体就会发僵。A B C D
4. 在考试前，我总感到苦恼。A B C D
5. 在考试前，我感到烦躁，脾气变坏。A B C D
6. 在紧张的考前复习期间，我常会想："这次考试要是得到个坏分数怎么办？" A B C D
7. 越临近考试，我的注意力越难集中。A B C D
8. 一想到马上就要考试了，参加任何文娱活动我都感到没劲。A B C D
9. 在考试前，我总预感到这次考试将要考坏。A B C D
10. 在考试前，我常做关于考试的梦。A B C D
11. 到了考试那天，我就不安起来。A B C D
12. 当听到开始考试的铃声响时，我的心马上紧张得加速跳动。A B C D

13. 遇到重要的考试，我的脑子就变得比平时迟钝。A B C D
14. 看到考试题目越多、越难，我越感到不安。A B C D
15. 在考试中，我的手会变得冰凉。A B C D
16. 在考试时，我感到十分紧张。A B C D
17. 一遇到很难的考试，我就担心自己会不及格。A B C D
18. 在紧张的考试中，我却会想些与考试无关的事情，注意力集中不起来。A B C D
19. 在考试时，我会紧张得连平时记得滚瓜烂熟的知识也回忆不起来。A B C D
20. 在考试中，我会沉浸在空想之中，一时忘了自己是在考试。A B C D
21. 考试中，我想上厕所的次数比平时多些。A B C D
22. 考试时，即使不热，我也会浑身出汗。A B C D
23. 在考试时，我紧张得手发僵，写字不流畅。A B C D
24. 考试时，我经常会看错题目。A B C D
25. 在进行重要的考试时，我的头就会痛起来。A B C D
26. 发现剩下的时间来不及做完全部考题，我就急得手足无措、浑身大汗。A B C D
27. 如果我考了个坏分数，家长或教师会严厉指责我。A B C D
28. 在考试后，发现自己懂得的题没有答对时，我就十分生自己的气。A B C D
29. 有几次在重要的考试之后，我腹泻了。A B C D
30. 我对考试十分厌烦。A B C D
31. 只要考试不计成绩，我就会喜欢考试。A B C D
32. 考试不应当在像现在这样的紧张状态下进行。A B C D
33. 不进行考试，我能学到更多的知识。A B C D

附加：最近感觉容易疲劳，食欲不振，入睡困难，健忘，其他_____

【统计指标】

统计你所圈各个字母的次数，每圈一个 A 得 3 分、B 得 2 分、C 得 1 分、D 得 0 分。根据你的总得分查看下面的解析，就可以知道你的考试焦虑水平。

0～24 分：镇定，一般来说能以比较轻松的态度对待考试，若分值很低，说明对考试毫不在乎。

25～49 分：轻度焦虑，说明面临考试时有点惶恐不安，但仍属正常范围。轻度焦虑有助于考试成绩的提高。

50～74 分：中度焦虑，说明面临考试时心情过于激动，焦虑感过高，不仅难以考出实际水平，还会对身心健康有损害。

75～99 分：重度焦虑，可能有"考试焦虑症"，每逢考试来临便会不由自主地产生莫名其妙的恐惧感。考试的时候，往往会发生"怯场"，会严重影响学习水平的正常发挥，对于身心健康也很不利，应该通过心理咨询与心理治疗降低焦虑程度。

> **思考与练习**
>
> 1. 你上大学的目标是什么？请结合自身的特点制定一套学习目标。
> 2. 你在考试前会焦虑吗？如何有效地应对焦虑？
> 3. 你对目前的学习状态满意吗？结合自己的实际情况，谈谈如何提高自身的学习效率。

参考文献

[1] 韦洪涛. 学习心理学 [M]. 北京：化学工业出版社，2018.

[2] 彭聃玲. 普通心理学 [M]. 5 版. 北京：北京师范大学出版社，2018.

[3] 高峰，石瑞宝. 大学生心理健康教育 [M]. 北京：清华大学出版社，2020.

[4] 罗晓路，夏翠翠. 大学生常见心理行为问题案例集 [M]. 北京：北京师范大学出版社，2018.

[5] 俞国良. 大学生心理健康 [M]. 北京：北京师范大学出版社，2018.

第八章·CHAPTER 8

做情绪的主人
——大学生情绪管理

学习目标
（1）了解自身的情绪特点；
（2）掌握情绪调适的方法；
（3）自主调控情绪，保持良好的情绪状态。

案例导入

成长的烦恼

美雪今年19岁，是一名大二的学生，外表青春靓丽的她刚入学时就表现得很优秀，被同学们推选为班长。她积极、热情，在同学中有很高的威信。但慢慢地随着工作任务的增加，她开始应接不暇，在工作中屡屡受挫，总是出现纰漏，后来产生了消极情绪，基本每次都是简单地把辅导员老师下发的任务通知下去，也没有检查执行情况和完成结果，并且工作中经常拖沓，不能按时完成，为此也受到辅导员老师的批评。渐渐地，美雪没有工作任务时不愿意到办公室去，去了也是等老师布置完任务后很快离开，避免与老师接触。之后她的学习成绩也下降了，虽然她努力挽回，但效果甚微。她焦急万分，情绪低落，想要辞去班长的职务。

辅导员老师发现了美雪的问题，找到美雪谈心，也建议她到心理健康指导中心去找心理指导老师咨询。

第一次咨询，咨询师先对她进行放松训练，让她反复深呼吸，慢慢吐气。在此过程中，咨询师尽量和她保持一致的肢体语言，语调温柔缓慢。美雪选择和咨询师对坐的方位坐下，闭上眼睛，靠在椅背上，脸上的肌肉逐渐舒展，可她在笑，咨询师问她笑什么，她说觉得好玩、新鲜、稀奇。慢慢地，她变得安静。

第二次咨询，美雪与咨询师讨论了快乐的标准、影响因素、调节方法，从认知上进行了一定的调整：①调整美雪理想自我与现实自我之间的矛盾；②向美雪介绍了一些调节情绪的有效方法。例如，自我暗示、环境调节、情绪倾诉等，通过这些方法发泄不良情绪。

第三次咨询时，美雪脸上的表情较为轻松和惬意，哪怕表达对事情不满意时的语言也是略带随意的。这说明她的情绪状况得到了较大的调整，只是目前还需要加强自我客观评价的能力及对老师正确的认识，加强和老师相处的能力罢了，所以，这次她们讨论了两个方面的内容：①进一步加强自己的认知能力，了解自己的行为风格，在正确地进行自我了解之后尝试自我接纳，正确认知自我价值，将长处发挥出来；②换位思考，尝试站在老师的角度来重新看待这个事情，体验老师处理事情的背景和角度，来看看能否接纳老师并找机会与老师沟通，开诚布公地谈自己的想法。

突然美雪拍着脑袋说道："我犯糊涂了，我也该站在老师的角度想一想，试着去接纳老师，主动找她谈谈，不该首先对她评价定论。我明白了，明白了，这是顿悟吧！"看着眼前这个女孩，咨询师忍不住也笑了，对她说："对对对，回去好好悟吧，人生中有太多东西需要你去感悟了。"

【思考】
（1）是什么原因使美雪从一名表现优异的学生变成了现在这样？
（2）在你身边是否也有类似的情况呢？

从美雪的自述言语中可知，她的情绪波动表面原因是完成老师布置的工作任务不顺利而引发的厌烦情绪，但内部原因可能是：①长期不能按时完成任务引起的神经焦虑；②和辅导员老师的关系处理不好诱发的现实焦虑；③因学习成绩下降而产生的烦躁，找不到合适的解决办法；④由于对工作任务处理不佳引发的对自身能力的怀疑。

现实生活中，每个人都会体验成功与失败，面对挑战和挫折，是什么使人时而兴高采烈，时而消沉低迷，时而义愤填膺，时而潸然泪下？这个操控者就是情绪。情绪，在我们每个人的生活和学习中随处可见，可以说人们所有的心理活动都伴随着一定的情绪状态。情绪与我们的生活、学习、人际交往、个人发展密切相关。优化自己的情绪，是通向成功之路的保证，也是大学生优化心理素质的重要内容。

人们在感知不同事物的时候都会产生不同的感觉体验，大学生正处于青春期到青年期的过渡阶段，情绪波动较大，经常会面临各种情绪的困扰，有效的情绪管理是个人健康的"保护神"，是良好人际关系的"润滑剂"，是良好性格的"塑造者"。因此认识情绪、管理情绪、调节情绪，对于大学生的生活和学习都大有裨益，本章将围绕这些方面展开。

第一节　情绪概述

一、情绪的定义

情绪是人的心理活动的重要表现，它产生于人的内心需要是否得到满足。人的情绪在某种程度上还反映了人对外界事物的态度。从这个意义上讲，情绪是人的内心世界的"窗口"。

荀子曾说，"性之好、恶、喜、怒、哀、乐谓之情"，而"绪"则是丝的头的意思，"情绪"的连用便表示了感情复杂之多如丝如绪。李煜的名句"剪不断，理还乱"就形象地表现了情绪的复杂性及其难以辨清和加以控制的特点。而在西方历史上，早在公元前4世纪，亚里士多德就已经开始研究情绪。到了17世纪，著名学者笛卡儿认为情绪是控制人类行动的活力因素。

心理学家曾给情绪下过许多定义，如美国心理学家阿诺德将情绪定义为："情绪是对趋向知觉为有益的、离开知觉为有害的东西的一种体验倾向。这种体验倾向为一种相应的接近或退避的生理变化模式所伴随。这种模式在不同的情绪中是不同的。"另一位心理学家利珀则认为："情绪是一种具有动机和知觉的积极力量，它组织、维持和指导行为。"

一般认为，情绪是人对客观事物的态度体验及相应的行为反应。情绪是一种主观的、生理的、有目的的社会现象。首先，情绪是一种主观感受。它使我们以一种特殊的方式去感觉，如愤怒或高兴。其次，情绪是一种对情境的生物反应和生理应答。在情绪状态下我们的身体（如心脏、肌肉等）以一种与非情绪状态不同的方式激活。再次，情绪是有目的的，就像饥饿是机能的和目的的一样，愤怒激发我们想去与敌人战斗，而害怕激发我们想逃离危险。最后，情绪是社会现象。社会交往过程中，在言语沟通的同时，我们也向他人传递明显的面部和躯体信号（如眉毛的运动、声调），从而交流我们的情绪性的思想。比如，高兴时眉开眼笑、手舞足蹈，讲起话来眉飞色舞、神采飞扬；发怒时横眉立目、握紧拳头、大声斥责；悲哀时言语哽咽；悔恨时捶胸顿足；失望时垂头丧气等。这一切，都作为一种信号被赋予特定意义，传达给别人，而他人也会在接收信号的同时发出反馈信号。

狭义上的情绪指有机体受到生活环境中的刺激时，由生物需要而产生的暂时性的、较剧烈的态度及其体验。对于情绪，可以从以下三个方面分析它的特征。

（1）情绪是主体对客观事物的反映，但它反映的并不是事物本体，而是主体对于客观事物的态度体验。情绪是由客观事物引起的，主体不可能平白无故地产生情绪，客观事物是情绪产生的根源。

（2）情绪是人在对客观事物具有认识和评估的基础上产生的。只有主体对客观事物产生了认识，才会产生评价。同一物体在不同时间、不同条件下出现，主体会因对其的认识和评价不同而产生不同的情绪。

（3）情绪的性质是由客观事物是否符合和满足主体的需要决定的。不同的人对于相同的事物会产生不同的情绪，如果该事物符合和满足主体的需要，就会产生愉悦、满意、高兴的积极情绪；反之，如果该事物不符合和满足主体的需要，就会产生愤怒、不满、痛苦的消极情绪。

二、情绪与情感的关系

情绪与情感既密切联系，又存在差别。二者相互联系，相互依存。

（1）情绪和情感都是人对客观事物的态度体验，反映客观事物与人的需要之间的关系。

（2）情绪与情感产生的基础不同，情绪的产生是人的生理反应，而情感的产生是与社会需要密切相关的。比如，美味可口的饭菜、美丽芳香的鲜花会使人产生愉快情绪，而对父母、老师、朋友、同学充满爱的情感等。

（3）情绪具有情境性、激动性和暂时性，情感则具有稳定性、深刻性和持久性。情绪可随时随地发生，根据情境或一时需要的出现而发生，也随情绪的变迁或需要的满足而较快地减弱或消逝；而情感是经过多次情感体验概括化的结果，不受情境的影响，并能控制情绪，具有较大的稳定性，情感由于只与对事物的深刻性认识相联系，因而具有深刻性。

（4）情绪有较多的外显性和冲动性，主要以面部表情表现出来，而情感则较为内隐和深沉，经常以内隐的形式存在或以微妙的方式流露出来。人生气的时候可能会恶语相向，拳脚相加。父母对子女的爱细腻而深沉，不会天天挂在嘴上，常常融入日常生活的点点滴滴中。

情绪和情感虽然存在差别，但更多地表现在紧密的联系上，往往交织在一起，很难严格地区分。稳定的情感是在情绪的基础上形成的，而又反过来影响情绪。情绪的变化往往反映情感的深度，情感是情绪的深层核心，通过情绪得以实现。有什么样的情感，就会相应地在一个人的语言、行为当中表现出相应的情绪。所以在一定意义上可以说情绪包含着情感，又受到情感的制约。情绪是情感的外在表现，情感是情绪的本质内容。

三、情绪的分类

人的情绪复杂多样，我国古代将情绪分为"七情"：喜、怒、哀、惧、爱、恶、欲。伊扎德认为，情绪可分为基本情绪和复合情绪，提出人类具有8～11种基本情绪，分别是兴趣、愉快、惊奇、痛苦、厌恶、愤怒、恐惧、悲伤，以及害羞、轻蔑和内疚感。复合情绪是由基本情绪的不同组合衍生出来的。近代研究把情绪分为快乐、愤怒、悲哀、恐惧四种基本形式。

1. 快乐

快乐是在期望的目的达到后，紧张状态随之解除时的情绪情感体验，如幸福、满意、愉快、兴奋、欢乐及狂喜等。快乐的程度取决于愿望的满足程度。

引起快乐情绪的原因很多，如亲朋好友的聚会、美好理想的实现、团结亲密的同学关系等。如果愿望或理想的实现具有意外性或突然性，则更会提高快乐的程度。

2. 愤怒

愤怒是由于目的和愿望不能达到，特别是一再受阻、受挫而产生的情绪反应，其表现为不满、生气、烦恼、怨恨，到愤怒、大怒、暴怒等。控制愤怒的情绪对每个人都很重要，生气是拿别人的错误来惩罚自己。

引起愤怒的原因很多，恶意的伤害、不公平的对待等都能引起愤怒的情绪。愤怒的产生取决于人对障碍的意识程度，只有个体清楚地意识到某种障碍是必然的时，愤怒才会产生。

3. 悲哀

悲哀是失去所盼望的、所追求的东西或失去所爱的人而引起的情绪情感体验。从遗憾、失望到难过、伤心、沮丧、悲痛、哀切、绝望，渐次增强。人悲哀时会哭泣，哭泣可以释放积压的痛苦，对健康有利。

引起悲哀的原因比较多，亲人去世、升学考试失意、自己所珍爱的物品丢失等，都会引起悲哀的情绪体验。

4. 恐惧

恐惧是企图摆脱、逃避某种有害或危险情境的一种情绪情感体验，它是由于个体缺乏处理或摆脱可怕情境的能力而产生的内心体验。当人们对一件事感到奇怪、陌生、反常时都可能产生恐惧感，其表现为忧愁、焦虑、警觉、惊恐、慌乱、急躁、恐怖等。

引起恐惧的原因很多，如黑暗、巨响、意外事故等。恐惧的程度取决于有机体处理紧急情况的能力。

在快乐、愤怒、悲哀、恐惧这四种基本情绪中，快乐属于肯定的、积极的情绪体验，它对有机体具有积极的作用；而愤怒、悲哀、恐惧通常情况下属于消极的情绪体验，对人的学习、工作、健康具有消极的作用，因而应当把它们控制在适当的水平上。但在一定条件下，愤怒、悲哀、恐惧也可以起到积极的作用，如战士的愤怒有利于他们在战场上勇敢战斗；悲哀可使人"化悲痛为力量"，从而摆脱困境；对可怕后果的恐惧有利于提高个体的责任感与警惕性。

★ **心理训练**

情绪的表达

已经快夜里 12 点了，宿舍里还有同学在聊天或听音乐，想睡觉的同学被干扰得睡不着，有些生气。如果是你，你会怎样来表达呢？

下面看看同学们不同的表达方式。

同学 A 虽然心里很不高兴，但是又克制自己不说出来，躺在床上辗转反侧，不时地发出不满的叹息声："唉……"。

同学 B 很生气，忍不住大吼一声："烦死了，能不能别说话了，还让不让人睡觉了？"

同学 C 先是忍着，过了一会儿，看到同学还没有睡觉的意思，忍不住说道："你们能不能不影响别人休息？现在已经快12点了，明天还得起早上课呢。"

同学D说："我今天身体有点儿不舒服，想先睡觉了，诸位能不能也早点儿休息，要不就小点儿声？谢谢各位了。"

请你想一想不同的表达方式会产生什么样的效果。

★ 心理训练

辨别消极情绪

（1）问君能有几多愁，恰似一江春水向东流。
（2）怒发冲冠。
（3）四面楚歌。
（4）风声鹤唳，草木皆兵。
（5）杯弓蛇影。
（6）哀民生之多艰。
（7）邯郸学步。
（8）垂头丧气。
（9）杞人忧天。
（10）本是同根生，相煎何太急。

你知道上面这10个词句的含义吗？你知道这些成语或诗词的典故吗？请将上述词句归类。

哀愁：

自卑：

嫉妒：

愤怒：

忧郁：

恐惧：

结合这些词句的含义与典故，谈谈你对这些消极情绪的理解。

四、情绪的状态

情绪的状态是指在某种事件或情境的影响下，在一定的时间内产生的情绪。根据情绪发生的强度、速度、持续度和紧张度等指标，可分为心境、激情和应激三种状态。

（一）心境

心境是指人比较微弱、平静而持久的情绪状态。心境具有弥漫性，它不是关于某一事物的特定体验，而是以同样的态度体验对待一切事物。心境和缓而微弱，人们甚至察觉不到它的存在。心境的持续时间很长，少则几日，多则数月或更长的时间。一种心境的持续时间依赖于引起心境的客观刺激的性质及人格特征。

心境产生的原因很复杂。工作的状况、生活的状态、人际关系是否融洽、身体健康状况等，甚至是自然环境的变化，都可能引起某种心境。

心境对人的生活、工作、学习和健康有很大的影响。积极向上、乐观的心境可以提高人的学习和工作的效率，增强信心，让人神清气爽，充满干劲，有益健康；消极悲观的心境会降低认知活动效率，使人愁眉不展，萎靡不振，丧失信心和希望，有损健康。

（二）激情

激情是一种强烈的、爆发性的、为时短促的情绪状态。这种情绪状态通常是由于突然发生对于个人有重大意义的事件引起的。如亲人突然死亡、失恋、取得重大的成功、通过重大的考试等，都是激情状态。

激情状态具有激动性和冲动性。激情一旦产生，人会完全被情绪左右，言行缺乏理智，具有很强的激动性和冲动性。激情持续的时间往往很短暂，一时冲动之后，激情会弱化或消失。激情通常由特定的对象引起，具有明确的指向性，如亲人的突然病故引起悲痛。激情状态往往伴随着生理变化和明显的外部行为表现，例如，盛怒时"咬牙切齿"，狂喜时"眉开眼笑"，极度恐惧、悲痛和愤怒可能导致精神衰竭、晕倒、发呆，有时表现为过度兴奋、言语紊乱、动作失调，甚至出现休克。

人们能够意识到自己的激情状态，也能够有意识地调节和控制它。因此要善于控制自己的激情，做自己情绪的主人，培养坚强的意识品质，提高自我控制的能力。激情分为积极和消极两种，积极的激情可以激励人们积极向上，克服困难，促进进步，消极的激情可以使人暂时丧失理智，使情绪和行为失控。

（三）应激

应激是指人在出乎意料的情境下或危急情况下做出的适应性情绪反应状态。例如，人们遇到某种突如其来的意外危险或面临某种突然事件时，必须迅速做出选择，采取有效行动，此时人的身心处于高度紧张状态，即为应激状态。

应激状态的产生与人们面临的情境及人对自己能力的估计有关。当情境（如火灾、地震、车祸、突发战争等）对一个人提出了要求，而他意识到自己无力应付当前情境的过高要求时，就会体验到紧张而处于应激状态。

人在应激状态下，会引起机体的一系列生物性反应，如心率、血压、呼吸及肌肉紧张度都会出现明显的变化。这些变化有助于适应急剧变化的环境刺激，增强身体的应变能力。在应激状态下人们往往会有截然不同的两种极端表现：一种是惊恐失措，目瞪口呆；另一种是沉着冷静，急中生智。在应激状态下人们往往能够完成平时难以做到的事。过于强烈的应激情绪，会导致人的暂时性休克甚至死亡，更会导致心理创伤。适度的应激有助于顺利完成各项活动，有益于个体的身心健康和能力提升。但是长期或频繁地处于应激状态会影响身心的正常机能，对健康极为不利。

五、情绪的功能

（一）适应功能

从生理学的角度来看，当动物的神经系统发展到一定阶段，生理唤醒在脑中存留下相对应的感受，就形成了原始的情绪。情绪的作用在于调节机体的状态，使其处于适宜的生存和发展状态中，并通过外在行为表达出相应的感受，以获得共鸣和援助。情绪是机体适应生存和发展的一种重要方式。比如，婴儿饥饿时会啼哭，人遇到危险时会呼救，就是为了适应生存和发展所衍生的一种本能。情绪是人类早期赖以生存的手段，可以让人们正确地知觉情境的危险，帮助人们适应环境。

（二）动机功能

情绪是动机系统的一个基本成分。适度的情绪能够激励人的活动，提高人的活动效率，放大生理内驱力信号，可以使个人能力强化、身心处于活动的最佳状态，进而推动人们有效地完成工作。例如，地震中，一位母亲用身体承受倒塌物的压力，为怀中的孩子撑起一片空间，直至生命逝去仍保持着这个姿势。在成功者面前的自卑，促使我们发愤图强，取得成功。每种情绪都有它的意义和价值，能够给人相应的力量和指引。当个体心情愉快时，就会思路敏捷，事半功倍；当个体心情沮丧时，就会思路迟缓，浑浑噩噩。

（三）组织功能

情绪是一个独立的心理过程，有自己的发生机制和发生发展过程。这种作用表现为积极情绪的协调作用和消极情绪的破坏、瓦解作用。情绪的组织功能对人的认知行为也具有影响作用，影响作用的大小取决于情绪的性质和强度。中等强度的愉快情绪对于提高认知活动的效果是最好的。当人们处在积极、乐观的情绪状态时，则倾向于注意事物美好的一面，其行为友好，乐于接纳和帮助别人。而当人们处在消极的情绪状态时，则倾向于关注事物丑恶的一面，失望、悲观、自暴自弃，甚者自我伤害或攻击他人。

（四）信号功能

情绪直接反映人们生存的状况，是人们心理活动的晴雨表，也是人与人之间沟通的纽带。人的各种情绪都具有特定的表情、动作、神态及语调，构成了人类表达内心情感状态的特殊信号。表情既可以向他人传递自己的思想和感受，又可以据以判断他人的态度和倾向，如用微笑表示赞赏，用点头表示默认等。动作、神态及语调也是言语交流的重要补充，能使语言信息表达得更加明确或确定，从而使自己对于事物的认识和态度具有鲜明的外露特色，更易为他人所感知和接受，有时情绪的信号功能甚至比语言更直接、强大和有效。

（五）感染功能

当情绪在个体身上发生时，个体会依据自身的主观经验，通过外部表情和动作表现出来，当外部的形态表现被他人所察觉和感受到时，可能会引起他人相应的情绪反应，这种现象被称作移情。当一个人的情绪影响到他人时，他人的情绪也可以反作用再影响这个人先前的情绪，人与人之间的情绪会产生交互作用。感染功能可以为人与人之间的情感交流提供桥梁，使个体的情绪社会化，同时也可以通过情绪影响来改变他人情绪。

★ 心理故事

不一样的"60分"

在一个心理健康课课堂上，老师出了一个题目："假使你收到了一个英语成绩通知单，你的英语考试得了60分，你现在的感受是什么？"一个同学站起来说："我感到无地自容，很不能接受，因为我从来没得过这么低的分数。"但另一个同学举手说："我感到很幸运，终于及格了，虽然分数不高，但不用再补考了。"也有同学说："那要看看别的人得了多少分，如果大家都差不多，我会感到心安理得。"接着老师又补充道："其实这份试卷是大学英语竞赛题，很少有人的成绩能达到及格分以上，你现在的感受是什么？"学生们异口同声地说："感觉很高兴。"接下来老师开始引导大家思考从上面的不同感受中领悟到了什么。

六、情绪智力

情绪智力是由美国心理学家沙洛维和梅耶首先提出来的一个全新的理论。情绪智力的高低用情商（EQ）来表示。专家认为，在一个人的成功过程中，智商决定他能否被录用，而情商则决定他能否升职。可见情商在人的一生中影响的时间较长，作用较大。

1995年，美国哈佛大学的丹尼尔·戈尔曼教授在《情绪智力》一书中丰富了情绪智力的概念，包括以下五个方面的内容。

（一）情绪的觉察能力

情绪的觉察能力是指个体能认识自己的感觉、情绪、情感、动机、性格、欲望和基本的价值取向等，并以此作为行动的依据。自我觉察能力强的人能够较好地适应所处的环境。

（二）情绪的管理能力

情绪的管理能力是指个体能够有效地调节、控制自己的情绪，善于控制自己的不良情绪，克服不良情绪的干扰，控制情绪的冲动。情绪管理能力强的人能够管理并协调自己和他人的情绪，可以通过自我调整和运动放松等途径，有效地改善不良情绪的影响；而情绪管理能力弱的人常常陷入消极情绪中无法自拔。

（三）情绪的自我激励能力

情绪的自我激励能力是指个体能够根据所处的情境及时调整自己的情绪，能够随时自我激励、自我鼓舞、自我鞭策，始终保持高度热情，在逆境中不断激励自我克服困难、战胜挫折。

（四）对他人情绪的认识能力

对他人情绪的认识能力是指个体能够认真聆听他人的想法，能够感同身受地理解他人的感受，产生情绪共鸣，能够与人顺利交往和沟通。

（五）人际关系的处理能力

人际关系的处理能力是指个体能够与不同背景和性格的人融洽交往，建立和谐的人际关系，善于通过观察来判断他人的内心感受，洞悉他人的动机和想法。

第二节　大学生的情绪特点及其影响

大学阶段是人一生中的黄金时期，大学生身体发育基本成熟，精力充沛、朝气蓬勃，但心理上还未完全成熟，又受到社会地位、知识素养、成长背景等多方面因素的影响，其情绪发展具有鲜明的特点，在关注社会和个人时，极易受到外界的干扰，从而影响自己的学习、工作和生活。

一、大学生的情绪特点

（一）情绪表现丰富，自我意识增强

随着年龄的增长，大学生正处于生理发育已基本成熟，心理发展由不成熟向成熟转变过渡的时期，他们既有未成年人的天真多梦，又有成年人的成熟缜密，学习和掌握的知识增多，生活范围扩大，自我意识基本完善，有了一定的社会阅历和生活经验，在他们身上可以体现出人类所具有的全部情绪。大学生的自我体验更加丰富，自我尊重的需求更加强烈，同时自卑、自负等情绪也处于高发期；人际交往的范围增大，与老师、同学、朋友的交往趋于多层次化和复杂化，其中恋爱情感体验的介入、社会实践过程中所扮演的角色变化都为大学生的情绪体验注入了新的内容；他们开始思考自己的身份、角色、价值、恋爱、婚姻等深层次的问题，同时也使他们的情绪更加丰富多样；他们所惧怕的事物更趋于抽象、情势方面，如考试、寂寞、空虚等。

（二）情绪表现强烈，自控性较差

大学生的自我情感丰富而又敏感，他们有较强的自我意识，感觉自己是成熟、独立

的个体，有强烈的自主感，可以自己做出正确的决策。他们有较强的自尊心、自信心和好胜心。他们疾恶如仇、爱憎分明，情绪易受到外界事物的影响，时而平静时而激动，时而积极上进时而消极懈怠，波动性较大，喜怒哀乐溢于言表。他们高兴的时候喜形于色，对周围的人和事物都产生好感，干劲十足，也易于接受别人的意见和建议；不高兴的时候我行我素，对周围的人和事物厌烦、冷漠，不理不睬，不愿与其他人沟通，即使是平时最感兴趣的事也兴味索然。他们的情绪变化频繁，前一分钟还兴高采烈，后一分钟就可能垂头丧气。他们考虑问题容易两极分化走极端。他们血气方刚，充满活力与激情，有时会因为一些小事生气、争吵，甚至大打出手。

（三）情绪发展呈阶段性，特征鲜明

大学生进入高等学府学习后，受到不同年级、不同专业的限制，课程设置、培养目标和学习任务都会有很大区别，结合个人自身的社会背景、人际交往状况，情绪特点也会因人而异，呈现出鲜明的阶段性。大学新生一般面对的是入学后角色的转换和新环境的适应问题，放松感和压力感兼具，新鲜感和恋旧感交替；大学二、三年级的学生面临的是学业问题、爱情问题、人际交往问题等所带来的困扰；大学毕业生关注的是毕业后的就业问题、考研问题、进入社会后的角色转变问题、婚姻问题等。

（四）情绪表现内隐性

同中学生相比，大学生的情感内容更加丰富而深沉，随着自我意识的增强、生活经验的增多，他们开始有意识地掩饰自己的真实情绪，不肯轻易吐露真实想法，说还是不说、说多少、说真话还是说假话都要依时间、对象、场合而定，尤其在一些特殊的场合和情况下，内心感受和外在表现甚至会大相径庭。比如，考试考了第一名，会面带笑容，但不会喜形于色、手舞足蹈；在面对倾慕的异性时，会表现出冷漠、排斥的情绪等。他们对情绪表现出较强的自我控制能力，一般能用理智约束冲动，对不良情绪进行自我调适，不再像一般的青少年一样一触即发。在受到误解和不公正的待遇时，他们能够克制情绪，寻找积极、合理的方式和途径去解决问题。

二、情绪对大学生的影响

（一）情绪对大学生身心健康的影响

现代生物学、心理学和医学的研究成果表明，情绪对人的身心健康具有直接的影响。如果一个人能够经常处于愉快、满意、幸福、欣喜等积极情绪下，则人体的免疫功能活跃旺盛，有益身心健康。良好的情绪可以为有效的机能作用和创造力提供动力，能够使人充满自信，思维敏捷，富于创造力，提高学习效率，对于大学生的学习、工作、生活及人格发展都有重大的作用，可促进良好的人际关系形成。反之，长期处于悲伤、忧愁、愤怒、急躁等消极情绪中，会对神经系统和内脏器官造成伤害，引起身体不适和

肠胃机能失调，也会引发多种心理疾病，使人意识范围狭窄，判断力减弱，失去理智和自制力。

大学生情绪波动较大，难免会有情绪消极的时候，将消极情绪能动地适应环境并转化为积极情绪是十分必要的，对身心健康也是非常有益的。我们常说的"化悲痛为力量""奋起直追"等说的就是这个道理——将消极的情绪转化成积极进取的动力。

（二）情绪对大学生学习的影响

良好的情绪往往使大学生行动力强，对学习、工作和活动兴趣度高，有助于开阔思路，提高学习、工作效率，提高创造力。心理学家研究发现精神愉快、心情放松、适度紧张是思考和学习的最佳状态，适度的紧张和焦虑可以提高学习效率，焦虑程度过高和过低都会使学习效率降低，难以达到理想状态。生活中常常出现这种现象，有的学生在考试时过于紧张，结果昏倒在考场；有的学生过于不在意，在考场上蒙头大睡，处于这样不良情绪下的学生很难取得好的成绩。学会调控情绪，对适应学习生活、提高学习成绩有很重要的作用。

（三）情绪对大学生人际关系的影响

在人际关系的建立中，乐观、热情、自尊、真诚这些良好情绪特征是吸引对方的重要条件。良好的情绪能够拉近彼此的距离，使大学生更容易被他人接受，使交往融洽。同时在和谐的人际关系中，大学生能够获得充分的自我满足感和自我价值感，推动行为方式的提升和改善。具有良好情绪特征的个体能够认知、表达和调控自我的情绪，觉察和把握他人的情绪，在人际交往的情绪互动中培养自身的情绪调控能力，进而拥有稳定、和谐的人际关系。情绪具有感染性和传染性，不良情绪会影响周围人的情绪体验，人们在趋利避害的心理作用下，往往会对具有不良情绪的人避而远之，而更趋向于围绕在具有良好情绪的人周围，以获得愉快的情绪感受。具有良好情绪的个体更容易受到别人的赏识，形成良好的人际关系。

（四）情绪对大学生人格品质的影响

健康的情绪是健全人格的必要条件之一。一般而言，情绪的目的性恰当、反应适度，不带有幼稚性、冲动的特征，符合社会规范的要求，就是情绪健康的标准。心理学家埃普斯顿在《人类情绪的生态学研究》一文中提到，当体验到的是如高兴、亲切、安全、平静等积极的情绪时，大学生的行为目标也往往是积极的、生动的，对于新的经验和事物更容易接受和开放，对于周围人的尊重和理解能够明显加深，对价值和人生目标等理想信念能够有更深的认识。反之，处于痛苦、愤怒、紧张、危险等消极情绪下的大学生，其中一部分对新的经验和事物持怀疑、审慎甚至抗拒的态度，反社会行为增加；另一部分则将消极情绪转化为积极的动力。实验结果表明，积极的情绪体验与积极的行为变化总是有一致的关系。有效调控情绪能使大学生保持良好、积极、稳定的情绪，有助于培养其乐观向上、积极进取、百折不挠的优秀品质,培养真诚友好、善解人意的良好性格,否则会导致人格出现缺陷和障碍。

★ 心理知识

大学生情绪健康的标准

(1)热爱学习、热爱生活,具有获取知识、掌握技能以解决现实问题的能力。

(2)积极参与社会活动,能够克服生活中的困难与挫折,并获得快乐体验。

(3)保持健康,控制因身体疲劳、睡眠不足、头疼、消化不良、疾病等引起的情绪不稳定。

(4)能找出方法应付挫折情境,缓解生活中的不愉快,解除情绪困扰。

(5)接受自己和他人的优点,客观认识他人和自己的优势与不足,能够觉察自己的情绪,理解他人的情绪,乐于与他人交往。

(6)情绪基调积极、乐观、愉快、稳定,对不良情绪具有调控能力,情绪反应适度,理智感、道德感、美感等高级社会情感能得到良好发展。

第三节 培养良好的情绪

为了保持健康的情绪,减少或避免不良情绪带来的负面影响,大学生应该学会对情绪进行自我调适,学会保持良好的情绪,维护良好的心境,当产生不良情绪时,学会克服和约束不良情绪的表达。

★ 心理故事

小象的故事

一头小象出生在马戏团,它的父母都是马戏团中的老演员。小象很淘气,总是想到处跑。工作人员在它的腿上拴上一条细铁链,另一头系在铁杆上。小象对这根铁链不习惯,用力去挣,挣不脱,无奈的它只好在铁链范围内活动。过了几天,小象又试着挣脱铁链,可是还是没有挣开,它只好闷闷不乐地老实下来。一次又一次,小象总也挣不脱这条铁链。慢慢地,它不再去试了。它习惯了链子,再看看父母也是一样嘛,好像本来就应该是这个样子。小象一天天长大了,以它此时的力气,挣断那条小铁链简直不费吹灰之力,可是它再也不想那样做了。小象认为,那条链子对自己来说牢不可破,这个强烈的心理暗示早已深深地植入它的记忆中。

一、培养良好情绪的基本原则

(一)确立正确的人生态度

不同的人在面对相同的情境和遭遇时会表现出不同的情绪反应。有的人面对困难乐观向上，有的人面对挫折萎靡不振，这是因为人的情绪是受其人生态度影响的。树立正确的世界观、人生观和价值观才能保持乐观、积极的人生态度，客观评价自己和他人，正视学习和生活中面对的困难和挫折，用百折不挠的精神去迎接各种各样的考验。

（二）培养豁达的胸怀

常常纠结于琐事而斤斤计较的人很难保持良好的情绪，只有心胸豁达、目光长远的人才会健康、快乐。古语有云"人非圣贤，孰能无过"，不要过于苛求他人，为微不足道的小事而大伤感情，不要因自己的利益受到损害、自己的要求得不到满足而耿耿于怀，"塞翁失马，焉知非福"，任何事物都具有两面性，有阳光的一面就必定有黑暗的另一面，要将事物的消极方面转化为积极方面，从教训中发现经验，从失去中寻找收获，成为真正的成功者。

（三）培养坚忍的意志

从点点滴滴的小事（如按时作息、按时学习、按时锻炼等）做起，脚踏实地、持之以恒地认真完成，是磨炼意志最好的方式。遇到困难时，意志坚忍的人会正面迎击，坚毅、顽强、乐观地克服困难，在风雨中历练自身；而意志薄弱的人则会得过且过，回避困难。可以通过体育锻炼、对比训练、强化训练等方式培养自我控制能力，克服恐惧、懒惰、犹豫的情绪，控制冲动行为的发生。

（四）培养沟通的艺术

维护人际关系融洽是保持良好情绪的重要手段，学会对自我情绪的及时觉察、恰当表达和正确调控，以及对他人情绪的感知和把握是建立和谐人际关系的关键。在语言和动作表达中如果加入幽默成分，会达到事半功倍的效果。幽默能展现人独特的风度和魅力，缓解紧张情绪，使氛围变得自然、融洽。

★* 心理知识

别让情绪拖累你的人生

我改变不了现实，但我可以改变态度。
我改变不了过去，但我可以改变现状。
我不能控制他人，但我可以掌握自己。
我不能预知明天，但我可以把握今天。
我不可能样样顺利，但我可以事事顺心。
我不能延伸生命的长度，但我可以决定生命的宽度。
我不能左右天气，但我可以改变心情。
我不能选择容貌，但我可以展现笑容。

资料来源：曾仕强.别让情绪拖累你的人生[M].北京：北京时代华文书局，2020.

二、保持良好情绪的基本方法

（一）移情法

移情法就是把注意力的焦点从引起不良情绪的刺激情境转移到其他事物或活动中。移情法大致分为三种。

1. 冷却情绪

当不良情绪膨胀，即将爆发时，减低说话的音量，放慢说话的语速，深呼吸，在心中默数50个数，有意使自己平静下来。情绪最易爆发的时间段一般在刺激点发生的30秒内，默数50个数之后，人的怒气会自然减弱，有助于实现自我控制。

2. 转变环境

当你产生愤怒等不良情绪时，可以暂时离开让你产生情绪困扰的环境，最好是到让你感到宁静、舒适的环境中，如公园、景区或对你情感上有特殊意义的安全空间，避开矛盾的锋芒，平静心情。

3. 转移注意力

当你产生不良情绪时，可以将注意力转移到你感兴趣的事物上去，如运动、唱歌、逛街、看电影等，缓解情绪，增加积极的情绪体验。

（二）宣泄法

宣泄法就是通过各种方式将不良情绪释放出来，使心情得到缓解。常用的宣泄方法有以下几种。

1. 哭泣

科学研究表明，哭泣时会产生某种生理物质，使人得到释放，恢复平静。在悲伤或委屈时痛哭一场，可以有效地缓解情绪。人在悲伤时刻意抑制不哭对身体是有害的。

2. 倾诉

遇到挫折、痛苦、委屈等不良情绪时，最好的方法是找到信任的亲人和好友将心中的苦闷向他们倾诉，把内心的不良情绪释放出来。如果找不到合适的倾诉对象，也可以用你身边熟悉的事物，如玩偶、大树、小狗等来充当，还可以用写信、写日记的方式来抒发。

3. 运动

科学研究表明，运动有助于释放不良情绪，减缓心理压力。在受到不良情绪困扰时可以尝试跑步、游泳、舞蹈、打沙包等方式来消除。

4. "合理化"

"合理化"是一种援引合理的理由和事实来解释所遭受的挫折，以减轻或消除心理困扰的方式。它的表现形式可概括为"找借口""酸葡萄效应""甜柠檬效应"等。

(三) 自我暗示法

自我暗示法就是利用语言、合理想法等方式对自身进行积极的心理暗示，达到缓解紧张状态、调整不良情绪的效果。常用的自我暗示方法有两种。

1. 语言暗示

当你有不良情绪时，自己默念，"生气是拿别人的错误来惩罚自己，生气只会让气人者更高兴，身体是自己的，气大伤身，伤害自己的身体是愚蠢的表现"，这样进行自我提醒，会缓解和调适不良情绪。

2. 合理理由暗示

陷入不良情绪时可寻找合理的理由来进行自我安慰。这种方法可以冲淡痛苦，起到缓解不良情绪的作用。比如，失败时暗示自己"失败是成功之母，也许下次就成功了"；遭遇困难时暗示自己"世界上比你处境艰难的人比比皆是，这点挫折算什么""天塌下来还有个高的人顶着，你怕什么"等。

(四) 放松训练法

当前经过科学的实验和研究，归纳和总结出很多专业方法来达到放松情绪的目的。利用这些方法可以有效地缓解紧张、抑郁、焦虑等不良情绪。下面介绍几种简单易行的方法。

1. 音乐放松法

音乐作为一种艺术，是人的情绪的一种表现方式。曲调和节奏不同的音乐可以使人产生不同的情绪体验。例如，忧郁、烦恼时可以听《蓝色多瑙河》《卡门》《渔舟唱晚》等意境广阔、充满活力、轻松愉快的音乐；失眠时可以听莫扎特的《摇篮曲》、门德尔松的《仲夏夜之梦》等优雅宁静的乐曲；情绪浮躁时可以听《小夜曲》等宁静清爽的乐曲。每个人都可以根据自己的情绪状况，选择适合自己的音乐来调节情绪。

2. 想象放松法

冥想是缓解压力的一种有效方法。冥想具有训练注意力、控制思维过程、提高处理情绪的能力和放松身体的作用。只要坚持练习，运用得当，冥想是应对压力、抑郁、烦恼及其他不良心理和情绪问题的最有帮助的方法之一。

在宁静的环境中，通过想象可以有效地放松情绪。选择一个幽雅宁静的环境，闭上眼睛，想象一些美好的事物，如广阔的大草原、慢慢涨落的海水、平静的湖面等，也可以回忆一些美好的经历，在想象的同时调整呼吸的节奏，之后慢慢睁开眼睛。

3. 肌体放松法

通过肌体放松来缓解焦虑情绪，增强情绪控制能力，同时结合想象放松法和音乐放松法，可以达到全身松弛、轻松舒适、心情平静的效果。这种方法对控制焦虑、恐惧、烦躁等不良情绪有很好的效果。

心理自测

情绪稳定性测试

1. 看到自己最近一次拍摄的照片，你有何想法？
   A. 觉得不称心　　　　　B. 觉得很好　　　　　C. 觉得可以
2. 你是否想到若干年后会有什么使自己极为不安的事？
   A. 经常想到　　　　　　B. 从来没想过　　　　C. 偶尔想到过
3. 你是否被朋友、同事或同学起过绰号或挖苦过？
   A. 这是常有的事　　　　B. 从来没有　　　　　C. 偶尔有过
4. 你上床以后，是否经常再起来一次，看看门窗是否关好、炉子是否封好？
   A. 经常如此　　　　　　B. 从不如此　　　　　C. 偶尔如此
5. 你对与你关系最密切的人是否满意？
   A. 不满意　　　　　　　B. 非常满意　　　　　C. 基本满意
6. 半夜的时候，你是否经常觉得有什么值得害怕的事？
   A. 经常　　　　　　　　B. 从来没有　　　　　C. 极少有这种情况
7. 你是否经常因梦见什么可怕的事而惊醒？
   A. 经常　　　　　　　　B. 没有　　　　　　　C. 极少
8. 你是否曾经有多次做同一个梦的情况？
   A. 经常　　　　　　　　B. 没有　　　　　　　C. 记不清
9. 有没有一种食物使你吃后呕吐？
   A. 有　　　　　　　　　B. 没有　　　　　　　C. 记不清
10. 除去看见的世界外，你心里有没有另外一个世界？
    A. 有　　　　　　　　　B. 没有　　　　　　　C. 记不清
11. 你心里是否时常觉得你不是现在的父母所生？
    A. 时常　　　　　　　　B. 没有　　　　　　　C. 偶尔有
12. 你是否曾经觉得有一个人爱你或尊重你？
    A. 有　　　　　　　　　B. 没有　　　　　　　C. 记不清
13. 你是否常常觉得你的家庭对你不好，但是你又确知他们的确对你好？
    A. 是　　　　　　　　　B. 否　　　　　　　　C. 偶尔
14. 你是否觉得没有人十分了解你？
    A. 是　　　　　　　　　B. 否　　　　　　　　C. 说不清楚
15. 你在早晨起来的时候最经常的感觉是什么？
    A. 忧郁　　　　　　　　B. 快乐　　　　　　　C. 讲不清楚

16. 每到秋天，你经常的感觉是什么？
    A. 秋雨霏霏或枯叶遍地　　B. 秋高气爽或艳阳天　　C. 不清楚
17. 你在高处的时候，是否觉得站不稳？
    A. 是　　　　　　　　　　B. 否　　　　　　　　　C. 不清楚
18. 你平时是否觉得自己很强健？
    A. 是　　　　　　　　　　B. 否　　　　　　　　　C. 不清楚
19. 你是否一回家就立刻把房门关上？
    A. 是　　　　　　　　　　B. 否　　　　　　　　　C. 不清楚
20. 你坐在小房间里把门关上后，是否觉得心里不安？
    A. 是　　　　　　　　　　B. 否　　　　　　　　　C. 偶尔
21. 当一件事需要你做出决定时，你是否觉得很难？
    A. 是　　　　　　　　　　B. 否　　　　　　　　　C. 偶尔
22. 你是否常常用抛硬币、翻纸牌、抽签之类的游戏来测凶吉？
    A. 是　　　　　　　　　　B. 否　　　　　　　　　C. 偶尔
23. 你是否常常因为碰到东西而跌倒？
    A. 是　　　　　　　　　　B. 否　　　　　　　　　C. 偶尔
24. 你是否需要一个多小时才能入睡，或醒得比你希望的早一小时？
    A. 经常这样　　　　　　　B. 从不这样　　　　　　C. 偶尔这样
25. 你是否曾看到、听到或感觉到别人觉察不到的东西？
    A. 经常这样　　　　　　　B. 从不这样　　　　　　C. 偶尔这样
26. 你是否觉得自己有超乎常人的能力？
    A. 是　　　　　　　　　　B. 否　　　　　　　　　C. 不清楚
27. 你是否曾经因有人跟着你走而心里不安？
    A. 是　　　　　　　　　　B. 否　　　　　　　　　C. 不清楚
28. 你是否觉得有人在注意你的言行？
    A. 是　　　　　　　　　　B. 否　　　　　　　　　C. 不清楚
29. 当你一人走夜路时，是否觉得前面暗藏着危险？
    A. 是　　　　　　　　　　B. 否　　　　　　　　　C. 偶尔
30. 你对别人自杀有什么想法？
    A. 可以理解　　　　　　　B. 不可思议　　　　　　C. 不清楚

【统计指标】

以上各题的答案，选A得2分，选B得0分，选C得1分。请统计你的得分，算出总分。得分越少，说明你的情绪越佳，反之越差。

0～20分：表明你情绪稳定，自信心强，具有较强的美感、道德感和理智感。你有一定的社会活动能力，能理解周围人的心情，顾全大局。你是个性爽朗、受人欢迎的人。

21～40分：说明你情绪基本稳定，但较为深沉，对事情的考虑过于冷静，处事冷漠消极，不善于发挥自己的个性。你的自信心受到压抑，办事热情忽高忽低，易瞻前顾后，踌躇不前。

41分或以上：说明你情绪不稳定，日常烦恼太多，使自己的心情处于紧张和矛盾之中。

如果得分在50分以上，则是一种危险信号，须请心理医生做进一步诊断。

第四节　不良情绪的表现及调适

★ 心理故事

情绪与健康的实验

医学心理学家用狗做了嫉妒情绪的实验：把一只饥饿的狗关在一个铁笼子里，让笼子外面的另一只狗当着它的面吃肉骨头，笼内的狗在急躁、气愤和嫉妒的负面情绪下产生了神经症性的病态反应。实验告诉我们：恐惧、焦虑、抑郁、嫉妒、冲动等负面情绪是具有破坏性的情感，长期处于这些负面情绪下会诱发身心的疾病。

美国生理学家爱尔马为了研究情绪状态对于健康的影响，设计了一个实验：把一支玻璃管插在有冰水的容器中，此时容器中的冰水混合物的温度正好是0摄氏度，然后让处于不同情绪状态下的人呼气至冰水中，收集不同情绪状态下的"气水"。实验发现，当一个人心情平和时，"气水"是清澈透明、无色无杂质的；人悲痛时水中有白色沉淀出现；人生气时水中有紫色沉淀。把人生气时收集到的"气水"注射在大白鼠的身上，几分钟后大白鼠死亡了。由此分析得出：生气10分钟会耗费人体大量的精力，其剧烈程度不亚于参加一次3 000米的赛跑；生气时的生理反应十分剧烈，内分泌比任何情绪状态时都更复杂、更具毒性，因此生气对健康的危害极大。

在非洲草原上，有一种吸血蝙蝠是野马的天敌。它攀附在野马的腿上，用尖利的牙齿咬破野马的皮肤，吸食野马的血，任凭野马怎样暴怒、狂奔、跳跃，蝙蝠也不会掉下来，直到吸饱了，蝙蝠才会心满意足地离去，而野马则在不断暴怒中慢慢死去。动物学家认为，吸血量不足以致命，真正杀死野马的是它的愤怒。

资料来源：王祖莉，勇健. 大学生心理健康教育[M]. 3版. 北京：科学出版社，2013.

大学生活知识信息量大、竞争激烈，使大学生的情绪易处于紧张状态。一般认为，适度的、情境性的消极情绪反应，如考试中的紧张和焦虑，失意后的悲伤等情绪是正常的。但是，如果大学生不能很好地处理生活和学习中的各种问题，极易产生不同程度的情绪问题，从而影响身心的健康和发展，轻则影响生活和学习，重则形成情绪障碍，影响思维和行为。下面让我们来认识一下大学生中常见的不良情绪表现及其调适方法。

一、焦虑

（一）焦虑情绪的主要表现

焦虑是十分常见的现象，是在学习、工作、生活中遇到压力或危机时产生的一种烦躁、忧虑的复杂心理，是个体主观上预料将会有某种不良后果而产生的不安感。每个人都有过这种经历，适度的焦虑是正常的，可以成为推动个体行为的动力，但是如果过度焦虑就会形成情绪障碍，常伴有紧张、不安、担忧、惧怕等混合的情绪体验，会出现思维混乱、记忆力下降、注意力不集中，还有可能产生头痛、失眠、食欲不振、胃肠不适等生理反应。

大学生常见的焦虑有自我形象焦虑、考试焦虑、情感焦虑和社交焦虑等。自我形象焦虑是担心自己外貌不够漂亮、没有魅力，如身材矮小、肥胖，脸上有粉刺、雀斑、胎记等影响个人形象而引起的焦虑。考试焦虑在学生中表现得最为普遍，是由于对考试过于紧张，自信心缺乏，对试卷结果担忧而引起的焦虑。情感焦虑多数是由于恋爱受挫而引发的自我否定，认为自己不具备爱人与被爱的能力，因而过度担心引起焦虑。社交焦虑往往是由于过于在意他人的评价，尤其担心他人对自己的负面评价，缺乏自信心。

（二）焦虑情绪的调适方法

1. 寻找根源

自己对自身进行客观分析，可以采用问答法，自问"我在焦虑什么"，拿出纸和笔将自己的答案清楚地写下来，逐条进行分析，找到问题的根源。这个过程也是帮助自身释放和排解负面情绪的过程。

2. 调整期望值

具有焦虑情绪的大学生往往背负着过重的思想包袱，把事情的结果看得过重，对自己的要求过高。适当地调整期望值和自我要求，使心态平和，会缓解焦虑的强度。

3. 自我暗示

处于焦虑情绪中的大学生往往缺乏自信心，在面对问题和困难时应该沉着冷静，稳定自己的情绪。要相信自己有解决问题和困难的能力，做些放松性的自我暗示，如"我能行""问题一定会解决的""困难只是暂时的"，这样有利于形成成功的良性刺激，增加成功体验，得到进一步放松。

4. 放松训练

觉得紧张、焦虑时，最简单的方法是进行深呼吸来放松，站定后，双肩自然下垂，闭上双眼，深吸一口气，然后慢慢地呼气。

参加自己喜欢的文娱体育及其他社会活动，也可以转移注意力，使情绪得以放松，心境得以开阔。听一听优美舒缓的轻音乐，也是一种让大脑放松的好方法。

二、抑郁

（一）抑郁情绪的主要表现

抑郁是大学生常见的情绪问题，也就是俗称的"郁闷"。根据引发原因，抑郁一般分为两类：一类是因一定的事件而引发的抑郁，另一类是由于身体疾病或用药后反应引起的抑郁。易发抑郁情绪的大学生大多性格较为孤僻、内向、敏感、不善言辞、不愿与他人交往。抑郁情绪的外在表现主要为情绪低落，整天无精打采，对事物缺乏兴趣，注意力不集中，经常发呆走神，记忆力变差，做事缺乏主动性，逃避群体活动，不愿与人交往，失眠，食欲减退，体重骤增或骤减等。抑郁是一种持续时间较长的低落、消沉的情绪体验，常常与苦闷、不满、烦恼、困惑等情绪交织在一起。

（二）抑郁情绪的调适方法

1. 改变消极思维

抑郁情绪下的人常会用消极的思维方式去思考问题，放大消极因素。要试着改变思维方式，调整心态，遇到不愉快的事时，用积极乐观的心态去寻找事情光明的一面。

2. 增加自信心

要客观地评价自己和他人，认清自己的优点和长处，增加自信心。要学会自我欣赏、自我赞美，不妄自菲薄，保持心境的稳定，相信"天生我材必有用"。

3. 加强交际

多与人沟通，多交朋友，不拘泥于自我的小天地，尤其是要多与性格开朗、充满活力的人接触。虽然你可能对此没有兴趣，但是要强制自己去参加社交活动，如体育锻炼、旅游、聊天都是很好的方式。

4. 及时宣泄

不良情绪一定要通过释放才能消失和减弱。最重要的释放方式就是与信赖的亲人或志同道合的朋友坦诚交谈，可以向他们倾吐苦衷和烦恼，在得到他们的理解、安慰和支持的同时，也可以化解心中的苦闷。另外还可以到僻静的地方，在不影响他人的前提下大声吼叫、捶打，这也是排解积郁的好方法。

5. 规律生活

早睡早起，有规律地起床、就寝、进餐、学习，可以增强体质，放松心情，保持身心健康，提高学习和工作效率，做事情更有条理性，增加自身的成就感。

三、愤怒

（一）愤怒情绪的主要表现

愤怒是一种暂时性的剧烈情绪，是由于客观事物与人的主观愿望相违背，或愿望无法实现，人们内心产生的一种激烈的情绪反应。愤怒常常在自尊心受损、人格受到侮辱、人身安全受到威胁、遭遇不公正待遇、受到外界强烈干扰等情况时产生。心理学研究表明，发生愤怒，可能导致人体心律失常、高血压等躯体性疾病，同时还会使人的自制力减弱甚至丧失，思维受阻，行为冲动。如果控制不当可能会出现攻击性行为，甚至会造成不可挽回的局面。

大学生年轻气盛、血气方刚，在情绪上往往好激动、易动怒，有时会因一句刺耳的话或不顺心的小事而暴跳如雷；或因别人的观点、意见与自己不合而恼羞成怒，事后却后悔不已。如果无法对这种情绪进行调控，对于大学生健康人格的形成十分有害。

（二）愤怒情绪的调适方法

1. 开阔心胸

心胸的容量和怒气的爆发是成反比关系的，心胸越开阔的人，越不容易动怒；越小肚鸡肠的人，越容易斤斤计较、怒气冲天。有时愤怒的原因在于自身，当你要发怒时，先冷静下来想一想：是不是自己太自私了？是不是自己对别人要求过高，太完美主义了？是不是自己误解了别人的意思？还可以进行换位思考，如果你是对方，这种情况下你会怎么做？

2. 妥善表达

要学会用适当的方式来表达愤怒，如果通过谩骂、指责甚至是攻击性行为直接将怨恨发泄到让你愤怒的人身上，你的愤怒只是得到了暂时性的发泄，但是可能引发更大的冲突和仇恨，造成不可挽回的局面。要权衡利弊后妥善表达自己的想法，清楚地告诉对方他做了什么事，对你造成了怎样的影响和伤害。

3. 延迟发怒

如果你在某一具体情况下总会发怒，那么尝试推迟 15 秒再发怒，下次试着推迟 20 秒再发怒，逐渐增加延迟发怒的时间，直至怒气减弱或消失。

4. 学会宽恕

"金无足赤，人无完人。"每个人都有自己看待问题的思维方式和角度，会因人生观、价值观不同而出现分歧，没有绝对的评判标准。要理解自己和他人，原谅自己和他人所犯的错误，宽容地对待身边的亲人、老师、朋友和同学，宽以待人的同时也会使自己更快乐。

四、嫉妒

（一）嫉妒情绪的主要表现

嫉妒是指他人在某些方面胜过自己而引起的不快甚至是痛苦的情绪体验。嫉妒是人类的一种本能，是人们企图缩小和消除差距，维持自身生存和发展的正常心理防御。嫉妒之心人皆有之，但强度的差异会导致截然不同的结果。轻微的嫉妒可以使人具有危机意识，奋起直追；高度的嫉妒会使人产生愤怒、怨恨等不良情绪，甚至做出伤害他人的行为，这就成为一种心理障碍。

嫉妒在大学生中普遍存在，如当看到他人学识能力超群、品行相貌出众、穿着打扮时尚、经济条件优越、人际交往中受人欢迎等时，内心产生失衡、痛苦、愤怒等感觉；当别人遭遇不幸或处于困境时则幸灾乐祸，甚至落井下石，在人背后谣言中伤、恶语诋毁。过分的嫉妒是一种情绪障碍，会扭曲人的心灵，损害身心健康，降低学习效率，使人际关系持续恶化，常常陷入苦恼之中不能自拔，时间长了会产生自卑，甚至可能采取不正当的手段攻击伤害别人，害人害己。

（二）嫉妒情绪的调适方法

1. 客观认识自我

要正确认识自己的优点和长处，也要客观地评价和欣赏他人。要看到他人的优势，认识自身的不足，同时也要看到自身的长处和他人的缺点，做到知己知彼，取长补短，才能不断获得进步。

2. 转化情绪

看到他人的进步和成功时不要极力贬低、恶语诋毁，要正面承认自己和他人之间的差距。嫉妒不能给自己的成功增加砝码，只会更凸显自己的自私和狭隘。何不把对对手的羡慕转化为积极学习的动力，学习对方的长处，充实、丰富自己，纠正和克服自己的缺点，这样才会缩短两者之间的距离，达到减弱以至消除嫉妒的目的。

3. 充实自我

积极寻找和开拓有利于充分发挥自身潜能的领域，寻找新的自我价值，扬长避短。俗语说"失之东隅，收之桑榆"，踏实地学习可以使自己处于其他领域的领先位置，成为他人羡慕、欣赏的对象，嫉妒情绪自然会得到化解。

五、自卑

（一）自卑情绪的主要表现

自卑是指个体由于某种心理、生理缺陷，或其他原因所导致的消极自我认知体验。

这也是一种在大学生中常见的情绪问题。自卑是一种消极的情绪，具有自卑心理的人"自发"地认为自己不如别人，自己看不起自己，自惭形秽，自我定位在低人一等的地位，对别人的评价过于敏感，自我封闭，逃避现实；对自己的能力和品质评价过低，过分夸大自己的缺陷，对自己持怀疑态度。自卑是对自我潜能的人为压抑，更是一种自我损害的情绪。

导致大学生产生自卑情绪的根源来自主观因素和客观因素两方面。主观因素主要体现在大学生在面对理想与现实的差距、自身能力的不完善、情感受挫等情况时对自己没有正确的评估。客观因素主要是大学生的成长环境、文化背景、经济条件、个人先天的条件等方面存在差异。

（二）自卑情绪的调适方法

1. 正确认知自我

自卑情绪往往源于自己，在认知自我时往往忽略自己的闪光点，放大自身的缺点。要仔细地剖析自己的优缺点，不要妄自菲薄。人无完人，没有人是十全十美的，即使是非常成功的人也会在某个方面存在缺点。要避免"我肯定不行""别人都比我强"这样的消极心理暗示，人在这种暗示下往往是不战而败。

2. 树立自信

每个人都会存在缺点和不足，具有缺点并不意味着你比其他人差。西方有句谚语说："上帝给你关上了一扇门，必定会在其他地方为你开一扇窗。"要用欣赏的眼光看待自己，不要总把目光集中在自己的缺点上，把自己的优点逐一列举出来，多关注自己的优点，建立自信心，放宽视野，就会发现一个全新的自我。

3. 勇敢交往

人生总会有荆棘和坎坷，没有人会一辈子都一帆风顺。由于人的性格、品行存在差异，不要期望所有人都会喜欢你、善待你，不要因为少数人的刻薄和冷淡而将自己封闭起来。放下心理包袱，坦然接受，尝试友好地接纳别人，勇敢地面对生活，就会发现世界是美好和光明的。

六、冷漠

（一）冷漠情绪的主要表现

冷漠是指人对外界刺激漠不关心、无动于衷，缺乏相应的反应的消极情绪体验。大学生风华正茂，血气方刚，应该情感丰富、真诚热情，但少数大学生对周围的人和事漠不关心，对集体和同学态度冷淡，对自己的前途命运、国家大事等漠然置之，似乎什么事情都与自身无关，对集体活动不关心、不参与。具有这种情绪的人往往是由于自己得不到他人的理解，自己的工作得不到他人的支持和认可，对于事情无能为力或力不从心，或是与自身利益无关，不予关注。这类人从表面上看虽然平静、冷漠，但内心却往往有强烈的痛苦、孤寂和压抑感。如果大学生长时间处于这种情绪状态下，容易导致责任感下降、生活意义缺失与自我价值放弃，巨大的心理能量无法释放，会致使心理平衡遭到破坏，影响身心健康。

（二）冷漠情绪的调适方法

1. 改变认知

正确认识自我与他人、个体与社会之间的关系，并不断矫正自己的非理性观念。每个人生活在社会中，每天都要与他人打交道，个体无法脱离群体和社会独善其身。事物之间存在着普遍联系，事物虽然表面上与自身无关，但是都可能对自身产生影响。

2. 积极交际

积极投身于各种形式的群体活动中，即使本身不愿意参与，也要努力控制自己融入集体中，感受他人和集体的温暖，进行积极的自我暗示与自我提升，如进行旅游、体育锻炼、文娱活动等。

心书推荐

《情绪管理》
李中斌

本书系统介绍了情绪管理的全过程，从情绪管理的基本理论出发，阐释自我情绪管理、生活中情绪管理、工作中情绪管理及压力管理的方法和策略等内容，同时站在实际操作的角度，大量运用情绪管理中的实际案例，提出具体的解决办法和实操样表，立足于在实际工作中如何去做，帮助读者真正建立系统、有效的情绪管理体系。

思考与练习

1. 情绪的自我觉察

通过表现各种情绪来探究自己的情绪，提高情绪的自我觉察能力。

（1）利用表情，表现出高兴、愤怒、害怕、悲伤、惊奇、厌恶等情绪。

（2）写出代表喜、怒、哀、惧四种基本情绪的词，写得越多越好。

喜：_____

怒：_____

哀：_____

惧：_____

（3）写出自己出现各种情绪时习惯性的反应。

当我生气时，我会 _____

当我愤怒时，我会＿＿＿＿＿＿＿＿＿＿＿＿＿＿＿＿＿＿＿＿＿＿＿＿＿＿＿＿＿＿＿

当我高兴时，我会＿＿＿＿＿＿＿＿＿＿＿＿＿＿＿＿＿＿＿＿＿＿＿＿＿＿＿＿＿＿＿

当我紧张时，我会＿＿＿＿＿＿＿＿＿＿＿＿＿＿＿＿＿＿＿＿＿＿＿＿＿＿＿＿＿＿＿

当我害怕时，我会＿＿＿＿＿＿＿＿＿＿＿＿＿＿＿＿＿＿＿＿＿＿＿＿＿＿＿＿＿＿＿

当我嫉妒时，我会＿＿＿＿＿＿＿＿＿＿＿＿＿＿＿＿＿＿＿＿＿＿＿＿＿＿＿＿＿＿＿

当我郁闷时，我会＿＿＿＿＿＿＿＿＿＿＿＿＿＿＿＿＿＿＿＿＿＿＿＿＿＿＿＿＿＿＿

（4）根据自己现在的情绪描述情绪特征，并描述情绪产生的背景和原因。

情绪特征：＿＿＿＿＿＿＿＿＿＿＿＿＿＿＿＿＿＿＿＿＿＿＿＿＿＿＿＿＿＿＿＿＿＿＿

情绪描述：＿＿＿＿＿＿＿＿＿＿＿＿＿＿＿＿＿＿＿＿＿＿＿＿＿＿＿＿＿＿＿＿＿＿＿

情绪产生的背景和原因：＿＿＿＿＿＿＿＿＿＿＿＿＿＿＿＿＿＿＿＿＿＿＿＿＿＿＿＿

2. 突破困境

尝试用正面的语句代替所列出的负面语句，也就是用积极的想法去突破困境。

（1）这问题没法解决＿＿＿＿＿＿＿＿＿＿＿＿＿＿＿＿＿＿＿＿＿＿＿＿＿＿＿＿

（2）我有很大压力＿＿＿＿＿＿＿＿＿＿＿＿＿＿＿＿＿＿＿＿＿＿＿＿＿＿＿＿＿

（3）我做不好这件事＿＿＿＿＿＿＿＿＿＿＿＿＿＿＿＿＿＿＿＿＿＿＿＿＿＿＿＿

（4）我从来没有想过＿＿＿＿＿＿＿＿＿＿＿＿＿＿＿＿＿＿＿＿＿＿＿＿＿＿＿＿

（5）以前从来没有人做成功＿＿＿＿＿＿＿＿＿＿＿＿＿＿＿＿＿＿＿＿＿＿＿＿

3. 思考题

（1）通过本章的学习，你能够准确地觉察自己的情绪吗？

（2）你计划如何提高自己的情绪智力呢？

（3）你的情绪中有哪些消极的想法？今后如何改变？

参考文献

[1] 卡塔拉诺，卡明.情绪管理：管理情绪，而不是被情绪管理[M].李兰杰，李亮，译.北京：中国青年出版社，2020.

[2] 李宏伟.大学生心理健康与心理咨询经典案例[M].西安：西安电子科技大学出版社，2019.

[3] 高峰，石瑞宝.大学生心理健康教育[M].北京：清华大学出版社，2020.

[4] 王祖莉，勇健.大学生心理健康教育[M].3版.北京：科学出版社，2013.

[5] 王小军.情绪心理学[M].北京：西苑出版社，2020.

第九章·CHAPTER 9

你来我往的魅力
——大学生人际交往

学习目标

（1）了解大学生人际交往的意义、特点及类型；
（2）理解影响大学生人际交往的因素；
（3）掌握基本的交往原则和技巧；
（4）了解人际关系障碍的类型及调适方法。

案例导入

宿舍的故事

晓琪是一名大学二年级的学生，现在神情黯然且很无助地坐在咨询师面前。

晓琪告诉咨询师，她们宿舍关系很复杂，她不知该如何处理。她来自农村，家里经济条件不好，从上初中后就一直住在亲戚家里，因为成绩优异，亲戚们也就特别宠爱她。她性格内向，经常独来独往。她进入大学后，宿舍共四人（晓琪、薇薇、小君、阿霞），性格有很大的差异。大一的时候她们彼此的关系还不错，后来相处时间长了，慢慢地出现了一些问题。薇薇是班里的团支书，很多活动都由她组织，她平时总喜欢征求别人的意见，而在大家看来她心里早就有了主意。她对人很客气，做什么事情都显得很大方，但是经过一段时间的相处，大家都感到她很虚伪，给人一种很假的感觉。薇薇还有一个习惯，就是几乎每天晚上都打电话聊天，宿舍其他人要睡觉休息，她也不管。因为这事，三个人对薇薇都有意见，但小君和阿霞也只是私底下议论，只有晓琪心直口快，心里藏不住事情，很讨厌薇薇，表面上就对她没有好脸色。阿霞算是寝室里和晓琪关系还不错的，有什么活动，薇薇都不告诉她们两个。小君是老好人，谁也不想得罪，所以她什么也不说。晓琪对小君的这种做法感到很不齿，心里有意见，就不搭理她。面对如此复杂的宿舍关系，晓琪感到十分困惑。怎样才能处理好这些关系呢？

咨询师在认真倾听了晓琪的烦恼之后，和她一起从以下几个方面进行了交流。①认清问题存在的必然性：是不是所有宿舍的学生之间都有这些不愉快的事呢？人与人之间存在一定的个性差异，特别是在爱好、兴趣、生活习惯等方面不能达成共识，这是很正常的。大家在一起生活，需要以宽容的心态接受别人的不同。②做好妥善处理人际关系的思想准备：在人际交往中，要相互理解，相互尊重；要接纳别人，悦纳自我，这样就会感觉身边多了很多朋友，多了许多欢乐，少了许多烦恼。最重要的还是要用宽阔的胸怀来面对别人，宽阔的胸怀不是要我们忍气吞声，不是任其发展，而是要善意地指出别人的缺点，逐渐完善自己。

通过咨询，晓琪认识到了自己的不足：不能接纳其他同学，不能发现自己的缺点，而且有时候怀疑对方。她认为对自己应该有一个正确的认识，在改正自己缺点的同时去接纳别人；在学习、生活上要和大家多交流，还应该掌握一些人际交往的技巧。通过两周的自我调适以及和宿舍学生交流，当再次与咨询师见面时，晓琪说她们宿舍的关系有了很大的改变，她的眼睛里流露出一些喜悦和自信。

【思考】
（1）是什么原因造成了晓琪在宿舍中的交往困扰？
（2）在你身边是否也有类似的情况呢？

对于大学生来说，从他们踏入大学校园的那一刻起，就意味着进入了一个与中学时代迥异的新世界，到处充满了诱惑和挑战。大学校园中的人际交往是每个大学生不可缺少的"必修课"，也常常使同学们感到头疼和苦恼。如何理解人际关系，如何面对和处理人际关系中的问题，如何建立良好的人际关系，是当代大学生适应社会、寻求发展所应该掌握的一件法宝。

第一节 人际关系概述

一、人际交往的概念

人际交往是指人们在各种社会领域中，运用语言或非语言符号交换意见、传达思想、表达感情和需要等的交流过程，包括物质交往和精神交往。它反映在群体活动中人们相互之间的情感距离。它是人类社会特有的社会现象，是群体成员之间交流情感、传递信息的重要手段。在人际交往过程中建立和发展起来的人与人之间的关系就是人际关系。

人际交往缘于个人或群体之间想要达到的某种需要、愿望或目标。人际交往是人与人之间最基本的交往，是为了达成人际关系状态产生的感知、识别、理解等行为。在交往过程中总会伴随一定的情绪和情感体验，这些体验反过来又决定了对待对方的态度。大学生人际交往是指大学生之间、大学生与其他社会人群之间沟通信息、交流思想、表达情感、协调行为的互动过程。卡耐基认为，一个人的成功15%靠他的专业知识、智商和经验，85%取决于良好的心理素质和人际关系。通过人际交往建立起来的人际关系对于大学生的成长、发展具有重要影响。积极的人际交往和真挚的友谊，有助于促进大学生的社会化进程，深化自我认识；有助于大学生的个性发展与完善；同时也是大学生身心健康的重要保证。因此，了解人际交往知识，建立和谐的人际关系，特别是建立真挚的友谊，对大学生具有重要的人生意义。

二、人际交往与人际关系

人际交往和人际关系是两个既有联系又有区别的概念。人际交往是人际关系实现的根本前提和基础，也是人际关系形成的途径；而人际关系则是人际交往的表现和结果。二者的区别是人际交往侧重于人与人之间的联系与接触的过程，以及行为方式的程度等；人际关系侧重于在交往基础上所形成的心理状态和结果。从时间上看，人际交往在前，人际关系在后；人际交往是一个动态的过程，而人际关系则具有相对的稳定性。

三、大学生人际交往的人生意义

人的一生几乎都是在与他人的交往中度过的，积极的社会交往有助于人的个性形成和社会适应，消极的社会交往会导致心理冲突，阻碍其适应社会，影响人格发展。人际交往是满足人的基本需求的重要途径。大学生人际交往具有沟通信息、交流情感、协调行为、提高人际关系能力的作用。人际交往对大学生个体成长、发展有着直接的影响，对大学生素质的提高、人格的完善有着密切的关系。

（一）人际交往有利于大学生认知水平的发展

每个人的听、说、读、写的能力不是天生的，而是在人际交往中学会的。人的行为和思想的形成、发展，社会信息的获得，都不可能离开人际交往。与人交往是一种超出书本之外的学习，是我们获得信息的重要渠道。大学生在与老师、同学和朋友的交流、切磋中，可以开阔眼界和思路，拓宽知识面，获得启发，掌握基本知识和技能。尤其是在现今这个信息爆炸的时代，获得信息的能力也是决定一个人成功的重要因素。

（二）人际交往有利于大学生加速社会化程度

一个人的成长不仅与身心发展水平有关，而且取决于社会化的程度；而社会化程度的提高，又取决于个体的社会交往、实践活动。大学生需要在与他人的交往中，不断地调整自己，通过他人对自己的态度和评价客观地认识自己，以及自己在社会中所处的地位，从而充当正确的社会角色。大学生要使社会化程度不断提高，就必须进行人际交往，在人际交往中发展自我、完善自我，使自己成为社会所需的合格人才。

（三）人际交往有利于大学生深化自我认识

"当局者迷，旁观者清。"人对自己的认识总是在与他人交往中来实现的，大学生总是需要在与他人的交往中通过他人对自己的评价和态度，以及与他人的比较中，把自己的形象反射出来并加以认识。只有与不同的人交往，获得不同的态度体验，才能促使大学生不断提升自我，形成良好的自我形象。离开了交往对象或相比较的对象，就失去了衡量自己的尺子和明鉴自己的镜子。

（四）人际交往有利于大学生的身心健康

心理健康是一种持续的、积极的心理状态，是大学生必备的素质之一，也是大学生更好地适应社会、发展自我、完善自我的重要条件和保证。大学生正处在心理矛盾、冲突和需要最多、最剧烈的时期，当拥有和谐融洽的人际关系时，就会感到被人尊重、需要和接纳，产生满足感，同时产生愉悦、幸福、成功等积极体验；当人际关系失调时，就会感到不被人理解、接纳和关注，同时也会产生孤独、烦恼、痛苦等消极体验。只有良好的人际交往才能使大学生完善个性、健全人格、排解忧愁，促进大学生的身心健康，体会到人生的快乐和幸福。

★ 心理知识

首因效应

美国社会心理学家洛钦斯（Lochins）在1957年做了这样一个实验：他杜撰了两段故事，描写了同一个人的生活片段。故事一把这个人写成一个热情、外向的人，故事二则把这个人写成一个冷淡、内向的人。随后，他请两组参与者分别阅读这两段故事，并评价这个人的性格。结果参与者的评价截然不同。他从而提出了"首因效应"这一定律。

心理学研究发现，初次会面，45秒钟就能产生第一印象，主要包括容貌、衣着、姿势和面部表情等。第一印象会在后续交往中占据主导地位。"首因效应"提示我们，初次见面应给人留下好印象。人们都愿意与衣着整齐、落落大方的人交往。注意言谈举止，最好能言辞幽默、侃侃而谈、不卑不亢、举止优雅。有了良好的开始也就成功了一半。

资料来源：邱鸿钟. 大学生心理健康教育[M]. 广州：广东高等教育出版社，2018.

四、大学生人际交往的特点

大学生活是一种完全不同于任何其他时期的生活，大学生每天穿梭于教室、宿舍、食堂、图书馆之间，既充满了学习的紧张、枯燥和乏味，也充满了生活的自由、浪漫和丰富多彩。大学生处于这种特殊的生活环境和生理年龄下，其人际交往也具有鲜明的时代特点和特色。

（一）交往主体的局限性和交往范围的狭窄性

大学生是大学校园的主体人群，进入大学学习的大学生，尽管他们来自不同的地域、不同的家庭，有不同的社会背景，但他们的年龄相近，文化素质水平相近，在这个特殊的校园环境中，大家朝夕相处地生活和学习，具有众多的交往机会、相似的人生经历、共同的学习任务，使得大学生的人际交往对象也具有了鲜明的特色，绝大多数都是与同学、同乡之间的交往。

大学生的人际交往多是与同学在学习和生活中发生的交往，其范围主要集中在校园，虽然有同学参加社会实践或在择业时接触就业单位人员，但是那些只是少数学生在短时间内的对外交往。因此，大学生的人际交往范围具有狭窄性的特点。

（二）交往要求的迫切性和交往行为的被动性

大学生年轻活泼，思想活跃，精力充沛，进入大学学习后，脱离了熟悉的家庭生活圈子，亟须建立新的交往群体来弥补情感需求，所以具有迫切的人际交往的愿望。同时对于新环境的新鲜感和好奇心，也促使大学生想结交更多的新朋友。

在实际交往中有很多大学生由于缺乏人际交往的经验，不知道如何与他人进行交往；也有些大学生从小到大被家长溺爱呵护，心高气傲，不懂得隐忍退让，不易与人交往；还有些大学生来自偏远落后的乡村或山区，自卑心理作祟，不敢与人交往；等等。这些都造成了很多大学生在人际交往过程中处于被动的地位。

（三）交往愿望的单纯性和交往动机的复杂化

对于大学生来说，学习知识是他们的主要目标，功名利禄对他们来说还比较遥远，还是身外之物。因此，大学生以功利为目的的交往明显少于社会其他群体。大学生在人际交往中多是单纯地以增进感情和友谊为交往的目的，注重情趣相投，满足交往双方的精神需要，这使得他们在交往中投入了较多的情感。此特点在低年级的学生中尤为突出。

但是，随着年级的逐渐增长，大学生最终将逐渐融入社会，在逐步融入社会的过程中，其价值观也随之发生了变化，大学生的交往动机从较单纯的情感需要扩展到生活、发展、成才、就业等多种需要并重，且逐渐趋向复杂化。

（四）与异性交往愿望的强烈性和交往的拘谨性

大学生正处于青年期，情感极其丰富，随着生理的成熟，心理上产生了比高中阶段更为强烈的与异性交往的渴望和兴趣，产生了追求爱情的强烈愿望，尤其受到西方文化和社会风气的影响，当代大学生与异性交往的频率大大增加，恋爱人数的占比也越来越高。

但是，由于大学生人际交往能力有限，异性间交往经验不足，对"爱情"的认识尚不够深刻，在与异性交往过程中，往往怕别人说闲话、被对方拒绝等，不敢表达自己的真实想法；或是词不达意，难以准确、恰当地表达自己的情感，从而影响了与异性之间的顺利交往。

第二节　大学生人际交往的类型及影响因素

大学生是社会中一个比较特殊的群体，大学生的生理和心理特点及所处的环境限制了他们的交往范围和交往对象，这在某种程度上既决定了大学生人际交往的类型和特点，又细化了影响大学生人际交往的因素。

一、大学生人际交往的类型

（一）按照交往对象的特征分

1. 业缘型

大学生在校园中最基本的活动是学习。因此，围绕学习活动，在学习过程中产生的人际交往是大学生中最基本的人际关系。这种人际交往中包含了学生与各位讲授课程的老师之间形成的师生交往，共同学习的同学与同学之间形成的同窗交往，还有学生与学校各职能部门工作人员产生的业务交往等。其中师生交往最为重要，师生交往是大学生人际交往中的重要内容，师生关系如何直接影响到大学生能否健康成长。

2. 地域型

大学生来自五湖四海，会因为生活的地理位置接近而造成交往意愿增强，交往频率提高，建立相对密切的人际关系。"老乡会"成为大学校园里一道独特的风景，它是由来自同一地区的学生组成的，不分专业和年级，一般以省或市为界，是同乡之间维系感情的重要载体。因为老乡之间有更多的相似点、更多的共同话题，所以更具有亲切感，形成一种亲密的关系。此外，同一宿舍或相邻宿舍的舍友之间也会因为地理位置接近而形成密友关系。虽然同学们性格、爱好、家庭背景等不尽相同，但因为频繁的接触而建立起亲密关系，在大学宿舍中以兄弟姐妹排行相称、结伴而行、一起活动是非常常见的现象。

3. 投缘型

大学生活中经常会有来自不同专业、不同年级、不同地域，甚至是不同院校的学生因为具有相似的性格、共同的兴趣和爱好或奋斗目标而意气相投，结成亲密的朋友关系。大学中有各类如英语口语、舞蹈、棋牌、科技等社团、协会，又有因考级和考证的共同目标聚在一起共同学习的团体，由于具有相似的性格或共同的爱好和目标，大家认同彼此的观点、意见和态度，彼此产生好感，彼此之间建立起亲密的挚友关系，这也是大学生中比较常见的一种交往类型。

4. 情感型

大学生处于生理成熟和心理趋于成熟的特殊阶段，远离亲人和熟悉的环境，会感到孤独、焦虑和恐惧，需要在情感上得到关怀和慰藉；需要在遇到困扰和痛苦时有人可以倾诉，在喜悦时有人可以分享；需要得到关心、支持和尊重。除此之外，大学生也产生了与异性建立亲密关系的渴望和需要。因此，大学生会与在情感上能够吸引和满足自己的人形成亲密的人际关系。

（二）按照交往产生原因的时间阶段特征分

1. 新生型

大一新生刚刚进入大学学习，周围是陌生的人群和环境，从原来的与家人一起生活变为独立的群体生活，尽管可以通过先进的通信手段与家人保持联系，但与家庭生活的联系大大减弱，会造成亲情的缺乏，急需新的情感来弥补，而大学生人际交往过程中产生的情感恰恰可以实现这个功能。此外，刚刚进入新的环境，大学新生充满了新鲜感和好奇，对于周围的人和环境的探索欲望增强，推动大学新生积极地与他人进行人际交往。这个阶段是大学生人际交往频率最高、最活跃的时期。

2. 成长型

随着对大学生活的逐渐熟悉和适应，大学生的生理、心理、思想都逐步成熟，在人际交往上已不满足于情感需求，对于了解社会、熟悉社会、适应社会的需求越发强烈，在人际交往中互相学习，逐渐成长和成熟。这个阶段的人际交往除了情感需求还趋于功利化，更关注社会价值的获得和社会能力的培养。这个阶段是大学生人际交往的转型期。

3. 毕业型

大学生进入大学高年级阶段，面临升学和就业问题，除了加强知识和能力的学习与培养，更加关注选择职业和推销自己，压力增大。这个阶段的人际交往多集中在如何顺利毕业、如何找到满意的工作等方面，交往的对象倾向于各个招聘单位，人际交往的功利性和现实性增强，交往对象趋于复杂化，交往的目的更具针对性。

二、影响大学生人际交往的因素

（一）接近性与熟悉度

日常生活中，人们的交往经常是从身边的人开始的。距离接近有利于人们之间的交流和沟通，自然空间距离近的人彼此之间存在相对较大的交往可能性，并在其中选择交往或合作的伙伴。我们经常接触、交往最多的人往往会成为我们的朋友，比如邻居、室友等。心理学研究结果表明，熟悉引起喜欢，喜欢有助于人际交往进一步发展。熟悉本身就可以增加一个人对另一个人的喜欢。大学生进入大学后，最初的人际交往都是从室友、老乡、同班同学开始的。相比之下，室友由于住在一个房间里，彼此的熟悉程度显然高于非本宿舍成员，大学生最好的朋友往往都在同一个宿舍，而老乡由于地域关系，在陌生的环境里会产生心理上的亲近感，也成为经常交往的对象。

(二) 相似性

如果双方有很多相同或相近的地方，则更容易成为朋友。相似是人际交往中双向吸引的重要因素，人们一般会喜欢那些在态度、价值观、兴趣、背景、个性等方面与自己相似的人，交往双方的相似性在人际交往中有着重要的意义。例如，兴趣爱好相似，球迷之间因为对一场球的品评，遂成知音；喜欢打扮的人，周围的朋友也大都热衷于追求时尚；有相近职位、地位的人会更容易成为朋友。经调查研究，在挑选婚姻伴侣时，如果男女双方在年龄、家庭背景、受教育程度、智力水平、外貌、价值观等方面相似或相当，也就是俗语说的"门当户对"，则更容易互相吸引，结成的婚姻关系更加稳定、和谐，持续的时间也更加长久。

(三) 互补性

人在寻找人际交往对象时，往往都有寻求能够弥补自己不足的朋友，从而使交往双方共同形成完整人格的一种心理。因为当交往双方能够彼此满足对方的需要和期望时，就会增加吸引力。比如，依赖性强的人愿意与独立性强的人交朋友；急性子的人往往愿意与个性较稳重、有较强容忍力的人做朋友；遇事犹豫不决的人希望能有一个处事果断的朋友替他出谋划策。大学生如果选择与性格互补的人交往可以使交往的层次更丰富，对于认识世界、开拓处理问题的思路更有益处。

(四) 互好性

一般来说，如果对方对我们热情、友善，我们也愿意接纳对方。所以对方是否欣赏我们，也是决定我们是否欣赏对方的一个重要因素。科学研究表明，人们在人际交往中往往喜欢那些对自己有好感、做出积极评价的人，而厌烦对自己做出消极评价的人。当然也有个别自尊心水平较低的人会认为他人对他们的友好行为只是表面现象、虚假行为，相应也不会做出良好反应。

(五) 外表吸引

在交往的过程中，特别是初次接触时，人们往往更容易注意到的是他人的外表。一个人的相貌、着装、风度等外在因素起着重要作用。在其他条件相同的情况下，那些相貌漂亮、有气质、风度翩翩的人更容易被人接纳，使人产生与之交往的愿望和行为。这也是人们在人际交往中特别注意第一印象的原因。但随着交往时间的延长，外表因素的作用越来越小，人的内在品质的作用越来越大。

★ **心理知识**

外表的"魔力"

美国心理学家奥斯特夫和赛格尔做过一个有趣的实验。他们把模拟的犯罪案卷让一些人来阅读，这些案卷的封面上贴有罪犯的照片，其中有相貌漂亮的，也有丑陋的。当人们阅读了卷宗后，根据要求对案犯进行判决，结果长得丑陋的罪犯大多数被判得较重，而长得漂亮的罪犯则被判得较轻。

（六）能力吸引

在其他条件相同的情况下，一个人能力越强，就越容易被人喜欢。一定范围内，才能与被人喜欢的程度成正比，比如说，学习成绩好的人容易成为大家的交往对象。虽然才能与被人喜欢的程度在一定范围内成正比，但近乎完美的人往往让人产生距离感，使人倍感压力。而能力出众又有一点小缺点或小过失的人往往更具吸引力。现实中，我们往往有所感触，越是各方面都出类拔萃的学生，反而同学们越不愿与之亲近，对他敬而远之。

（七）人格吸引

具有持久吸引力的人是那些具有优秀品质的人。美国心理学家安德森在1968年做了一项调查：他收集了555个用于描述人的品质的形容词，让大学生评价对于这些品质的喜欢程度。结果其中最受人喜欢的六个品质分别是真诚、诚实、忠诚、真实、可信、可依赖，最让人讨厌的品质是虚伪和说谎。可见一个人的人格因素在人际交往中起到非常重要的作用，一个人的优秀品质越多，其受他人欢迎的程度越高。

（八）心理效应

社会心理学研究表明，在人际交往中有一些非常有趣的心理效应。科学地利用或者避免人际交往中的心理效应，对大学生进行有效的交往具有重要的指导意义。

1. 首因效应

首因效应是指在人际交往中第一印象形成的心理效果。人际交往中，第一印象会在相当长的时间里一直直接影响人们对交往对象的评价和看法。人们往往对第一次见面时的印象如对方的容貌、表情、身材等因素记忆深刻，而对后来接触到的因素不太注意甚至忽略。

如果第一印象良好，在以后的交往中总倾向于从积极的方向去理解对方；反之，则容易形成偏见，从消极的方向去看待对方。例如，在恋爱交往中，双方见面时如果第一印象良好，之后能够继续交往的可能性就大大增加。但第一印象往往是建立在外表印象基础上的，并不一定真实可靠。首因效应往往在人际交往的初期起重要作用。

★ 心理知识

SOLER 模式

社会心理学家艾根1997年根据研究得出结论：同陌生人相遇时，如果按照 SOLER 模式表现自己,可以明显地增加此人对我们的接纳性,建立良好的第一印象。具体方法是:S(sit)代表"坐或站的时候要面对别人";O(open)表示"姿势要自然开放";L(lean)的意思为"身体微微前倾";E(eyes)代表"目光接触";R(relax)表示"放松"。

2. 近因效应

近因效应是指在人际交往中近期印象形成的心理效果。人际交往中人们往往对最近获得的印象清晰深刻,会冲淡和破坏过去一直存在的印象。同一个人的两段信息被连续感知时,人们会对前一种信息印象更深刻,也更倾向于相信;但当同一个人的两段信息被间断感知时,人们往往会更关注后一种信息,有冲淡和破坏之前信息的作用。前者就是我们之前提到的首因效应,后者就是近因效应。

首因效应与近因效应不是对立的,而是一个问题的两个方面。在大学生的人际交往中,第一印象固然重要,但最后的印象也是不可忽视的。在对陌生人的认知中,首因效应比较明显;而对熟识的人的认知中,近因效应比较明显。

3. 光环效应

光环效应又叫晕轮效应,指的是在人际交往中,人们常将对方所具有的某个特性泛化到其他方面的一系列特性上,从局部信息推论形成一个完整印象,做出全面结论的心理现象。

光环效应往往会影响到人们的相互交往。当你认为对方某个方面优秀时,就觉得他处处顺眼,一切方面都优秀,"爱屋及乌",甚至对他的缺点和错误也会觉得可爱;当你认为某人有缺陷时,就觉得他处处不顺眼,对其优点与成绩也视而不见。光环效应容易产生以偏概全的结果,以个别特征代替全部特征,主观地歪曲了交往对象的形象,对人做出不公正评价,这在人际交往中是比较常见的。我们在人际交往中要特别注意,尽量避免光环效应带来的负面影响。

4. 投射作用

投射作用是指在人际交往中,在形成对别人的印象时总是假设他人与自己有相同的倾向、态度和体验等,把自己的某些心理特性加在他人身上。"以小人之心,度君子之腹"就是这种投射作用的写照。在大学生中这种作用普遍存在,如当一个男生喜欢某个女生时,觉得对方的一颦一笑都是在对自己发出爱的信号;在寝室交往中,有的同学对别人有偏见,在生活中也会觉得对方处处都针对他。这种以己度人、主观想象容易造成人际交往中的误会和矛盾。

5. 刻板印象

刻板印象是指人们对于某一类事物或人物形成一种比较固定、概括和笼统的看法,并认为所有的这类事物或人物都具有这些特性。比如,对于英国人的普遍看法是传统,具有绅士风度;又如,认为北方人高大威猛、豪爽大方;再如,农村来的同学认为城市里的同学见多识广,但狡猾、虚伪,城市里的同学则认为农村来的同学孤陋寡闻,但忠厚、老实；等等。一旦形成了刻板印象就会忽略个体的真实表现，容易形成交往中的偏见和误解。这类心理现象常常是许多人在不知不觉中产生的，会对人际交往带来不同程度的影响。

6. 定势效应

定势效应是指人们在认知活动中用已有的知识和经验来看当前事物的一种心理倾向。在交往中，定势效应常使人们对他人的认知固定化。比如，与老年人交往，我们往往会认为他们思想僵化、墨守成规、过时落伍；与年轻人交往，又会认为他们"嘴上无毛，办事不牢"；与男性交往，往往会觉得他们粗手粗脚、大大咧咧；与女性交往，则会觉得她们柔柔弱弱、心细如针。

★ **心理知识**

阿希实验——从众效应

美国心理学家所罗门·阿希在60多年前设计了一个实验，研究人们在多大程度上受到他人影响而违心地做出明显的错误判断。

在实验室里，阿希拿出一张画有一条竖线的卡片，然后让大家比较这条线和另一张卡片上的3条线中的哪一条线等长。判断共进行了18次。事实上这些线条的长短差异很明显，正常人是很容易做出正确判断的。然而，在两次正常判断之后，5个假被试故意异口同声地说出一个错误答案，于是许多真被试开始迷惑了。结果是不同的人有不同程度的从众倾向，这被称为"从众效应"。

心理自测

交友能力测试

在现代生活中，交朋友成了一项越来越重要的活动。事实上，善于结交朋友的人不仅生活过得快乐自在，而且事业上也容易获得成功。你的交友能力怎么样？下面一组自测题可以帮助你了解个大概。请实事求是地回答每一个问题，如果你的回答是肯定的，就在题号前打"√"，如果回答是否定的，就不要做任何记号。

1. 除了父母、配偶及兄弟姐妹，你是否还有一个可以互诉衷肠的知心人？
2. 你有两个以上交往多年的老朋友吗？
3. 你有起码一个称得上知己的异性朋友吗？
4. 除了同龄人，你是否还有一些忘年交？
5. 当你遇到意外事故时，你是否能轻而易举地找到一个朋友帮助你？
6. 你是否每周至少一次去朋友家坐坐？
7. 遇到节假日，你常会想念朋友吗？
8. 朋友邀你去玩时，在一般情况下，你是否会找到诸如"最近我太忙"之类的借口婉言谢绝？

9. 朋友遇到困难（如生病）时，你是否会主动表示关心？
10. 你是否经常用打电话或写信的方法，同远方朋友保持较为紧密的关系？
11. 每隔一段时间，你是否会增加新朋友？
12. 你交友不是为了使自己获得某种"方便"，而是纯粹为了赢得友谊和感情吗？
13. 你正忙时恰遇朋友来访，这时你仍会热情接待吗？
14. 除了赠送礼品，你还有更多增进友谊的办法吗？
15. 当你遇到不幸或感到寂寞时，你会走出家门向朋友诉苦或发牢骚吗？

【统计指标】

一个"√"为1分，累计总分如达到13分及以上，说明你有很强的交友能力；9～12分，说明你有较好的交友能力；6～8分，意味着你尚能维持与朋友的友谊；5分及以下，意味着你的交友能力很差。人的心理是动态的，随着时间、地点、条件而转移，而且受到心境的制约，愉快的心境和不愉快的心境都会影响对事物的判断。因此，自测的结果只能作为参考。人贵有自知之明，自测的目的不是下定论，而是帮助人们发现自己，发现自己人际交往的长处与短处，并据以发扬优点，逐渐完善自己。

第三节　大学生人际交往的原则及技巧

俗话说"没有规矩，不成方圆"，在大学生人际交往的过程中也要遵循一定的原则，掌握一些技巧，才能使交往积极、顺畅地进行下去，形成良好的人际关系。

一、大学生建立良好的人际交往的基础

（一）个性品质

良好人际关系的建立需要有个体良好的基本素质作为基础，个性品质是其中之一，它主要有以下六个方面。

1. 真诚

"人之相知，贵相知心。"真诚能使交往双方心心相印，彼此肝胆相照，真诚的人能使友谊地久天长。

2. 信任

美国哲学家和诗人爱默生说过："你信任人，人才对你忠实。"在人际交往中，信任就是要相信他人的真诚，从积极的角度去理解他人的动机和言行，而不是胡乱猜疑、相互设防。信任他人必须真心实意，而不是口是心非。

3. 克制

与人相处，难免发生摩擦或冲突，克制往往会起到"化干戈为玉帛"的效果。克制

是以团结为重，以大局为重，即使是在自己的自尊与利益受到损害时也应如此。但克制并不是无条件的，应有理、有利、有节，如果是为一时苟安，忍气吞声地任凭他人无端攻击、指责，则是怯懦的表现，而不是正确的交往态度。

4. 自信

俗话说："自爱才有他爱，自尊而后有他尊。"自信也是如此，在人际交往中，自信的人总是不卑不亢、落落大方、谈吐从容，绝非孤芳自赏、盲目清高，他们对自己的不足有所认识，并善于听从别人的劝告和接受帮助，勇于改正自己的错误。

5. 热情

在人际交往中，热情能给人以温暖，能促进人的相互理解，能融化冷漠的心灵。因此，待人热情是沟通人的情感、促进人际交往的重要心理品质。

6. 豁达

豁达是人际关系能顺利建立、维持和发展的润滑剂与催化剂。豁达的人心胸宽广，对人对事总是宽容大度；他知道人无完人，对他人的过错坦然一笑，总是给人宁静、放松、安然的感觉，让人不由自主地想靠近他。

（二）人际魅力

人际魅力是人际交往中最具有聚集力的一种能力，主要表现在以下几个方面。

1. 仪表魅力

仪表首先是指外貌的美丑，也包括人的穿着、体态、风度等因素，它们对人际魅力有影响。风度是一个人的先天素质和后天文化教养相结合在言谈举止中的表露。大学生是有文化教养的青年人，其风度应当体现为谈吐儒雅、举止得体、言行有礼有节、豁达开朗、宽厚容忍等。

2. 态度魅力

大学生要使自己在人际交往中具有魅力，就应拥有真诚、信任、克制、自信、热情、没有偏见等态度。

3. 才能魅力

大学生的主要职责是学习和增长才能，因此大学生应当有过硬的专业知识本领，要不断地学习和掌握本专业的新知识、新信息，逐步成为该领域的专家；要学会含蓄，适当地展示自己的才华；要谦虚谨慎，不恃才自傲，形成"学然后知不足"的良好学风。

4. 性格魅力

大学生要形成尊重他人、关心他人、富于同情心、热爱班集体活动、做事认真负责、忠厚老实、热情开朗、待人真诚的性格特点，培养受欢迎的个性。

二、大学生人际交往的基本原则

（一）平等原则

人与人之间是平等的，无论高矮胖瘦、贫穷富贵还是能力高低，每个人在人格上都是平等的。平等是建立良好人际关系的前提，也是人际交往中最基本的原则。大学生来自祖国的五湖四海，年龄、知识背景、文化水平相似，虽然家庭背景、经济状况、个人能力不同，但在人格上都是平等的，无高低贵贱之分。大学生之间良好的人际交往应该是建立在真诚、平等的基础上，不要把自己的想法强加于他人，更不能趾高气扬、盛气凌人。只有平等相处，将心比心，不戴着有色眼镜去对待他人才能达到相互间的共情，获得他人的尊重和理解，人际交往才能协调和融洽。

（二）真诚原则

真诚是所有道德品质中最受喜爱的一种，是人们进行人际交往的基本要求，是人与人之间建立信任关系的基础。真诚是大学生高尚品格的具体表现，也是大学生在人际交往中最重要和必要的原则。对于别人的优点要真诚地、发自内心地赞美；对于别人的困难，要尽心尽力、竭尽所能地予以帮助。只有在交往中以诚相待，无论说话、做事都发自真心，用真情去打动别人，才能赢得别人的信任，建立深厚的友谊。

（三）宽容原则

宽容是指在人际交往中宽以待人、求同存异，能够容忍他人的过失和不足。宽容并不是无原则地接受一切，而是在非原则性的问题上不斤斤计较。宽容是维系良好人际关系的纽带，也是增强人际吸引力的要素。大学生正处于血气方刚的年龄，又处于集体生活中，每个人的性格、习惯、爱好和生活方式都存在或多或少的差异，只有胸襟宽广，容忍差异和他人的缺点，才能与他人顺利交往。特别是在寝室中的人际交往，更要学会谦让大度，克制忍让。宽容他人是对自己能力有信心、成熟的表现。

（四）诚信原则

诚信是指在人际交往中诚实、不欺骗、讲信用、遵守诺言。诚信是交往的潜在力量，显示了个体的自重与内心的安全感和尊严，是人与人之间相互信赖的前提和基础。诚信有助于构建和谐、轻松的人际关系。大学生都愿意与诚实守信的人交往，不用担心被欺骗和出卖。一个不讲信用的人很难获得别人的信任和接纳，很难得到真正的友谊，也很难建立良好的人际关系。

（五）互利原则

人与人之间的交往本质上是一种社会交换行为，这不同于简单的物质交换，而是精神、情感等方面的交换，其遵循的原则是一样的。在交往过程中能够满足双方的需要，达到共利、共赢的目的。只有交往双方在过程中都能够满足各自的需求,才能保持良好的互动,在交往中彼此相互关心、相互帮扶、相互爱护才是互利原则的根本体现。单方面的付出、索取,或是想少付出多回报,都不会得到良好、稳定的人际关系。

(六)适度原则

适度原则是指在人际交往中要把握好言行举止的尺度和交往的广度。每个人都有各自的性格特征,有相似性也有特殊性,需要找到自己与他人交往的适当距离,距离过近或过远都会让彼此感觉不舒服。适当的距离可以既满足人与人之间沟通、交流的需要,又保持相对的自我独立空间,让双方都觉得温暖又舒服、放松。

★ 心理知识

宿舍关系的建议

1. 协商作息时间

进入大学学习后,就开始了群居生活。宿舍不同于自己家中,宿舍成员应尽可能统一起居时间。如果有的同学喜欢熬夜,注意在熄灯后尽量减少动作,不要发出声响,可以自己戴着耳机听听英语和音乐;如果有的同学不考虑他人的情况,为所欲为,寝室长要代表其他同学直接向他提出建议,要尽量单独交流,避免当众发生冲突。

2. 宿舍卫生分工明确

没有规矩不成方圆。寝室长要安排好值日表,责任到人,如果谁违反或忘记,就要接受一定的惩罚;如果谁多值日,要进行奖励。

3. 理智控制矛盾

俗话说"远亲不如近邻",尽量避免口舌之争,每个人都有自己的世界观和价值观,不要要求他人看待问题的角度与自己一致,可以多听听旁观者的意见。

4. 尊重他人的隐私

尊重别人就是尊重自己。

5. 善待他人

不取笑别人的缺点或身体缺陷,在他人有困难时真诚相助。

6. 宽以待人

不要斤斤计较,宽容会使你更快乐。

7. 及时化解矛盾

不要让小矛盾升级成大冲突,有困扰时及时向亲人、老师和朋友求助,听听他们的意见和建议。

三、大学生人际交往的技巧

人际交往是一种能力,也是一门艺术,大学生需要恰当地运用一定的交往技巧,通过学习和练习提高沟通能力，维系良好的人际关系。

（一）重视第一印象

前文中提到在陌生人初次交往时，首因效应影响深远。如果首次交往中给对方留下诚恳、热情、大方的印象，双方进一步的交往就有了良好的基础；相反，如果在首次交往中就留下虚伪、冷漠、呆板的印象，对方就会敬而远之。因此，加强自身的修养、重视交往中的第一印象十分重要。

★ 心理知识

阿希的第一印象实验

社会心理学家十分重视与人交往的最初阶段，并提出了第一印象的概念，强调在与陌生人交往中最初印象的重要性，它对人们以后的交往有着重要的影响。心理学家阿希于1946年以大学生为研究对象做过一个实验：他让两组大学生评定对一个人总的印象。对第一组大学生，他告诉他们这个人的特点是"聪慧、勤奋、冲动、爱批评人、固执、妒忌"。很显然，这六个特征的排列顺序是从肯定到否定。对第二组大学生，阿希所用的仍然是这六个特征，但排列顺序正好相反，是从否定到肯定。研究结果发现，大学生对评价者所形成的印象受到特征呈现顺序的高度影响。先接受了肯定信息的第一组大学生对被评价者的印象远远优于先接受了否定信息的第二组大学生。这意味着最初印象有着高度的稳定性，后继信息甚至不能使其发生根本性的改变。

（二）寻找共同话题

共同感兴趣的事可以使交往双方产生共鸣。要使交往顺利进行，选择话题很重要。最好是事先了解对方的兴趣与爱好，或者个人经历，交谈一些有共同语言的话题。这样能打破谈话的僵局，拉近双方的交往距离，双方的感情自然会融洽起来，为今后的交往打下良好的基础。

（三）面带微笑

俗语说"伸手不打笑脸人"，微笑有强大的感染力。在人际交往中，真诚、友善的微笑往往会给人留下深刻、美好的印象。微笑能给人以温暖的感觉，让对方感受到你的友好和真诚，也给予对方轻松、愉快的体验。人们都愿意与满面笑容的人交往，而不愿意与一个整天板着脸孔的人在一起。

（四）讲究语言艺术

讲究语言艺术是成功人际交往的重要内容。要注意正确地运用语言，学会用清晰、准确、简练、生动的语言表达自己的思想；妥善地运用赞扬和批评，赞扬他人要选准角度、恰如其分，态度要真诚，批评他人时要婉转温和，不要挫伤他人的自尊心；力求使语言有幽默感，幽默的语言可以缓解尴尬的气氛，化解没有恶意的冲突。

（五）用心倾听

耐心、虚心地倾听他人的讲话也是一项重要的交往艺术。倾听是人际交往的法宝，对方讲话时要精神集中、表情专注，要不时地与对方进行目光交流，同时用点头、微笑等动作表示赞同。可以适当发问，对方会感觉你对他的话听得很认真，但不要随意打断别人的谈话。要注意对方表达的情绪，同样的一句话会因为使用的语气、语调、肢体语言等不同而表达出不同的情绪。非语言信息比语言更能反映出一个人内心的真实情感和意图，要学会用心倾听。

（六）选择适当的交往距离

交往的距离过近或过远都会影响人际关系的质量，相距太远会使对方感到冷漠，距离太近又会使对方感到没有自我空间。因此在交往过程中，把握彼此关系的现状及对方的性格特征等要素，再在此基础上选择适当的交往距离，也是交往的一种艺术。

★ 心理知识

刺猬法则

所谓"刺猬法则"是指为了研究刺猬在寒冷冬天的生活习性，生物学家做了一个实验：把十几只刺猬放到户外的空地上，这些刺猬被冻得浑身发抖，为了取暖，它们只好紧紧地靠在一起，而相互靠拢后，又因为忍受不了彼此身上的长刺，很快就各自分开。可天气实在太冷了，它们又靠在一起取暖。然而，靠在一起时的刺痛使它们不得不再度分开。挨得太近，身上会被刺痛；离得太远，又冻得难受。刺猬们就这样反反复复地分了又聚，聚了又分，不断地在受冻与受刺之间挣扎。最后，刺猬们终于找到了一个适中的距离，既可以相互取暖，又不至于被彼此刺伤。刺猬法则强调的就是人际交往中的心理距离。这个法则提醒我们，社会生活中的每个人都需要有个人空间，交往过程中，要保持适当的人际距离。运用到管理实践中，则是提醒管理者与下属保持亲密有间、不远不近的合作关系。

（七）记住对方的名字

记住对方的名字，说明对方在你心目中是有分量的、有地位的，会让对方获得成就感和满足感。在与对方初期交往时，如果能够记住对方的名字，则会拉近双方之间的距离，增加双方之间的亲切感。记住对方的名字，是对他人的一种变相的赞美和肯定。

（八）主动问候对方

人们在人际交往中，尤其是在与陌生人进行交往时往往受到自卑心理和羞怯心理的影响，怕自己主动交往却得不到对方的认可和回应，总是畏首畏尾，不愿主动示好。主动问候对方是一块试金石,如果对方也有交往的意愿就会积极地回应,使你得到肯定和满足;即使对方反应冷淡,你也可以从中获得反馈,重新审视与其交往的程度和方式。无论结果如何,你都不会有损失。若要正常和成功地交往,就必须努力克服上述交往心理障碍。

(九)换位思考

换位思考对建立良好的人际关系具有重要的指导作用。在处理交往中产生的问题时我们应该经常自问"如果我处在他的位置上,我会怎样处理",经常站在对方的角度去理解和处理问题,就会有不同的认知和结果。"己所不欲,勿施于人"就是这个道理。得到朋友的最好办法是使自己成为别人的朋友,而不是一味地要求他人按照自己的方式思考和处理问题。懂得与朋友相处时应求大同,存小异。

★ 心理故事

心理位置的互换

在交往中要学会设身处地地为他人着想,要学会体谅和关心他人。

有一位美国的小学教师对她的学生做了一个这样的实验:她把她的学生按眼睛的颜色分成棕色、蓝色两组。她向学生们宣布,棕色眼睛的学生比蓝色眼睛的学生聪明。于是,上课时她便故意诱导棕色眼睛的学生形成自信、傲慢的情感和对蓝色眼睛学生的挑剔和鄙视。结果,棕色眼睛的学生个个扬扬自得,自觉高人一头,而蓝色眼睛的学生因备受嘲笑和挑剔,自尊心受到伤害而显得焦虑、痛苦,并且举止上好像矮人一截。一周后,当学生们还带着上周形成的情感时,女教师突然宣布:"上周我搞错了,实际上恰恰相反,蓝色眼睛的学生才更优秀、更聪明!"于是,棕色眼睛的学生本来的得意之情一下子转为失望和懊丧,而蓝色眼睛的学生也由垂头丧气变得兴奋而自得,开始以"上等人"自居而去挑剔和耻笑"下等"的棕色眼睛的学生了。所不同的是,这一次蓝色眼睛的学生已经不像上周棕色眼睛的学生那样刻薄地对待对方了,因为他们有了受人歧视的体会,知道歧视他人会使他人在心灵上产生痛苦的感受。最后,女教师告诉学生们,这一切都只不过是一场游戏,仅凭眼睛颜色怎么能够判断一个人是聪明还是愚蠢,是"上等"还是"下等"呢?!学生们知道了真相后,从角色互换中体会到一个十分简单的道理,即受人歧视是痛苦的,耻笑他人是荒唐的。他们也懂得了要理解他人,要以正确的态度与人友好交往的道理。

(十)乐于助人

要从帮助别人中获得乐趣,对人提供无偿的热情帮助。当别人有困难时积极帮助,竭尽所能地帮助他人,有力出力,有钱出钱,有物出物,出谋划策,别人同样也会投桃报李。"雪中送炭"会使人际关系更融洽,使友谊长存。

⭐ 心理训练

游戏：初相识

同学们分成两排报数，所报数字相同的为初相识的朋友，有30分钟时间自由交谈，相互了解，可自选地点。30分钟之后，回答以下问题。

1. 谈话时间与停顿时间的比例大约为：30分钟=_____分钟+_____分钟。
2. 你感到30分钟时间_____。
   A. 太短　　　　　　　　B. 不长不短　　　　　　　C. 太长
3. 你感到交谈的气氛_____。
   A. 轻松自在　　　　　　B. 有点紧张　　　　　　　C. 很难受，希望早点结束
4. 你认为你们的交流_____。
   A. 成功　　　　　　　　B. 不成功　　　　　　　　C. 还可以
5. 通过30分钟的交流，你认为对对方_____。
   A. 了解了很多　　　　　B. 有一点了解　　　　　　C. 一点不了解
6. 随着时间的推移，你们的交谈_____。
   A. 步步深入　　　　　　B. 没有深入　　　　　　　C. 简单深入
7. 除了谈话，你还通过_____方式了解对方。
   A. 表情　　　　　　　　B. 动作　　　　　　　　　C. 其他

讨论：初次相识，交流从何入手？怎样才能使交流步步深入？

练习框架：
1. 寻找自我介绍中的共同点。
2. 寻找共同经历。
3. 寻找思想与感受的共同点。
4. 可以与他拥有一个共同的秘密吗？

📷 心理自测

处世能力测试

你想检验自己的处世能力吗？如果想，那就请实事求是地回答以下测试题，对照评定指标，看看结果如何。

1. 当你埋头赶做一件事时，一个朋友上门来找你倾诉苦闷，你怎么办？
   A. 放下手中的工作，耐心倾听　　　　B. 显得很不耐烦
   C. 似听非听，还在想自己的事　　　　D. 向他解释，另约时间
2. 在公共汽车上，你无意踩了别人一脚，他对你骂个不停，你怎么办？
   A. 充耳不闻，任其骂去　　　　　　　B. 同他对骂
   C. 推说别人先挤你　　　　　　　　　D. 请他原谅，同时提醒他骂人不对
3. 在电影院里，你的邻座旁若无人地讲话，你感到厌烦，你怎么办？

A. 希望别人会向这个人提意见　　B. 大声指责他们
C. 叫来服务员干涉他们　　D. 有礼貌地请对方别讲话

4. 自己事先安排了事情，辅导员老师不了解情况，给你安排了学生工作并要求马上处理，你怎么办？

A. 去完成，心中却在埋怨
B. 拒绝完成，言语生硬
C. 推说有病不能完成
D. 同老师说清情况，如的确需要马上处理，就服从安排

5. 你辛苦了好几天，自以为某项学生干部工作做得不错，不料辅导员却批评了你，你怎么办？

A. 满腔委屈，但不作声
B. 拂袖而去，不受委屈
C. 把责任归于客观原因
D. 注意自己做得不够的地方，以后加以改正

【统计指标】

若多选择 A，说明自制力强，胆小怕事，明哲保身，不够直爽，欠缺原则性。
若多选择 B，说明自制力很强，虽直爽，但不善于待人接物。
若多选择 C，说明虽灵活，但为人不够真诚、坦率。
若多选择 D，说明既有较强的自制力、积极向上，又为人真诚、坦率。
检测结果仅供参考。

第四节　大学生人际关系障碍及调适

每个大学生都希望自己被他人接纳，被他人喜欢，拥有良好的人际关系，但现实中往往会出现困扰和冲突，令人困惑和苦恼，无法顺利解决。这是由于在人际交往中存在一些不健康的心理和行为，阻碍了人际交往的顺利进行和发展。想要建立和谐、良好的人际关系就要了解这些人际关系障碍形成的原因，并对其进行合理调适。

一、社交恐惧心理

（一）社交恐惧心理的表现和成因

社交恐惧是人在面对新的环境，接触陌生人群时产生的具有不安和恐怖色彩的情绪反应，常会莫名其妙地感到紧张、害羞、脸红，甚至手足无措、语无伦次，严重时会逃避见人。如果这种情况仅表现在面对异性的时候，称为异性恐惧。

社交恐惧心理的形成通常是由于三种原因。第一种是由于个体的个性气质。这类人天性内向、羞怯、谨小慎微、瞻前顾后，对于自己的言行和举止过于敏感，怕在他人面

前出丑，结果越是担心，就越是无法控制自己的行为，造成异常紧张。第二种是由于在以往的交往中有过失败的经验，自尊心受过强烈的挫伤，再遇到类似的情况和情境时，失败经验不由自主地涌入脑海，引起莫名的恐慌。第三种是由于自我认知出现偏差，对自己没有自信，在交往过程中过于纠结自身形象，害怕别人发现自己的弱点，从而形成一种自我保护意识的心理压力，缺乏交往的主动性。

（二）社交恐惧心理的调适

社交恐惧是一种因心理过度紧张造成的不良心理状态。它对大学生的身心健康、生活质量都会产生巨大的影响。克服社交恐惧，可以通过不断锻炼和练习来实现。

（1）要积极参与人际交往活动，增强人际交往意识和自觉性。有社交恐惧的大学生往往逃避与他人交往，越是逃避，恐惧心理就越强烈。要主动参与社交活动，正确看待人际交往中出现的嘲笑、冷淡、挫折等，只有在积极的人际交往中汲取经验，掌握交往技能，才能增强自己的社交能力。

（2）分析产生恐惧的根源，增强心理承受能力，培养锻炼应激能力，改变个性中不利于人际交往的品质。一旦确定了产生恐惧的原因，就可以对症下药，针对这些情况可以适当做些准备，如在交往时自己应该说什么，可能会出现哪些情况，自己该如何应对这些情况等，也可以适当做些放松训练。

（3）正确认知自我，增强自信。在人际交往过程中，常常会出现失误、遭到别人拒绝，甚至是嘲笑、讥讽等情况，不要觉得出现这样的情况就是丢人现眼，要明白这些都是很正常的现象，不要过于担心和恐惧。没有人是十全十美的，不要对自己要求过高，不要希望自己事事都处理得大方得体，不要希望自己表现得让人无可挑剔。

二、社交自负心理

（一）社交自负心理的表现和成因

具有社交自负心理的人不能客观地认识自己和他人，过高地评价自己，自命不凡，自以为是。有些大学生在人际交往中往往以自我为中心，处处表现为以自身的兴趣和需要为中心，盲目地坚持自己的意见，不愿接受别人的建议；总喜欢将自己的意志强加到别人身上，以自己的态度作为他人态度的"标准"，甚至抬高自己、贬低别人。自负心理并不是天生的，而是在后天的身心发展过程中受到周围环境的影响而形成的，往往是由于家长过于溺爱，家庭环境优越，或是在某一方面具有特长，经常被他人夸赞等造成的。这种不良心理严重影响人际正常交往。

（二）社交自负心理的调适

（1）正确评价自己。每个人都不是十全十美的，既要看到自己的长处，也要看到自己的短处，要学会全面地、客观地评价自己。多听取他人的评价和反馈，避免过高评价自己，造成"自命清高""孤芳自赏"的情况。

（2）正确评价他人。每个人都会有自己的特长和弱项，要学会用一种客观、谦虚的态度看待他人，学会发现他人的优点和长处，多与他人交流，尊重他人，取长补短。

（3）学会尊重他人。在人际交往中要多尊重他人，顾及他人的感受，而不是只考虑自己的需求和想法，要学会从他人的角度考虑问题，尽量满足双方的需求。

三、社交自卑心理

（一）社交自卑心理的表现和成因

社交自卑是指在人际交往过程中个人由于生理或心理缺陷而感到羞愧和畏缩；缺乏自信，感觉别人看不起自己；常常对自己的能力、品质等做出偏低的评价，认为自己低人一等而悲观失望。这类人感情脆弱、多愁善感，不能及时摆脱失败和挫折带来的打击，他们往往是由于自己的身体存在缺陷或是失败和挫折的次数多了，害怕遭到别人的嘲笑和讥讽，同时也对自己失去了信心，久而久之，就形成了对自己过低的评价，产生了自卑心理。

（二）社交自卑心理的调适

自卑心理最根本的问题是自己看不起自己，缺乏自信。其调适方法如下所述。

（1）正确认知失败和挫折。在大学生活中遭遇失败和挫折都是在所难免的，不要因为几次失败就认为自己不如别人，没有人会一帆风顺，"失败乃成功之母"，只有不断地战胜人生中一个又一个"失败"，才能取得更大的成功。

（2）正确评价自己。俗话说"尺有所短，寸有所长""金无足赤，人无完人"，大学生应正确评价自己，扬长避短，充分认识自身的优点，寻找自身的长处，提高对自己的评价，增强自信心。

（3）积极的自我暗示。在交往活动中，用积极的自我鼓励方式暗示自己，如"没关系的，虽然我长相不出众，但是我的诚意会打动他的。""不要妄自菲薄，我没有想象中的那么差。"这种积极的自我暗示会缓解消极情绪，逐渐增强自信心，将获得的成功经验逐渐累积，就会从自卑的阴影中走出来。

（4）积极参与交往。要敢于与人交往，越是回避交往，就越得不到成功的交往经验，要积极参与交往，使自己获得他人更多的理解。通过不断的练习，尤其是获得成功经验后会增强自信，自己也会逐渐变得乐观、开朗。

四、社交虚荣心理

（一）社交虚荣心理的表现和成因

社交虚荣是指在人际交往中为了保持自尊心而以不适当的虚假方式取得荣誉或吸引

他人注意力。它是在交往活动中自尊心过强的表现，是一种不正常的社会情感。个体在虚荣心的驱使下，往往只追求面子上的好看，不顾现实的条件，最后造成危害。在强烈的虚荣心支使下，有时会产生可怕的动机，带来非常严重的后果。大学生在人际交往中往往"打肿脸充胖子"，死要面子，或是说谎、欺瞒，都是自尊心过强的缘故。大学生在人际交往中应努力克服此种心理，实事求是，悦纳自己，从而更好地适应社会。

（二）社交虚荣心理的调适

（1）自尊与自重。社交虚荣心是由于在人际交往中，一个人在各方面的尊重需要得不到满足而产生的。只有做到自尊、自重、诚实、正直，才不至于在外界因素的干扰下失去人格。人有一定的虚荣心是可以理解的，但虚荣心过重既不利于人际交往，也不利于自己的健康成长。

（2）树立正确的价值观。正确评价自己，实事求是，不贪图虚名，树立切合实际的理想目标与抱负水平，自信、自强，在人际交往中有自知之明，既看到自己的长处，也看到存在的不足，时刻为缩小现实与理想之间的差距而努力。

（3）正确对待舆论。在人际交往中，他人的议论、他人的优越条件，都不应当是影响自己进步的因素，起决定性作用的应该是自己的后天努力，只有自信和自强，才能不被虚荣心驱使。

五、社交孤独心理

（一）社交孤独心理的表现和成因

社交孤独是指在人际交往中不愿与他人接触，独来独往，但又时常感到孤独和寂寞的心理表现。具有社交孤独心理的大学生往往将自己戒备起来，只喜欢待在自己的独立空间里，不愿与人沟通，对别人善意的沟通表现出不耐烦，不表露自己的真实情感，身边少有知心的朋友。社交孤独心理多是由于家庭环境、氛围和父母的教养方式造成的。在吵闹、压抑、暴力等环境下成长的孩子，往往会形成孤僻、冷漠、情绪波动大的性格特点。父母过于严厉，教养孩子的方式简单、粗暴，也会给孩子造成心理阴影，使孩子变得唯唯诺诺、胆怯、自卑、不信任他人。另外在交往中屡次受挫也可能造成心理阴影，不愿或不敢再与他人交往。

（二）社交孤独心理的调适

（1）改变认识。首先要从主观上认识到社交孤独心理的危害，意识到只有与他人交往才能得到友爱和支持，才能改变孤独、空虚、压抑的现状。只有改变观念才能产生交往的愿望和信心。

（2）勇于尝试。具有社交孤独心理的大学生多会寻找各种各样的理由回避交往，这些只是他们害怕和拒绝交往的借口。只有鼓起勇气，开放自我，积极参加交往活动，增进与他人的交流，才能消除孤僻心理。

六、社交嫉妒心理

（一）社交嫉妒心理的表现和成因

社交嫉妒心理是指在人际交往中，因与他人比较或竞争时，自感在能力、地位等方面不如对方而产生的愤愤不平、怨恨、失落等复杂的情感体验。当看到他人取得了超过自己的成绩时就忌恨、不满；看到他人失败或陷入麻烦就幸灾乐祸，甚至落井下石。巴尔扎克曾说过："嫉妒者比任何不幸的人更为病苦，因为别人的幸福和他自己的不幸，都将使他痛苦万分。"社交嫉妒不仅妨碍人际交往活动，还直接损害人的身心健康。大学生中常见的是对于他人学习成绩、获得荣誉、外貌穿着、家庭条件等的嫉妒。

（二）社交嫉妒心理的调适

（1）树立正确的人生观和价值观。社交嫉妒心理是大学生在人际交往中，偏离了正常轨道的自尊心膨胀，它不是一种独立的心理活动，受到个人人生观和价值观的影响。只有树立了正确的人生观和价值观，才能把别人给予自己的压力转化为自己积极进步的动力。

（2）完善自身人格。具有社会嫉妒心理的人心胸狭隘，斤斤计较。只有培养开阔的胸襟，做到"不以物喜，不以己悲"，积极调整心态，转移不良情绪，以客观平和的态度看待问题，才能克服嫉妒的心理。

七、社交猜疑心理

（一）社交猜疑心理的表现和成因

社交猜疑是在人际交往中由主观推测而产生的对他人怀疑、不信任的复杂情感体验。具有猜疑心理的人时刻怀有很强的戒备心，喜欢用主观想象去猜测他人的想法和意图，认为别人在注意他、议论他、说他坏话、跟他作对，疑神疑鬼，容易造成对他人的误解，难以和他人建立信任、真诚的人际关系。它多是由缺乏自信心、心胸狭隘等心理因素引起的。

（二）社交猜疑心理的调适

（1）理智地控制自己的情绪。当猜疑情绪产生时，就会无事实根据地自我证实，越想越觉得自己是正确的。要学会控制自己的情绪，在产生猜疑时，理智地寻找事实根据，没有依据的猜疑就会不攻自破。

（2）增强自信心。很多大学生产生猜疑心理是由于不自信，对自身的缺点和不足过分放大，害怕别人关注自己的缺陷，瞧不起自己，因此疑神疑鬼，对他人的言行过于敏感，这也是自卑心理作祟的结果。要学会辩证地看问题，增强自信心，学会自我安慰。

（3）即时沟通，消除误会。很多时候猜疑往往导致作茧自缚、自我臆断的结果。如果发现问题时可以及时沟通，坦诚地说出自己的想法，就会消除误会，增加彼此的信任感，从而消除猜疑心理。

心书推荐

《团队精神》
尚水利

《团队精神》一书对团队及团队精神展开了全面、深入的诠释，揭示了一个普通意义上的团队与一个真正高效的团队之间的区别，对人们认识并建设一支真正具有战斗力的团队有指导作用。

《团队精神》的观点：团队并不是人数越多力量越大，只有当团队的每个人都在适合的位置做适合的事情时，团队的作用才能体现。

企业强大竞争力的根源不仅在于其员工个人能力的卓越，还在于其员工整体"团体合力"的强大，更在于那种弥漫于企业中的无处不在的"团队精神"。

《团队精神》的结构安排大致分为四部分：第一部分是对团队的静态分析，包括什么是团队、团队的特征、团队的发展阶段、团队的内部结构与外部环境；第二部分是对团队中的员工认识，包括人性、气质、性格、能力和个体压力；第三部分是对团队中的领导进行分析，包括现代领导的一般理论、现代激励理论、有效地授权、时间管理、会议管理和领导情商；第四部分是对团队行为的分析，包括团队学习、团队创新、团队凝聚力与团队士气、团队沟通与冲突、团队人际关系、建设高绩效团队。

《团队精神》的最大特点是在每一章节都尽可能地给出一些量表，以便读者自我认知、自我定位与自我提高。

心理自测

人际关系综合能力测试

指导语：本测试共28个问题，每个问题用"是"（打"√"）或"否"（打"×"）回答。打"√"的每题给1分，打"×"的每题给0分。请认真回答。

1. 对于自己的烦恼有苦难言。
2. 和生人见面时感觉不自然。
3. 过分羡慕和妒忌别人。
4. 与异性交往太少。
5. 对连续不断的会谈感到困难。
6. 在社交场合感到紧张。
7. 时常伤害别人。

8. 与异性来往感觉不自然。
9. 与一大群朋友在一起，常感到孤寂或失落。
10. 极易受窘。
11. 与别人不能和睦相处。
12. 不知道与异性相处如何适可而止。
13. 当不熟悉的人对自己倾诉他的生平遭遇以求同情时，感到不自在。
14. 担心别人对自己有什么坏印象。
15. 总是尽力使别人欣赏自己。
16. 暗自思慕异性。
17. 时常避免表达自己的感受。
18. 对自己的仪表（容貌）缺乏信心。
19. 讨厌某人或被某人所讨厌。
20. 瞧不起异性。
21. 不能专注地倾听。
22. 自己的烦恼无人可倾诉。
23. 受别人排斥与冷漠。
24. 被异性瞧不起。
25. 不能广泛地听取各种意见、看法。
26. 自己常因受伤害而暗自伤心。
27. 常被别人谈论、愚弄。
28. 与异性交往不知如何更好地相处。

测查结果的解释与辅导如下。

0～8分，说明你在与朋友相处上的困扰较少。你善于交谈，性格比较开朗，主动关心别人，对周围的朋友都比较好，愿意和他们在一起，他们也都喜欢你，你们相处得不错。而且，你能够从与朋友的相处中得到许多乐趣，你的生活是比较充实而且丰富多彩的，你与异性朋友也相处得很好。一句话，你不存在或较少存在交友方面的困扰，善于与朋友相处，人缘很好，获得许多人的好感与赞同。

9～14分，说明你与朋友相处存在一定程度的困扰。你的人缘很一般，换句话说，你和朋友的关系并不牢固，时好时坏，经常处在一种起伏波动的状态中。

15～28分，表明你在同朋友相处上的行为困扰较重。分数超过20分，表明你的人际关系的行为困扰程度很严重而且在心理上出现较为明显的障碍。你可能不善于交谈，也可能是一个性格孤僻的人，不开朗，或者有明显的自大、讨人嫌的行为。

大学生在人际关系方面所存在的一些心理问题主要表现为自我中心、多疑、害羞、孤僻、自卑、嫉妒、社交恐惧等。一些研究表明，人际关系不和谐的大学生，其个人的成才及未来的成就会因此而受到严重的影响。及时诊断并采取必要的措施予以治疗，是消除大学生人际关系方面心理障碍的较好途径。

思考与练习

1. 你通常用什么办法结识新朋友，跟别人介绍自己？
2. 你同意以下说法吗？

   说法一：如果周围的同学不喜欢我，就说明我的人缘不好。

   说法二：如果我拒绝了别人，就会破坏人际关系。

   说法三：为了维持良好的人际关系，我永远只能是一个奉献者。
3. 请用人际交往理论分析你体会最深的一次人际交往实践。分析你在人际交往中存在的主要问题，并思考如何解决这些问题。
4. 请尝试与 10 个陌生人打招呼，并与同学分享个人体验。
5. 根据你寝室的实际，起草一份可行的"寝室公约"，并说服寝室同学一起修改完善后执行。
6. 思考：

   （1）大学生人际交往的特点及类型是什么？

   （2）人际交往中遵循哪些原则？

   （3）大学生如何进行良性的人际交往？

参考文献

[1] 樊富珉，费俊峰. 大学生心理健康十六讲 [M]. 北京：高等教育出版社，2016.

[2] 杨开华，石维富. 大学生人际关系与沟通能力 [M]. 成都：西南交通大学出版社，2020.

[3] 鸿雁. 人际关系心理学 [M]. 长春：吉林文史出版社，2017.

[4] 邱鸿钟. 大学生心理健康教育 [M]. 广州：广东高等教育出版社，2018.

[5] 高峰，石瑞宝. 大学生心理健康教育 [M]. 北京：清华大学出版社，2020.

第十章 · CHAPTER 10

把握爱情航线
——大学生恋爱心理

学习目标

（1）了解爱的心理实质，认识大学生恋爱心态和恋爱特点；

（2）了解自身性生理和心理的发展，了解性心理相关知识，掌握性心理概念及发展的规律；

（3）了解大学生在性心理和恋爱心理方面存在的问题，建立科学的性观念，培养正确、健康的恋爱观。

案例导入

青年人的恋爱观

中青校媒面向全国 1 028 名大学生发起问卷调查。调查结果显示，88.23% 的大学生支持大学开设恋爱课。参与问卷调查的学生中，处于恋爱状态的占 28.89%，有恋爱经历、现在单身的占 37.55%，从未恋爱过的占 28.99%，处于暗恋或追求他人状态的占 4.57%。

中青校媒调查发现，在参与调查的大学生中，有 55.54% 的人认为帮助青年树立正确的爱情观是恋爱课最重要的意义，其次是帮助青年解决恋爱中的实际问题（24.90%）、帮青年提升沟通力（8.37%）、帮助青年人找到爱情（4.47%）。

中共中央、国务院印发的《中长期青年发展规划（2016—2025 年）》提出，"将婚恋教育纳入高校教育体系，强化青年对情感生活的尊重意识、诚信意识和责任意识，引导青年树立文明、健康、理性的婚恋观"。大学时代是人生发展的重要阶段，在这一人生阶段，年轻人除了学习知识、形成价值观外，开始有更多的时间和机会接触异性。大学生处在从青春期到青年期的过渡阶段，生理上趋于成熟，对爱与性的向往尤为突出，恋爱成为大学生中一种普遍现象，同时伴随着产生了大学生对于恋爱本身及连带问题的不同程度的困惑。如何正视这些问题，引导学生正确面对爱情，了解恋爱知识，树立正确的恋爱观，提高恋爱能力，减少恋爱带来的困惑，促进大学生身心健康发展，顺利度过大学时光，才是最根本的解决之道。

资料来源：https://baijiahao.baidu.com/s?id=1680288443938187044&wfr=spider&for=pc，中国青年报，2020-10-12。

【思考】
（1）大学生该如何认识"恋爱"？
（2）恋爱遇难题，大学生该如何获得"恋爱良药"？

第一节 爱的心理实质

一、爱的心理实质概述

法国著名作家雨果曾说过，人生有两次出生：头一次是在开始生活的那一天，第二次则是在萌发爱情的那一天。伴随着青春的脚步，爱情就会悄悄地来到我们身边；随着心理的成熟，对爱情的向往与追求自然会在大学生内心萌发。

（一）科学的爱情观

1. 爱情的含义

爱情是人性的组成部分，狭义上指情侣之间的感情。狭义的爱情是人与人之间强烈的依恋、亲近、向往，以及无私并且无所不尽其心的情感。它通常是情与欲的对照，爱情由情爱和性爱两部分组成，情爱是爱情的灵魂，性爱是爱情的能量，情爱是性爱的先决条件，性爱是情爱的动力，只有如此才能达到至高无上的爱情境界。

概括地说，所谓爱情，就是两个个体之间，基于一定的社会关系和共同的生活理想，在各自内心中形成的对对方最真挚的倾慕，并渴望对方成为自己终身伴侣的最强烈的感情。爱情是两颗心灵相互向往、吸引、达到精神升华的产物，是一种高尚的精神生活。

2. 产生爱情的生物因素

爱情有其独特的生物性特征，从生物学角度讲，爱事实上由脑内化学反应引起，与性冲动不同，这是一种长久维持的反应。

（1）苯基乙胺（PEA）。无论是一见钟情，还是日久生情，只要大脑产生足够多的PEA，那么爱情也就产生了。PEA的作用是使人的呼吸和心跳加速、手心出汗、颜面发红、瞳孔放大。常说的"来电"感觉就是PEA的杰作。PEA的副作用是使人自信心空前膨胀，让人产生偏见、变得执着，丧失客观思考的能力。比如，"情人眼里出西施"即在爱情中坚信自己选择的正确，只看到自己喜欢的东西。

⭐ **心理知识**

爱情使人"变傻"

英国伦敦大学的一位瑞士科学家招募来自11个不同国家的自称处于热恋阶段的青年男女作为志愿者,采用磁共振成像技术记录其大脑活动。图像表明,在看到自己恋人的照片时,大脑的四个特定的区域不约而同地出现血液流量急增的现象,而同时,大脑中负责记忆和注意力的部分活动则受到了抑制。于是,那些处在恋爱中的男男女女自然就"变笨了"。由此可见,"爱情使人变傻"这种观点是不分种族、国界的。

资料来源:https://wenku.baidu.com/view/44cf0054f01dc281e53af019.html,百度文库。

(2)多巴胺。多巴胺分泌能产生欢欣的感觉,一般认为拥抱时所感受到的那种安全感和满足感与之分泌密不可分。多巴胺带来的"激情",会给人一种错觉,以为爱可以永久狂热。

(3)去甲肾上腺素。它有强大的血管收缩作用和神经传导作用,会引起血压、心率和血糖含量的增高。所谓心跳的感觉就是去甲肾上腺素在起作用。

(4)内啡肽。内啡肽可以降低焦虑感,让人体会到一种安逸、温暖、亲密、平静的感觉。一般来说,一段婚姻存在的时间越长久,这种状态就会越牢固,这里面很大的一个原因就在于夫妻双方已经习惯了内啡肽所带来的平静。在PEA之类的激情物质消退之前,分泌足够多的内啡肽,是让爱情历久弥新的关键。

(5)脑下垂体后叶激素。它可以使恋人面对他人对自己伴侣的亲昵行为时,表现得格外好斗。

爱情能持续多久?科学家已找到这个古老问题的答案。一般来说,PEA的浓度高峰可以持续6个月到4年左右,这和社会学调查得出的数据很接近。遗憾的是,科学家至今无法做到将激发爱情的化学物质合成药物,也就无法让爱情之树常青。到目前为止,除了真爱,还没有任何灵丹妙药能挽救濒危的爱情。

爱是需要激情的,当激情退去后爱情就需要变得理智,变成一种社会责任、一种付出。很多人总觉得婚前有爱情婚后没有,其实那是因为爱的激情升华为亲情时,人们还在一味地追求爱情的新鲜与刺激,而忽视了亲情才是爱情的归宿。

(二)爱情的心理实质

(1)**对异性的欲望与需求,是爱情产生的前提和基础**。当一个人开始进入青春发育期,随着性生理和心理的迅速发展,自然会发生对异性的好感和相互的吸引,产生与之相结合的欲望与需求,这是人的生理本能。人类正是依靠这种本能得以繁衍后代、延续种族。随着性意识的成熟而萌发的对异性的欲望、向往和追求,是爱情产生的自然前提和生理基础。

(2)**彼此炽烈的情感,是爱情产生和发展的内在动因**。爱情是人类所特有的一种异性之间相互爱慕倾心的特殊情感。爱情的产生不仅有其生理基础,更有心理的内在动因。它是双方相貌相互吸引、性格气质相容、理想信念一致所萌发的情感共鸣产生的兴奋、愉悦、和谐、眷恋和炽烈的内心体验,以至达到精神上的情感接触、心灵相连,渴望相互结合的强烈感情。这种他人无法替代的情感,是爱情产生和发展的内在心理动因。

(3)**深刻的社会性,是爱情心理的本质属性**。现实生活中,爱情内嵌了深刻的社会内容,以一定的社会物质条件和社会文化习俗为背景构成了爱情存在的社会基础。爱情心理是生理性、情感性与社会性的内在统一,但是,社会性才是爱情的本质属性。

二、斯滕伯格的爱情三因素理论

(一)爱情的三种成分

美国心理学家斯滕伯格提出了爱情的三因素理论,认为人类的爱情虽然复杂多变,但基本上由三种成分组成。

(1)**动机成分**。动机成分是产生爱情行为的驱动力。人类产生爱情行为的一个重要原因是性的需求,这种需求除了受内在性驱力的驱使外,还受异性的外表、情境等因素的诱发。

(2)**情绪成分**。情绪成分是指爱情双方在一起时所感受到的各种情感体验,如相知的亲密感、冲突后的伤心等,即所谓酸甜苦辣的爱情滋味。

(3)**认知成分**。认知成分是一种控制因素,是爱情中的理智层面,是维持关系长久的动力。它体现于忠诚、患难与共的关系中,是双方关系持久化的原动力。

斯滕伯格认为,虽然两性间的爱情形式因人而异,但都是由这三种成分以某种方式的混合所演绎的,形成了两性间各种各样的关系。

(二)爱情的三个要素

斯滕伯格进一步将动机、情绪、认知各自单独在两性间发生的爱情关系称为激情、亲密和承诺,形成爱情的三个要素。

(1)**激情**。激情是指强烈地渴望与伴侣结合,促使关系产生浪漫和外在吸引力的动机,也就是与性相关的动机驱力,是以动机为主的两性关系,属于爱情的动机成分。

(2)**亲密**。亲密是指与伴侣间心灵相近、互相契合、互相归属的感觉,是以情绪为主的两性关系,属于爱情的情绪成分。

(3)**承诺**。承诺包括短期和长期两个部分,短期的部分是指个体决定去爱一个人,长期的部分是指对两人之间亲密关系所做的持久性承诺,是以认知为主的两性关系,属于爱情的认知成分。

(三)爱情的八种类型

斯滕伯格认为,虽然两性间的爱情形式因人而异,但都是由爱情的三种成分以某种方式的混合所演绎的。斯滕伯格用三角形来表示三种成分的相互关系:激情、亲密和承诺分别代表了爱情三角形的三个顶点,任意改变三角形的一边,就会形成不同的爱情三角,爱情关系中的亲密、激情和承诺随着时间的变化,所占的比例也会不断变化(见图10-1)。在爱情初期激情具有重大作用,但随着时间的推移,亲密必须不断加强,并加入承诺的约束,以促使关系稳定。

三种爱情成分的不同组合构成了八种不同的爱情类型。

(1)无爱:如果激情、亲密和承诺都缺失,爱就不存在,表现在生活中两个人是熟人或一般朋友。

图10-1 斯滕伯格爱情三因素理论

(2)喜欢:只包括亲密,表现在生活中就是两性之间真诚的友谊。

(3)迷恋:只包括激情。当事人有着浓烈的激情、强烈的性的吸引,缺乏亲密感和相互之间的承诺。追星族对钟爱的明星的心理体验多属于此种。

(4)空洞的爱:只包括承诺。这种爱的关系中,没有亲密和激情,只存有对于爱情的最后承诺,是高度道德化的或价值高度异化的两性伙伴关系。

(5)浪漫的爱:包括激情和亲密。这种爱的关系中,被认为是一种最轻松、最享受和最唯美的浪漫之爱,但不需要承诺来维系,所以与婚姻无缘。

(6)伴侣的爱:包括亲密和承诺。这种类型的爱情集中体现在长久而幸福的婚姻中。

(7)虚幻的爱:包括激情和承诺。这种爱的关系中缺乏亲密,这会产生愚昧的体验和愚蠢的行动。这类爱情缺乏坚实的基础,是虚幻的空中楼阁,随时都可能倒塌,风险很大。

(8)完美的爱:当激情、亲密和承诺都以相当的程度同时存在时,体现出热烈、温暖和责任。

现实生活中,人们对于爱情的实际体验是复杂的。斯滕伯格划分的八种爱情类型虽然远不能表征人类所有的爱情形态,但这个划分为研究千姿百态的爱情提供了一个框架,引领了人们对爱情问题的深入探讨。

三、爱情的基本特征

1. 互爱性

真正的爱情是以当事人的互爱为前提,而绝非强求。爱情是一种纯洁、复杂而又高尚的感情交流,是双方心心相印的双向感情交流,是在共同生活目标下的共鸣、精神上的相互倾慕。

2. 自主性

爱情关系的确立,必须建立在当事人充分自愿的基础上,不能是其他任何外来因素和势力干预的结果。双方出于自愿和自主，既是爱的一方，又是被爱的一方。

3. 平等性

真正的爱情双方不存在依附或占有的关系，双方具有人格上的平等性。爱情是完全平等的，平等的双方才能奏出和谐的音符。

4. 排他性

排他性也叫专一性，是指恋爱一方排斥他人对自己所钟爱对象的任何亲近或接触的心理倾向。爱情是两颗心相撞发出的共鸣，双方一旦相爱，就会要求相互忠贞，并且排斥任何第三者亲近双方中的一方。伟大的教育家陶行知曾经说过："爱情之酒甜而苦，两人喝是甘露，三人喝是酸醋，随便喝要中毒。"

5. 无私性

爱情是一种责任，爱情意味着你对伴侣的命运、前途承担责任，意味着把自己的精神力量献给爱侣，与他缔结幸福。借爱情寻欢作乐的人，是贪淫好色之徒，是道德堕落者。

6. 持久性

爱情是一棵苍松而不是一枝昙花。莎士比亚曾说："真正的爱，非环境所能改变；真正的爱，非时间所能磨灭；真正的爱，给我们带来欢乐和生命。"

★ **心理知识**

关于爱情的重要理论——依恋理论

1978年美国心理学家玛丽·爱因斯沃斯通过"陌生情境法"将儿童的依恋关系划分为A——回避型、B——安全型和C——焦虑-矛盾型三种类型。

1987年黑曾和谢弗发表了题为《浪漫的爱情可以看成是一种依恋过程》的论文，标志着对成人依恋研究的开始，慢慢证实了早期的依恋经历会对成年以后的人格和心理状态产生影响。研究发现：成人依恋与母婴依恋的内在机制并没有发生实质性的变化，只是随着依恋关系的发展，个人依恋序列的结构会发生变化：新的人物会加进来，而有些人会被抛弃。

20世纪90年代中期，社会心理学家布伦南等人根据依恋风格理论，提出一个成年人爱情依恋风格模型。

★ **心理知识**

亲密关系中的成人依恋

请花片刻时间看一下表10-1中哪种说法最适合你。

表 10-1　成人依恋类型

安全型依恋	我感到接近其他人是相对容易的事情，依靠他们我觉得很自在；我不经常担心被抛弃或者有人跟我太过接近

（续）

回避型依恋	接近其他人我觉得有些不自在；我感到很难完全信赖他们，很难让我自己去依靠他们；任何人过于接近我会让我变得紧张，爱侣经常让我更亲近一些，但这种亲近让我感到不舒服
焦虑-矛盾型依恋	我感到其他人有些疏远我，不如我期望的那样亲近；我经常担心我的伴侣并非真的爱我或者不愿意与我在一起；我想与我的伴侣关系十分密切，但有时这会把人吓跑

当要求人们指出最能描述他们状态的说法时，多数人（55%）选择了第一种说法，这是一种安全型依恋风格。还有相当一部分人选择了第二种说法（25%，回避型依恋风格）和第三种说法（20%，焦虑-矛盾型依恋风格）。研究证明，依恋风格能准确地预测关系质量。同选择其他两种风格的人相比，安全型依恋的个体成人恋爱关系最为持久。依恋风格还能预测恋爱中的个体体验嫉妒的方式，例如，同安全型依恋风格的人相比，焦虑-矛盾型依恋风格的人嫉妒体验更为频繁和强烈。

第二节　大学生恋爱心理发展

英国性心理学家艾利斯说，"爱情的动力和内在本质是男子与女子的性欲"。大学生恋爱是大学生生理和心理发展成熟的自然结果。

一、大学生性心理发展

（一）性生理的成熟

大多数大学生处于身心发育基本成熟的青年中期。这个时期最大的生理变化是生殖系统发育成熟，也叫性生理成熟。性生理成熟是极为广泛的整个生理机能的变化，它不仅包括身高、体重的增加，肌肉能力和运动能力的发达等外形上的发育成熟，还包括内分泌腺的变化和神经系统、内在诸器官的发育等。直接影响性生理成熟的是脑垂体前叶分泌的性激素。性激素的激活唤醒了性意识，性意识萌发产生了对异性的好奇、爱慕和吸引等。

★ 心理知识

大学生性教育现状

当前我国大学生的性生理知识得分不高，性知识比较缺乏且需求强烈，但是获取渠道不科学，也不健康。具体来看，无论是传统媒体还是数字媒体，都是当代大学生获得性知识的渠道，而且新媒体几乎已经取代了传统媒体成为大学生获得性知识的第一通道。其中原因有四点：第一，新媒体具有即时前沿性，其内容信息的更新和反应速度很快；第二，新媒体具有灵活性，不易受时间、地点的限制；第三，新媒体的性价比具有很大的优势；第四，新媒体在传播性健康知识时，相较于其他传统媒体、学校教育等平台，在互动性上更具有保密性。令人担忧的是，充斥网络的淫秽影视成为大学男生获得性知识的重要来源，大学生的性行为受到这些不良文化的影响，可能造成不堪设想的后果。目前还没有一个有关性教育的纲要出台，因此各大高校大学生的性知识教育内容并没有统一的标准，性知识的传播与大学生的需求存在脱节的情况。

资料来源：黄希庭. 大学生心理健康教育. 上海：华东师范大学出版社，2020.

（二）性心理的逐渐成熟

性心理是人类在性行为活动中的各种心理反应，主要指与生理特征、性欲、性行为有关的心理状况和心理活动，也包括与异性有关的男女交往、婚恋等心理问题，具体分为性感知、性思维、性情感、性意识等。人类的性活动绝不仅仅是生物的本能反应，它包含着丰富的心理活动，并受社会的制约，这是人类性活动区别于动物的根本点。个体性心理的发展与性的生理发育和性的社会文化影响密切相关，并大致经历了如下四个阶段。

（1）**异性疏远期**。一般在 12～14 岁，在青春期开始时，少男少女对性的差别特别敏感。第二性征的出现，使他们内心深处产生了春情初动的朦胧感觉，把异性的秘密和男女之间的关系也看得很神秘，与异性交往时往往会表现出羞涩、忸怩或不自然。这是由于性意识出现所产生的闭锁性心理状态，在短时间内很难消除。

（2）**异性向往期**。一般在 15～16 岁，随着性生理的发育，尤其是性意识的发展，男女生逐渐从疏远、抵触开始转向对彼此产生好感，欲求一起学习、游戏和活动。

（3）**异性接近期**。一般从 16～18 岁，在进入青年初期之后，随着生理机能的进一步发展、生活阅历的日趋增加，青少年对与异性之间的关系有了进一步的理解和认识，对性意识的情感体验也开始有了新的变化。异性间的羞涩心理较之前大大减少，对异性产生朦胧的、隐蔽的、泛泛的好感和爱慕。

（4）**两性爱恋期**。18 岁以后，随着性生理和性意识的成熟，对异性之间的关系有了正确的态度，开始各自扮演社会赋予每个性别的特定角色，期盼着自己的理想恋人。

（三）性心理的性别差异

（1）**在心理需求方面的差异**。女性在心理需求方面希望是被关心、被了解、被尊重、对其忠诚、被认同的；男性在心理需求方面希望是被信任、被接受、被感激、被赞赏、被肯定的。

（2）**在思维方面的差异**。女性在思维方面的特点是凭直觉、喜欢分析、喜欢变化、喜欢具体事物、易依赖、顺从别人的意见、遇到困难时因不知所措需要更多的表达；男性在思维方面的特点是讲求逻辑、喜欢综合、喜欢稳定、喜欢抽象、爱发号施令、遇到问题时喜欢思考解决方法。

（3）**在性格方面的差异**。女性情感外向、感情细腻、多愁善感、爱叨唠、对缺点爱用放大镜挑剔、较勤奋、有恒心、较柔顺；男性情感内向、豁达、忍让、妥协、常沉默、较粗疏大意、易冲动、粗暴、较勇敢、果断、刚毅。女性喜欢被动；男性喜欢主动出击。女性在两性关系上具有依赖性和控制性；男性在两性关系上具有独立性与独断性。

二、大学生恋爱心理概述

（一）大学生恋爱心理发展过程

爱情的培育过程就是爱情双方情感的不断深化和相互交融的心理过程。在心理学家看来，一个成熟的、称得上真爱的恋情必须经历四个阶段。

第一个阶段：共存。恋人不论何时何地总是希望能在一起，总有说不完的话，甚至可能为此而寝食难安，心甘情愿地消耗大把时间，为心上人魂牵梦绕。

第二个阶段：反依赖。待到情感比较稳定后，恋人不能永远停留在互相吸引的阶段，否则学习、工作等其他事情都进行不下去。这时，至少会有一方想要有多一点自己的时间，做自己想做的事，这时另一方就可能有被冷落感，慢慢地激情会有一点点减少，这是另外一个爱情阶段的开始。

第三个阶段：独立。这是第二个阶段的延续，双方都要求有更多独立自主的时间，做自己想做的事情。这个阶段里恋人间要学习怎么处理冲突，不断地经营爱情，更加全面地了解对方。

第四个阶段：共生。这个时候新的相处之道已经成形，你的他（她）已经成为你最亲的人，双方在一起相互扶持，共同开创属于你们的人生。这时在一起的双方不会互相牵绊，而是互相成长。

据调查，很多恋情都通不过第二、第三个阶段。这主要是因为爱情中常出现自我的因素，如怀疑、任性、不沟通等，导致两人分道扬镳。因此，处在第二、第三个阶段的爱情，只有互相信任、勤于沟通，才能缩短经过的时间，顺利地进入幸福的第四个阶段。

（二）大学生恋爱现状特征

大学生生理、心理正趋向成熟，与异性交往的渴望值飙升。大学校园宽松的生活环境也为男女交往相恋提供了便利的客观条件，催生了校园"柔情"。随着高校"恋爱风"的高涨，当代大学生在恋爱方面出现了不少新特点。

1. 大学生恋爱的普遍性

一项对近万名大学生的调查表明，我国有过恋爱经历的大学生人数逐年增加，但近几年趋于稳定（王丽丽，2018）。总体来说，我国有过恋爱经历的大学生比例在2/3以上，接近70%（潘啸，2017）。

2. 大学生恋爱的低龄化

过去是到了高年级才谈恋爱，现在是新生刚入校就谈恋爱，且比例逐渐上升。有很多大学生步入校门时就成双成对了。可见面对宽松的校园学习环境时，恋爱的大门向大学生早早地开启了（潘露莹，2015）。

3. 大学生恋爱动机的多样性

我国长期以来宣传教育的恋爱动机是要"选择人生伴侣"。如今调查发现，大学生的恋爱动机明显具有多元化的特点。吴继红等人的研究结果显示，有78.2%的大学生被对方的优点所吸引而产生了恋爱动机，3.3%的大学生因从众而恋爱，18.5%的大学生因寻找精神寄托、弥补心理空虚而产生恋爱动机。蔡振京等人的研究也发现，超半数的大学生因双方性格契合且有感情而恋爱，但也有三成的大学生因为寂寞或者性而恋爱。总的来说，大部分学生的恋爱动机源自双方的吸引，但也有不少的大学生存在恋爱动机不纯、恋爱盲目的现象。

4. 大学生恋爱"短频快"

现在大学校园中演绎着许多"短频快"的恋爱浪漫故事。以往把时间当成考验爱情的试金石，而今人们似乎没有那么多的时间、耐心和精力去关注、了解对方，如同吃快餐食品一样，恋爱的激情来得快，去得也快，有情则爱，无情则散，毫不掩饰。

5. 大学生恋爱考虑单一化

大学恋爱步入婚姻殿堂的人并不多，其中的主要原因是大学生在社会责任感、承受力等方面相对不成熟。大学生恋情热衷于对爱情的热情向往和追求，往往只考虑双方的情感体验，而忽视了一些诸如心理与意志的考验、未来就业发展、家庭背景等现实的因素。

6. 大学生恋爱中性行为增加

调查结果显示，"90后"大学生的性开放程度普遍较高，22.2%的"90后"大学生能够接受性行为，17.94%的"90后"大学生甚至可以接受婚前同居生活；"90后"大学生对于恋人的过往性史也持较为宽容的态度，绝大多数人表示自己并不介意恋人之前有过性行为（刘晨，2015）；50.5%的大学生同意公开同居，认为同居是一种婚姻生活的尝试，如果有一天觉得不合适，就可以随时分手，不用顾虑太多（程蓓蓓，2018）。

7. 大学生恋爱依赖心理强

独生子女的孤独感和习惯了他人的呵护与关爱导致了依赖心理。独生子女恋爱动机中情感寄托的占比过强，缺乏独立意识和自立能力，易受挫。

（三）大学生恋爱的心理特点

1. 恋爱选择的自主性强

大学生脱离了家庭的束缚，自主自立意识明显增强，在恋爱问题上，他们个性突出，大多是自己做主、自由选择，不受传统习俗的局限，显示出较强的独立性。

2. 表达方式公开化

越来越多的恋爱中的大学生摒弃过去的隐蔽形式，转向公开表达的方式。他们不再躲躲闪闪，不在乎别人的注目；他们认为这是两个人之间的私事，别人无权干涉；他们认为这是感情真诚奔放的自然流露。

3. 情感的不成熟性

由于社会阅历浅，思想单纯，很多大学生对于自己的人生目标和需要还没有一个清晰的概念，造成在对待恋爱问题上简单、幼稚和不成熟。大学生在恋爱择偶标准上，往往重外表、轻内在，男生倾向于追求漂亮、温柔，女生则倾向于追求才华出众，有男子汉风度。大学生在恋爱方式上，往往重形式、轻内容，追求和模仿现代影视文学作品中吃吃喝喝的浪漫，而缺乏彼此深刻的相互了解和思想交流。大学生在恋爱行为上，往往重过程、重享乐，轻结果、轻责任，把爱情视为一种"生活消遣"，而缺乏对自己、对对方、对他人和对社会的责任意识。

4. 自我控制与耐挫折力弱

一方面，大学生恋爱行为中，缺乏理智的驾驭能力，不善于控制自己的情感，以至于有些学生一旦陷入热恋中，往往任感情随意放纵，荒废了学业，延误了前程；另一方面，大学生恋爱中普遍缺乏对挫折的耐受力，一旦恋爱受挫，容易情绪失控，无法自拔，给学业造成严重影响。

第三节　大学生的恋爱心理问题及调适

大学生生理发育成熟与心理渐趋成熟的矛盾，丰富的情感与脆弱的理智的矛盾，导致在恋爱过程中常会出现各种苦恼，直接影响到身心健康与发展。因此，学会调适恋爱过程中的各种心理困惑，正确对待失恋，有利于大学生的身心健康和全面发展。

一、大学生常见的恋爱心理困惑

（一）单恋

单恋是指异性关系中的一方倾心于另一方，却得不到对方回报的单方面的"爱情"。一个人执着地想获得一样东西，但又无法获得，这是令人痛苦的事，尤其当想获得的是爱情时，痛苦倍增。

单恋通常表现为三类：一是自作多情，明知对方不爱自己，还一味地追求和纠缠；二是误会，一些人因缺乏同异性交往的经验，因而在与异性接触时，对对方的言行、情感过于敏感，误把对方的友情当作爱情；三是自己深爱对方，又怯于表达，从而苦苦思念。

单恋形成的原因主要与单恋者的性格特征和认知偏差有关系。单恋现象较多地出现在性格内向、敏感、富于幻想、有自卑感的人身上。主要是当事人把对方的言行举止纳入自己主观需要的轨道来理解，造成对对方认知的偏差。

（二）失恋

失恋是指恋爱的一方否认或者终止恋爱关系，是一种痛苦的情感体验。失恋带来的最直接的感受就是自卑感和挫败感，有的人觉得自己在别人面前抬不起头来，有的人则对自己的各方面表现感到不满，觉得自己一无是处。但是，成长过程中，人生不如意事十有八九，失恋是人生经验，也是成熟的代价。有一项调查表明，和初恋对象结婚并且一直幸福的人不超过12%。这就是说，人们在和初恋对象分手之后，往往会继续开始新的恋爱，直到最后走向婚姻。

（三）三角恋或多角恋

三角恋或多角恋是指一个人同时与两个或两个以上的人建立恋爱关系。

导致三角恋或多角恋的原因主要有以下几个方面。一是大学生信念感差，择偶标准未成型。一些大学生没有明确的择偶标准，与多位异性保持亲密关系，但又不确定哪个更适合自己，导致三角恋或多角恋的出现。二是受社会上一些错误思想的影响，没有树立正确的恋爱观，将恋爱视作游戏。三是由于一些大学生虚荣心强，以追求者众多为荣，导致脚踏两只船的现象。对于三角恋或多角恋的现象，最重要的是要端正自己的恋爱观，正确面对，妥善处理。

二、大学生恋爱心理问题的调适

（一）单恋的自我调适常用方法

1. 克服爱情错觉

心理单恋者往往由于对倾慕对象一往情深，希望得到对方的爱情的动机十分强烈，常常会把对方的言行举止纳入自己的主观需要来理解，从而造成对对方认知的偏差。因为自己爱对方，于是觉得对方也一定在爱着自己，看他（她）的一言一行都好像在向自己示爱，这是人们产生的所谓"爱情错觉"。如果一时难辨自己感觉的真伪，可以将自己的心事告诉密友，让其帮助自己进行客观的分析判断，拨开自己心中的迷雾。必须客观看待对方的言行，勇于承认自己产生了爱情错觉，才可能成功地转移自己的感情。

2. 克服羞怯和自卑心理，以适当的方式传递自己的感情

对自己身边的同学、朋友产生了单恋后，可以委婉地试探或者鼓足勇气大胆地向对方表白自己的感情。比如，开玩笑地问他（她）对象的一些情况，观察他（她）的反应或者直截了当地向对方表达心中的爱意。

3. 扩大人际交往

要将自己已经积聚的相思之情疏淡,并转化成更广泛的爱,如增加对父母的关心、与朋友加强联系,积极参加集体活动等。

4. 转移注意力

如果发现对方对自己根本没有爱的意思,就应该及时改变生活目标,转移感情的注意力。把精力放在学业上,等待心理恢复平静后,可在更高的心理境界上考虑择偶。事实证明,在个人恋爱的目标受挫时,以另一种可能成功的活动来代替,可以获得成功的心理慰藉。

(二)失恋的自我调适常用方法

1. 正视现实

作为一名有理智的大学生应勇敢地面对失恋的残酷现实,爱情不是同情、怜悯,更不是强求。认识到"有失必有得",爱情既有成功、甜蜜的,也有失败、苦涩的。只有正视失恋的现实,勇敢地面对现实,才能顺利走出心理阴影。

2. 冷静分析,逆向思考

冷静分析自己失恋的原因,如性格不合、兴趣不同、价值观不一致等。由于种种原因,恋爱结束,不必过于痛苦,不妨学着逆向思考,如果勉强凑合下去,造成以后的感情不和,两个人也很难获得幸福。失恋固然不是幸事,然而没有志同道合、个性契合的恋人,及早分手也并非坏事,正所谓"塞翁失马,焉知非福"。

3. 合理化

当一个人追求的目标不能实现时,会找某些理由为自己开脱,使自己心理上得到安慰,如"酸葡萄"效应。根据理性情绪疗法的观点,一个人失恋之后,顿感昔日恋人一切都好,认定自己绝对不可能再找寻到如此美好的爱情,把失恋看得糟糕透顶、可怕至极等,都是源于非理性的信念。因此,针对失恋,可以通过自己跟自己辩论的方式,有意识地在头脑中强化理性的信念,如"天涯何处无芳草"等。此外,多想想昔日恋人的缺点,多罗列自己的优点,对于缓解失恋的焦灼和苦恼是有利的。

4. 情感宣泄

不要过分埋藏和压抑失恋的痛苦,找亲朋好友倾诉一番,甚至大哭一场,会让人感觉轻松好受得多。如果感到积郁很深,实在难以排解,甚至自觉已有某些神经症性的症状,就有必要寻求专门的心理咨询机构的帮助。

5. 自我升华

要尽快把精力引向学习及自身事业的发展上,把失恋升华为一种奋发向上的动力。爱情固然重要,但不是生活的全部。对于大学生来说,切不可因为盲目的爱而全盘疏失别的人生意义，要提醒自己不断地进步，会有机会赢得新的、更为美好的爱情的。

失恋并不意味着失去一切，特别是不要因为失恋而失去爱与被爱的能力。摆脱失恋的痛苦，需要外界的帮助，但更重要的是提高自己的心理承受力，增强心理适应性，学会自我心理调节，从而达到新的心理平衡。

（三）三角恋的自我调适常用方法

1. 正确认识三角恋的危害
三角恋或多角恋违背恋爱道德，应及时从中退出，正确面对，妥善处理。

2. 树立正确的恋爱观
恋爱过程是培养和加深爱情的过程。如果三角恋发生，三人之间将无法把精力投入到对对方的了解和加深感情上，而是过多地纠缠于感情冲突中。此时的恋爱，很大程度上失去了正常的恋爱特征，而更多的是矛盾、痛苦、纠葛等，令当事人烦恼不堪，也会给以后的恋爱生活留下阴影。所以正确认识三角恋的危害是非常重要的。恋爱是一件非常严肃的事，但有些人对此不以为然，对恋爱持一种轻率、随便的态度，认为爱情应该是多方位的。但生活中爱情不是游戏，三角恋必将给当事者带来痛苦和伤害。为了避免这种伤害，树立正确的恋爱观是必要的。

3. 学会拒绝和放弃
作为被追求者，要学会拒绝。在恋爱过程中，如果自己有了恋爱对象，同时被别人追求，一定要明确拒绝，但也应注意拒绝的艺术，做到既拒绝了对方，又不伤害对方的自尊。

作为爱情的竞争者，应以宽容和理解的态度处理自己的感情危机。如果发现自己误入别人的圈子，或者发现与恋人的关系不可能发展下去，就应该学会放弃，积极地退出来。这种做法看似消极，实际上却是解决三角恋问题的一种积极策略。

第四节　大学生正确恋爱观的培养

★ 心理知识

爱的经典

爱是一门艺术吗？回答是肯定的。因为，它需要知识和努力。也有人认为，爱是一种快感，体验它是件随心而遇的事，一个人运气好便会"坠入"其中。当今大多数人无疑更相信后者。

几乎很少有人认为爱还有需要学习的东西。这种特殊的态度建立的前提之一，是多数人宁愿把爱当成被爱的问题，而不愿当成爱的问题，即不愿当成一个爱的能力问题。对他们来说，爱就是如何被爱、如何惹人爱。隐含在认为爱没有任何应该学习之处的态度背后的第二个前提是：把爱的问题设想为一个对象的问题，而不是才能的问题。人们认为爱是简单的，困难的是寻找正确的爱的对象，或者被爱。导致认为爱没有任何可以学习之处的第三个错误在于：把最初坠入情网的经历与爱的"久恒"之间的区别混淆了。

消极的情感会给人的成长带来阻碍，美好的爱情能促使人更健康地发展。大学生正处于世界观、人生观的形成阶段，正确认识爱情，树立健康的恋爱观，是一个值得重视的问题。

一、大学生中常见的错误爱情观

作为大学生，每个人都想搞清楚爱情是什么，真正的爱情到底需要怎样的理解和信念。我们先来了解一下什么不是爱情。

1. 追求完美的爱情

恋爱的一方常常将对方想象得极其完美。校园爱情被称为"真空爱情"或"玻璃爱情"，就是因为大学生夸大了爱情的完美性而忽视了其现实性。完美本身拒绝缺点，当真实的生活摆在面前时，大学生的爱情就显得不堪一击。

2. 产生于无聊、好奇、从众、无助等心理的爱恋

（1）进入大学后，许多同学突然觉得空闲时间很多，部分同学萌发了谈恋爱打发时间的想法。有这种恋爱动机的同学可能会因为恋爱而荒废自己的学业。

（2）进入大学后，许多同学感觉暂时从繁忙的学业中解脱出来了，开始对爱情产生好奇。另外，由于性教育的缺失，部分同学对异性充满了好奇，想通过恋爱获取关于异性方面的知识。

（3）当问及为什么谈恋爱时，有些同学给出的答案是看寝室的人谈了，自己也就谈了。

（4）大学新生来到陌生的城市，面对陌生的环境，显得无助与孤独，此时的一声问候、一束鲜花令孤独无助之中的自己感动至极。

大学生心目中理想的爱情有很多种，但是，理想不等于现实，当大学生心中的理想之爱面对现实的挑战时，很多时候爱就会化作云烟，留给当事人的可能是深深的遗憾、懊恼与失落。

二、培养健康的恋爱观

1. 提倡志同道合的爱情

在恋人的选择上最重要的条件应该是志同道合，思想品德、事业理想和生活情趣等大体一致，有心灵上的默契和共鸣。爱情应该是理想、道德、义务、事业和性爱的有机结合。

2. 摆正爱情与学业的关系

大学生应该把学业放在首位，摆正爱情与学业的关系，不能把宝贵的时间都用于谈情说爱而放松了学习，因为学业是大学生价值观的主要支柱。当女大学生把爱情视为生命的唯一时，爱情就是一株温室中的花朵，娇弱美丽却经不起任何打击。当爱情成为女性唯一的存在价值时，她本人就会失去人格的独立和魅力，也很容易失去被爱的理由。

3. 懂得爱情是一种相互理解、相互信任，是一份责任和奉献

理解对方能够营造一种轻松和快乐的氛围，没有人追逐爱情只是为了被约束；相互信任是自信的表现，自己都不相信自己是值得别人去爱的人，别人会全心全意爱他吗？责任和奉献则意味着个人道德的修养，它是获得崇高的爱情的基础。

三、培养爱的能力与责任

（一）迎接爱的能力

1. 要敢于迎接爱

迎接爱的能力包括施爱的能力和接受爱的能力。一个人心中有了爱，在理智分析之后，要敢于表达、善于表达，这是一种爱的能力。一个人面对别人的施爱，能及时、准确地对这份爱做出判断，并做出接受、拒绝或再观察的选择，也是一种爱的能力。大学生要做到敢于迎接爱，就应懂得爱是什么，有健康的恋爱价值观。

2. 学会区分爱与非爱

爱是一种能力，也是一门艺术。谈恋爱，首先应该了解爱，懂得爱，珍惜爱。喜欢、迷恋、好感、友情、异性吸引等不是爱情，大学生要学会正确区分。友情是广泛的，而爱情是排他的，是专一的。异性之间的友谊可能转变为爱情，但是二者之间绝不能画等号。有些大学生不能正确区分友情与爱情，最终"恋爱没有谈成，朋友也没得做"。爱情之花必须在用心付出和精心呵护下才能尽情绽放，所以要懂得珍惜。

★ **心理训练**

喜欢和爱的区别

喜欢一个人就等于爱一个人吗？也许大部分人都会回答"no"。这也就说明喜欢和爱的感觉是不一样的。下面有26道题目，请你根据自己对爱情的理解，选出13道和"爱情"相关的题目，而剩下的13道则为和"喜欢"有关的题目，你能正确地选出来吗？

1. 他（她）觉得情绪低落时，我觉得自己有责任让他（她）快乐起来。
2. 以我看来他（她）特别成熟。
3. 他（她）是我想学的那种人。
4. 在所有的事件上我可以信赖他（她）。

5. 我觉得他（她）非常容易赢得别人的好感。
6. 我觉得要忽略他（她）的过错是一件很容易的事。
7. 我愿意为他（她）做所有的事情。
8. 我觉得他（她）是许多人中容易让别人尊敬的一个。
9. 我认为他（她）非常好。
10. 我觉得大部分人和他（她）相处都会有很好的印象。
11. 当我和他（她）在一起时，我发现我什么事都不做，只是看着他（她）。
12. 我认为他（她）是十二万分的聪明。
13. 若我不能和他（她）在一起，我会觉得非常不幸。
14. 对他（她）我有一种占有欲。
15. 我愿意推荐他（她）去做令人尊敬的事。
16. 假如我孤寂，首先想到的就是去找他（她）。
17. 我觉得他（她）的幸福是我的责任。
18. 我对他（她）有高度的信心。
19. 当我和他（她）在一起时，我发觉好像两人都有同样的心情。
20. 在世界上也许我关心许多事，但有一件事就是他（她）幸不幸福。
21. 我觉得和他（她）很相似。
22. 没有他（她）我觉得难以生活下去。
23. 我愿意在班上或团体中做什么事情都投他（她）一票。
24. 我觉得他（她）是所有认识的人中最讨人喜欢的一个。
25. 他（她）不管做了什么，我都愿意宽恕他（她）。
26. 若我也能让他（她）百分之百地信任，我会觉得十分快乐。

答案："爱"包括 1、4、6、7、11、13、14、16、19、20、22、25、26
"喜欢"包括 2、3、5、8、9、10、12、15、17、18、21、23、24

资料来源：周少贤. 大学生心理健康[M]. 北京：中国社会科学出版社，2016.

（二）拒绝爱的能力

1. 要有拒绝爱的能力

当我们面对不愿或不值得接受的爱或没有做好准备时，应有拒绝爱的勇气。在拒绝并不希望得到的爱情时，要果断、勇敢地说"不"。为了满足自己的虚荣心半推半就地对待别人的求爱，因担心拒绝会伤害对方而委曲求全地接受一份自己不想要的爱情，这些都是不可取的做法。

2. 要掌握恰当的拒绝方式

虽然每个人都有拒绝爱的权利，但是珍重每一份真挚的感情是对他人的尊重，也是对自己的尊重。另外，应注意拒绝对方的时间、地点、天气、方式等因素的选择，防止激化对方的不良情绪,以避免不良后果的产生。

(三) 发展爱的能力

1. 培养经营爱的能力

美国著名诗人惠特曼说过:"爱,不是一种单纯的行为,而是我们生活中的一种气候,一种需要我们终生学习、发现和不断前进的活动。"爱情需要用心经营,大学校园里的爱情更是如此。如何与恋人相处,怎样呵护美好的爱情,是必须学会的事。与爱人相处时,要善于沟通。恋爱中的两个人之间产生摩擦、误会是很正常的,这时沟通就显得尤为重要,明确地向对方说明自己的想法比让对方猜谜语要明智得多。恋爱中的双方会变得敏感,善于控制自己的情绪,不轻易冲着恋人发脾气,则有助于爱情的发展。培养善于处理矛盾、化解矛盾的能力,不断提高经营爱的能力,为以后的爱情和婚姻家庭生活打下基础。

2. 培养爱的责任感

小仲马说:"真正的爱情始终使人向上。"车尔尼雪夫斯基说过:"爱情的意义就在于帮助对方提高,同时也提高自己。"唯有因为爱而变得思想明澈的人才算爱着。所以恋爱中的大学生一定要承担起爱的责任。"执子之手"不仅要"与子偕老",还要给对方幸福。恋爱中的大学生要互相鼓励,共同进步,一起走向成功的彼岸。爱的道德责任感要求恋爱双方要努力做到"八互":互敬、互信、互学、互助、互爱、互让、互勉、互谅,这样爱情之花才能长久绽放。

3. 培养健全的人格特质

完美爱情的男女主人公需要健全的人格特质。大学生培养健全的人格,就应该对自己有一个全面的了解,对自己的人格特质中的优点和不足有一个清醒的认识,然后优化自己的个性品格,朝着良好的人格素质,如自信、开朗、宽容、独立、给予、理解等方向努力完善自己的性格。同时,不断改进人格特质中不足的一面,如自卑、抑郁、自私、冷漠等,逐渐优化自己的人格素养。大学生培养健全的人格特质还要具备一定人文素养和心理学知识。高尔基说:"人的知识愈广,人的本身也愈臻完善。"大学生可以通过学习心理知识进行自我分析、自我调节、自我完善,进而获得自我保健的效果,以更好地关注和优化自己的人格素养。

4. 培养协调爱与其他关系的能力

鲁迅说:"不能只为了爱——盲目的爱——而将别的人生要义全盘疏忽了。"当大学生的爱情与学业发生冲突时,说明当事人不具备协调爱情与学业的能力,不够成熟,无法承受爱的重量。这个时候就建议同学们以学业为重,完成角色赋予的使命,完成时代赋予的责任。近年来,大学校园里的"学霸情侣"是爱情和学业协调得当的典型代表,人们在称赞他们在学业上取得成绩的同时,也赞美他们的爱情故事。

心书推荐

《爱的艺术》
[美国] 艾里希·弗洛姆

本书作者艾里希·弗洛姆,是美国著名社会心理学家、精神分析学家和哲学家,1900年生于德国犹太人家庭。弗洛姆的研究根植于弗洛伊德的精神分析学说和马克思主义哲学理论。他认为在现代工业化社会,人变得越来越自我疏离,这种孤立感促使人们渴望与他人结合、联系。

作者通过本书想要表明,爱并不是一种任何人都能够轻易沉迷其中的感情,不管你达到的成熟程度如何。除了努力积极发展你的全部个性,使之形成一种创造性人格倾向外,一切爱的尝试都一定是要失败的;没有爱自己邻人的能力,没有真诚的谦恭、勇气、忠诚、自制,就不可能得到满意的个人的爱。作者在努力地使读者确信:在罕见这些品质的一种文化中,获得爱的能力注定是一个难以达到的目标。然而,我们一定不能因为爱并不容易就不去认识它的种种困难及实现爱的条件。

心理自测

你的恋爱之果成熟了吗

1. 目的:采取问答的形式让自我衡量恋爱前的准备工作是否已经完备。
2. 操作步骤。

(1) 回答下列问题。

内容	回答("√"或"×")
恋爱是需要不断学习的	
恋爱是一种能力	
恋爱中需要尊重彼此	
恋爱中需要对自我情绪加以控制	
恋爱过程中需要保护彼此	
恋爱是对对方的高度责任感	
恋爱是对彼此的信任	
恋爱的起始是因为真爱彼此	
恋爱的终止并不意味着人生的结束	
恋爱的终极目标是获得彼此一生的伴侣	

(2) 寻找自己的恋爱之果。

选项	恋爱之果	解释
10题都是"√"	成熟之果	恭喜你!你对恋爱的认识全面,在条件允许的情况下,可以尝试自己的恋爱之旅。
任何一题是"×"	即将成熟之果	再等等!你还没有完全理解恋爱的本质。你还需要不断学习,充实自己。
10题都是"×"	青涩之果	很遗憾!你根本不懂得恋爱。你还需要更多的时间来汲取养分。

资料来源:姚本先. 大学生心理健康教育 [M]. 北京:北京师范大学出版社,2019.

思考与练习

1. 爱情的心理实质是什么?
2. 使用成年人爱情依恋风格模型分析自己的依恋类型。
3. 简述一个成熟的、称得上真爱的恋情必须经历的四个阶段。
4. 当自己身边的同学面临失恋的恋爱心理问题时,怎样帮助他走出心理困境?
5. 如何正确处理好爱情与学业的关系?
6. 大学生性心理的内容和性心理特征包括哪些方面?
7. 结合自己的实际,谈谈大学生应怎样树立正确的恋爱观。

第十一章 · CHAPTER 11

宝剑锋从磨砺出
——大学生压力管理与挫折应对

学习目标
（1）掌握压力的含义及来源；
（2）了解压力应对，掌握对压力的管理方式；
（3）掌握挫折的含义及成因；
（4）学会如何应对压力和挫折。

案例导入

遭受挫败的刘同学

刘同学刚进入大学即开始憧憬理想的大学生活，然而，繁重的学业和单调的生活与美好的向往并不一样，让他逐渐产生失落感。期末考试成绩未如所愿；一个学期下来，同学间最初的"客情"感消除，摩擦产生了；与舍友的差异和矛盾逐渐显露出来……正所谓"希望越大，失望就越大"，持续的不愉快让刘同学产生了更大的失败感，失败感又加重不愉快的心情，并且动摇了自信心，甚至怀疑自己的能力……

【思考】
高中毕业后离开家庭开始独立生活的大学生，面临着生活环境、学习任务、人际交往、管理方式、生活节奏、饮食习惯、地理气候等多方面、全方位的变化，当他们原有的心理和行为习惯无法适应新环境的要求时，需要如何应对？

现代教育已经从生活中分离出来，由最初对生存技能的传递转向精神价值的教化及人际关系的调和，促成人内在的精神转变和价值自觉。帮助大学生确立科学的生活价值观，有效、正确地应对各种压力，获得全面发展，是教育工作者的根本职责。教育学家陶行知先生说："健康是生活的出发点，也是教育的出发点。"大学生能否顺利应对压力和挫折，不仅关乎其个人成长与未来发展，也影响着大学人才培养的质量、家庭幸福和社会稳定。总之，它应当是高等教育利益相关者共同关注的问题。

第一节 压力概述

一、压力的概念及特点

（一）压力的概念

"压力"一词最早是物理学中的术语，成为表述人类状态的专有名词是始于加拿大生理学家汉斯·塞利的著作《生活中的压力》，他也因此被誉为"压力研究之父"。如今，压力一词已约定俗成地被用来描述人们在面对工作、人际关系、个人责任等要求时所感受到的心理和精神上的紧张状态。

现代心理学认为，压力是指个体在面对难以适应的环境要求或威胁时所产生的一种紧张状态和心理体验，是个体的需求和满足需求的能力之间存在不平衡时所产生的生理上、心理上和行为上的反应。它是人们在面对具有威胁性的情境时，一时无法消除威胁、脱离困境时而产生的一种被压迫的感受。压力由人的思维所产生，并被人的心身所感受，它既是一种内心体验，也是一种生理和心理上的唤醒、紧张的状态。

（二）压力的特点

（1）固有性。压力无处不在，不论好事还是坏事，都可能会给人造成压力。例如，受到表扬，为维护自己的形象而产生了压力；受到任命、接到任务，唯恐事情办不好，会产生压力；等等。

（2）两面性。压力具有正面作用和反面作用的两面性特点。压力的正面作用体现在：压力是做事的动力源泉，没有压力很难做好工作。压力的反面作用体现在：过大的压力会让人产生焦虑、迷茫、悲观、工作效率低下等状况，严重时会导致心理疾病的发生。

（3）差异性。不同的人对相同的压力事件会产生不同的反应。例如，极限运动对于勇于冒险的人来说是愉快而刺激的事情，但对于多数人来讲却是恐惧。个体对各类事物压力承受阈值的差异性很大，这与个人自身素质有关。调控压力其实就是提高压力承受阈值。

（4）动态性。压力是动态变化的。例如，首次独立驾驶车辆、第一次在众人前讲话、初入职场等，人们一般都会感到压力，但是经过反复锻炼后，压力就会减轻。另外，由于具体的对象不同、任务性质不同、环境不同以及人们的心身状况等变化，即使同一个事件，多次经历后也可能存在压力感，如各类不同阶段的考试。

（5）累积性。压力的知觉和效应是累积的。一个压力事件如果长期、连续地存在，就会令人产生难以招架的感觉，这就是压力的累积效应。例如，一学生对某一舍友，因为生活习惯、行事做派、价值观等的差异产生不满或是不理解，乃至抱怨，一直压存心中，日积月累，可能某天一个微小的误会或一次怠慢，就会引发该学生对舍友的情绪爆发。这是最后一棵稻草压死骆驼的道理，也是压力的累积效应。

（6）消融性。多种压力混在一起，个体感受到的压力并不是各种压力之和。各种压力之间有相互抵消的现象。例如，大考前的学生看一场同样会给人压力的、对抗激烈的篮球比赛，学习压力就会暂时被篮球比赛的紧张刺激缓冲、减轻或更换掉。每个人都可以找到自己的方式，用一种压力缓解另一种压力。

二、压力反应

压力反应是指个体在压力下的反应。压力反应通常表现为生理反应、心理反应和行为反应三个方面。

（一）压力下的生理反应

一般来说，压力下的生理反应分为短期和偶然压力下的生理反应与长期压力下的生理反应。

短期和偶然压力下的生理反应是应急性、高水平压力。人遇到突如其来的急性、高水平压力威胁情境时，一系列的神经和腺体将被唤醒，引发身体做好防御、战斗或逃跑准备，主要表现为心肌收缩力增强、心跳加速、血压升高、呼吸急促，脸色和皮肤发白、骨骼肌张力增强，瞳孔扩大，汗腺分泌，等等。这些生理反应可以动员和调集人体的各种潜在能量，提高人体的对抗能力和防御能力，使人体能够更有效地应对外界刺激。这是人体在短期和偶然压力下的适应性生理反应，反应的后果是身体疲劳。长期压力下的生理反应通常属于慢性、低水平压力。在长期压力状态下，人体的生理反应比较复杂，称为"全身适应综合征"。

汉斯·塞利博士在20世纪50年代进行了压力实验，以白鼠为研究对象。研究成果将压力状态下身体的反应分成三个阶段。第一阶段是警觉反应。刺激的突然出现使个体情绪紧张、注意力提高，体温与血压下降、肾上腺分泌增加，进入应激状态。如果压力继续存在，身体就进入第二个阶段，即抗拒阶段。身体企图对其任何受损的部分加以维护、复原，因而产生大量调节身体的激素。第三阶段是衰竭阶段。压力存在得太久，应付压力的精力耗尽，身体各功能突然缓慢下来，适应能力丧失。

由此可见，压力下的生理反应可以调动机体的潜在能量，提高机体对外界刺激的感受和适应能力，使机体更有效地应付变化。但过久处于压力状态则会使人的适应能力下降。

（二）压力下的心理反应

压力下的心理反应分为适度压力下的心理反应和过度压力下的心理反应两种。

适度压力会引发或增强个体心理的正向反应，主要表现为意识处于觉醒状态，注意力集中，情绪被适当唤起，思维活跃和敏捷，精神振奋，等等。这是个体适应的心理反应，有助于个体应对环境和适应环境。例如，以学习小组的方式进行学习、运动员比赛、绩效考核等，在适度竞争压力下容易产生好成绩。

过度压力会引发个体心理的负向反应，主要表现为随着唤起程度的变化而产生消极情绪反应，导致个体感知、记忆和思维水平的下降，思维狭窄，注意力分散，记忆力下降，不能恰当地认识与评价外界事物，自我评价降低，自尊心和自信心显著下降，依赖感、无助感和孤独感明显增强，表现出消极被动、无所适从的状态。考试恐惧症就是过度压力造成个体不适应的心理反应的典型例子。

（三）压力下的行为反应

个体面临压力时会有各种行为变化，压力下的行为反应可分为直接反应与间接反应两种。

直接反应指直接面对引起紧张的刺激时，为了消除刺激源而做出的反应，如路遇歹徒或与其搏斗或逃避。间接反应指借助某些物质暂时减轻与压力体验有关的苦恼，如借酒消愁。轻度的压力会引起或增强正向的行为反应，如主动寻求他人支持、学习处理压力的经验和技巧。但如果压力过大、存在得过久，就会引发不良适应的行为反应，如谈话结巴、过度饮食、攻击行为、失眠等。

★ 心理知识

压力与炎症

心理神经免疫学（PNI）领域的研究人员发现，慢性压力与身体无法调节炎症反应有关。这是因为皮质醇会影响免疫系统，这可能是压力造成慢性病的主要因素。卡内基－梅隆大学的研究员发现，有慢性高炎症水平的人更易患感冒。俄亥俄州立大学口腔生物学实验室的进一步研究也表明，慢性压力会影响交感神经系统，从而改变免疫细胞进入血液前的基因活性。现在可以确认的是，炎症的确是压力的结果，许多慢性病都与之相关。压力还会加速细胞的衰亡，对神经和免疫系统都会造成不好的影响。

联合国国际劳工组织在发表的一份调查报告中认为："心理压抑已成为 21 世纪最严重的健康问题之一。"所谓心身疾病，就是心理社会因素在发病、发展过程中起重要作用的躯体器质性疾病和躯体功能性障碍的总称。心身疾病主要分布在人体受植物神经支配的系统和器官，消化性溃疡病、高血压、心脏病、癌症与心理压力有密切关系。

资料来源：SEAWARD B L. 压力管理策略 [M]. 许燕，译. 北京：中国轻工业出版社，2020.

三、压力源的概念及特征

（一）压力源的概念

压力源指的是现实存在的具有威胁性的刺激，即压力事件，它是压力产生的原因和条件。生活中的压力源既可能存在于人们所处的环境之中，也可能存在于人们自身的主观认知、判断，甚至可能是无根据的臆想中。心理学家对造成压力的各种事件进行分析，提出了四种类型的压力源。

1. 生理性压力源

生理性压力源是指通过人的躯体直接发生刺激作用而造成心身紧张状态的刺激物，包括物理的、化学的、生物的刺激物。例如，过高或过低的温度、食物变质、酸碱刺激物、身体疾病等，这类刺激是引起生理压力的主要原因。

2. 心理性压力源

心理性压力源是指来自人们头脑中的紧张性信息，反映了心理方面的困难，具有主观性。例如，实力不济，但希望获得好业绩或担心自己考试不及格。心理性压力源也称"精神性压力源""思想性压力源"。

3. 社会性压力源

社会性压力源是指造成个人生活方式的变化，并要求人们对其做出调整和适应的情境与事件。社会性压力源既包括个人生活中的变化，也包括社会生活中的重要事件。心理学家将社会性压力源中对人们影响较为普遍的因素概括为两大类：消极生活事件和日常生活烦扰。

4. 文化性压力源

文化性压力源最常见的是文化性迁移。人进入到一种陌生的语言环境或文化背景中，面临全新的生活环境、陌生的风俗习惯和不同的生活方式的巨大改变（如大学新生入校、大学生就业、从农村到大城市生活、出国留学等）产生压力。如果缺乏对环境改变所应有的心理准备，依然用原来的生活习惯和行为方式去应对新的变化，个体就会难以适应，常常会出现不良的心理反应，甚至会积郁成疾。

总之，生活中的任何事件，不管是正性的还是负性的，都可以成为压力源。而且，不同的人对同一种压力源的感知不尽相同。所以，在评估压力源时，一定要考虑到个体差异。

（二）压力源的特征

当压力事件具有以下三种特征时，则容易使人产生压力感。

1. 不可控性

一个人越是觉得一件事情无法控制，就越有可能将此事件视为压力。例如，亲人死亡、重大疾病、失业、失恋等。这些事件之所以会给人们造成压力，是因为人们自己不能控制它们，也没有办法防止它的发生。

2. 不确定性

确定性是指能预见事情的未来发展。能够预期压力事件的发生，即使个体无法控制,也常常能降低压力的程度。相反,对未来不可预知或控制时,反倒会增加压力。比如,缉毒警察推开的每一扇门的后面都不知会是什么,这样的极高风险职业对于工作者本人及其家人就会产生很大的压力。

3. 挑战极限

因为有些事情即使投入全力也感到难以对付,这会考验到包括能力的、知识的或者体力的极限,而且可能挑战到我们的自我信念。例如,硕士研究生入学考试,不仅是对考生心理和智力的挑战,而且可能威胁到自我信念。同时,恰恰是因为这种挑战可能使个体对自己产生新的认识,故所带来的压力感往往是积极的,具有促进作用。

> **★ 心理故事**
>
> **苦恼的王同学**
>
> 大三的小王向心理咨询老师叙述:自己学习成绩平平,在教室里看书时,总要选在靠墙的角落位置就座才会安心,否则就担心会被旁人干扰而无法专注。在寝室的时候,小王非常反感室友外放音乐,尤其是在自己想午休时,只要音乐响起,便会觉得难以忍受,可自己又不想与室友正面冲突。毕业在即,小王心中更是乱糟糟的:一是担心找不到理想的工作;二是看到其他同学准备考研复习,自己也想考但又不能集中精力学习;三是家庭条件不好,作为家里的男孩,有责任挑起家庭的重担,可又觉得力不从心。一段时间以来,这些苦恼严重影响了小王的日常生活和学习。
>
> 择业是小王的核心压力源。第一,他即将毕业,在择业问题方面,自身能力与理想目标之间的落差很大,而且落差越大,心理压力也就越大。他自己学习成绩一般,家庭条件又不好,觉得自己改变家庭境遇的责任重大,必须找到一份好工作,由此而产生的心理压力与日俱增。第二,择业压力使他在心理上产生不安全感,心理变得异常敏感和脆弱,这一点在他的日常学习和生活中已经体现出来。在教室看书或者在宿舍睡午觉时,哪怕有一点儿动静,他都会受到干扰;严重时,即使没有任何干扰,他也会怀疑、担心和害怕受到干扰。第三,择业压力和敏感的心态使他易产生人际冲突问题,这时他采取的是回避和压抑等消极应对策略。在与同学相处中,尽管他自己意识到只是一些很小的事情,但就是不能控制自己。当某件事情或某个人多次引起自己的反感和不快时,他就很自然地把自我的消极情绪固着在该事或该人身上,从而影响人际的和谐与沟通。由于他刻意回避现实压力,导致压力感转移。
>
> 资料来源:李小薇.大学生心理健康教育[M].北京:北京师范大学出版社,2017.

四、压力应对

压力应对是指当压力对个体可能造成伤害时,个体用一些方法与技巧去应对,以减低压力带来的消极影响。为了有效地应对压力,非常有必要了解解决压力问题的过程和压力应对的策略。

1. **解决压力问题的过程**

个体从面临压力到解决问题,一般要经过三个不同的阶段。

(1)冲击阶段:压力来临之时,如果压力过强、过大,会使人感到眩晕、发蒙、麻木、呆板、不知所措,常会出现"类休克状态"。

(2)安定阶段:当事人在经历了震惊、冲击之后,努力想恢复心理上的平衡,设法控制焦虑和情绪紊乱,恢复受到损害的认知功能,运用心理防卫机制或争取亲友的帮助。

(3)解决阶段:当事人将自己的注意力转向产生压力的刺激,冷静地分析压力产生的原因,或逃避和远离产生压力的情境事件,或提高自己的应对能力,直接面对压力去解决问题。

2. **压力应对的策略**

压力应对的策略有两类:处理困扰与减轻不适感。所谓处理困扰,就是直接面对并改变压力源,根据引起压力的压力源去处理问题。这一策略又称"问题中心应对策略"。比如,当考试失败造成了压力的时候,通过改善学习方法、更加努力学习去减轻压力。所谓减轻不适感,就是不直接面对压力源去解决问题,而是调节自己,减少或消除不良的情绪反应。这一策略又称"情感中心应对策略"。比如,自己感觉压力大的时候主动找朋友倾诉、吃些好吃的、看场电影等。当压力事件不可改变时,可以考虑改变我们的情绪。

五、影响大学生压力感的因素

1. **负性情绪**

大学生情绪稳定性差,常会因一些小事导致整个人焦虑、烦躁,使得工作、学习和生活受到影响,感到压力重重。负性情绪主要体现在自卑感、抑郁性、强迫性、自主性、后疑症和自罪感等方面。负性情绪严重影响人对压力的知觉和处理。

2. **自我效能**

自我效能是指个体相信自己有能力达到预期目的的信念,即自信心和自信力。自我效能不仅会影响人们的毅力和努力程度,还会影响人们追求目标时的身体反应。自我效能高的人在进行困难的工作时焦虑较少、压力较小、免疫系统良好。

3. **经验**

经验会影响人们对压力的感受,增加经验能够使人增强抵抗压力的能力。研究者对两组跳伞者的压力状况进行调查发现,有过100次跳伞经验的人不但恐惧感小,而且会自觉地控制情绪;无经验的人在整个跳伞过程中恐惧感强,并且越接近起跳越害怕。

4. **心理准备**

对即将面临的压力事件是否有心理准备会影响人对压力的感受。心理学家曾对两组接受手术的患者进行实验。对其中一组在手术前讲明手术过程及后果，使患者在术前有心理准备，把手术痛苦视为正常现象并坦然接受；另一组不做特别介绍，患者对手术一无所知，对术后的痛苦过分担忧，对手术是否成功持怀疑态度。结果，术后，有准备组比无准备组止痛药用得少，而且平均提前3天出院。由此可见，有应付压力的思想准备可以减轻压力。

5. 认知评估

认知评估在增加或缓解压力中具有重要作用。同样的压力情境能使一些人苦不堪言，而另一些人则能平静地对待，这与人们对压力的认知评估有关。个体面对压力时，在实际压力反应前，会先辨认和评估压力。面对压力事件，如果个体对压力威胁估计过高，对自己应对压力的能力估计过低，那么压力感就必然大，压力反应就大。例如，你正在家中安静地做着自己喜欢的事情，忽然听到走廊里响起一串脚步声，如果你认为是有事情发生，一定会去门镜看个究竟；如果你认为是自家有朋友来访，就会轻松愉快，准备开门；如果你认为是去邻居家串门的，则会继续静心做自己的事情。

人们对压力的认知评估一般分为两个阶段：初步评估和二级评估。初步评估是评定压力来源的严重性，二级评估是估量处理压力的可能性。如果压力过重，又无可以利用的应付压力的资源，人们必然会产生一种持续性的紧张状态。

6. 情绪差异

从某种意义上讲，压力本身就是紧张情绪。紧张释放实际上就是个体把紧张、困扰"打开"而不是"封闭"。紧张释放率反映的是个体对紧张情绪的释放程度。紧张释放率高的人较少存在压力。事实证明，面对压力，乐观、坚强、自信的人总是采取积极的处理方法，千方百计战胜压力；悲观、性情软弱、缺乏自信的人，要么束手无策，要么消极逃避，被压力征服。有关研究也证明，开朗、果断者的各种压力均显著低于拘谨、温和者的同类压力。

7. 性别差异

心理学研究表明，面对压力，男性和女性的压力感大小存在差异。个人自身压力方面，男性的压力感显著高于女性；社会压力方面，女性的压力感显著高于男性；恋爱、身体健康、适应和挫折方面，男性的压力感显著高于女性；学业方面，女性的压力感高于男性；人际交往方面，女性的压力感显著高于男性；家庭方面，男性往往要比女性承担更多的期望，因此压力感也就更大；就业方面，女性的压力感显著高于男性。

★ 心理知识

减压小技巧

积极的、富有建设性的减压方式是相对于破坏性的减压方式而言的，下面列举几个积极的减压小技巧。

（1）直面问题，解决问题。直接面对问题，而不是逃避、压抑、转嫁或迁怒于无关的人或事；理性地评价、选择解决问题的方案；解决问题的策略要与现实相符，其出发点是对问题的真实估计，而不是自我欺骗或自暴自弃。

（2）学会认识和抑制毁灭性的或具有潜在危害性的各种负面情绪；学会控制自己具有危害性的习惯性行为；努力保证自己的身体不遭受酒精、药物的伤害，加强锻炼，保证睡眠。

（3）感到有压力的时候，需要做的不是坐在那里发愁或者抱怨，而要走出去，全身心地投入运动中。体育运动是非常有效的减压方式，它可以迅速改善人的某些生理功能，让人充满生命活力，找回控制感，从而有效地减轻心理负累。

（4）感到有压力时，可以通过看电影、听音乐、欣赏书画作品等缓解，在欣赏和感受美的过程中，可以让人找到人性的光辉、世界的美好和生活的希望。

（5）感到有压力时，可以根据时间表和经济条件，把自己交给大自然。任何人面对大自然的时候，都可以完全抛开在工作和生活中因为防御需要戴上的层层面具，面对真实的自己，重新思考过去没有考虑到的东西。

（6）当一个人面对压力感到不知所措的时候，可以阅读书籍，吸取榜样的力量。杰出人物经历了无数的挫折与压力，他们是怎么做的呢？去看看人物传记吧。

资料来源：高峰.大学生心理健康教育[M].北京：清华大学出版社，2020.

第二节　挫折概述

一、挫折的含义及构成要素

（一）挫折的含义

挫折是指失败、失利、失望、挫败、阻挠等，在日常生活用语中俗称"碰钉子"，它强调的是失败的客观现实情境。在心理学中，挫折是心理挫折的简称，是指个体在某种动机的支配下，在实现目标的活动过程中，遇到了难以克服的障碍或干扰，致使其目标不能实现、需要无法满足时所产生的紧张状态和消极的情绪反应。它强调的是个体遭受失败后的消极情绪反应和情绪体验。心理学上的挫折与人们生活中理解的挫折有所不同，它更强调挫折的主观感受性。

（二）挫折的构成要素

挫折由挫折情境、挫折认知和挫折反应三个要素构成。

1. 挫折情境

挫折情境是指产生挫折的情境状态或情境条件，即阻碍目标实现的各种障碍或干扰等情境因素。它是挫折产生的原因和条件。

2. 挫折认知

挫折认知是指个体对挫折情境的知觉、认识、态度和评价。挫折认知是个体对挫折情境的主观反应。对某人构成挫折的情境，对其他人不一定构成挫折，这反映了个体对挫折感受的差异性。

3. 挫折反应

挫折反应是指个体伴随着挫折认知，当自己的目标不能实现、需要无法满足时，所产生的紧张、痛苦、迷茫、沮丧等各种负面情绪交织而成的心理感受和行为表现。

在上述三个要素中，挫折情境是"原因"，挫折反应是"结果"，挫折认知是"中介"，三者同时存在时，便构成了一个典型的心理挫折。

在大多数情况下，面对同一挫折情境，不同的人会产生不同的挫折反应。例如，疫情期间，线上学习或考试过程中，由于网络或软件的原因，出现收看效果不佳或提交存储不畅的情况，这时学生所产生的心理挫折反应差异会很大：有的人焦虑不安、怨天尤人、挫折感很强，有的人则心平气和、耐心等待、挫折感较小。

一个人动机再强烈，目标再高远，如果没有实际行为，只是停留在空想上，就不会有真实的挫折，即使有挫折感也是想象的。一个人既没有必要的需要，又没有明确的目标，也就不可能有强烈的动机，任凭风吹浪打，也不会有明显的挫折感。

二、大学生挫折心理产生的原因

主观愿望和客观现实之间的矛盾是挫折心理产生的重要原因。大学生挫折心理的产生主要与自然环境、社会环境、自身条件和个人的动机冲突等多种因素有关。

（一）大学生挫折心理产生的客观因素

个人自身因素以外的自然因素和社会因素给人带来限制与阻碍，使人的需要不能满足和目标不能实现而产生挫折。这些是构成挫折的客观因素。

（1）构成挫折的自然因素包括个人不能预料和控制的天灾人祸、时空限制、意外事件等。例如，洪水、地震等自然灾害破坏；装修噪声干扰，以致无法安心学习等。

（2）构成挫折的社会因素是指个人在社会生活中受到的各种人为因素的限制与阻碍，包括政治、经济、法律、风俗习惯等方面。例如，入党、考研等因为名额、分数线等限制而不能实现；因种族不同，相爱的恋人无法结婚等。

（二）大学生挫折心理产生的主观因素

1. 个体生理条件的限制

个体因生理素质、体力、外貌、健康及某些生理缺陷所带来的限制导致活动的失败，从而无法实现既定目标。例如，因色盲不能从事自己喜爱的医疗或美术工作；因个子太高不能入伍成为空军专业飞行员等。

2. 认知模式

认知心理学认为，挫折的产生主要是由人们对挫折情境的认知，即对刺激事件的认识、评价、信念引起的。任何心理问题与心理障碍都有其认知根源，不健康的心理常来源于不健康的认知。正如古希腊哲学家爱比克泰德所说："人不是被事情本身所困扰，而是被其对事情的看法所困扰。"

3. 动机冲突

在现实生活中，人们的需要是多种多样的，常常会因多种需要而产生多个动机，并指向多个目标。当这些并存的动机相互排斥，或者由于条件限制不可能全部实现而必须有所取舍时，就形成了动机冲突。动机冲突常常导致部分需要不能满足和部分目标不能实现，于是就产生了挫折。常见的动机冲突主要有以下四种形式。

（1）**双趋冲突**。双趋冲突即个体在有目的的活动中，同时有两个并存的目标对其产生同等效果的吸引力，引起同样强度的动机，但因条件限制，无法兼得，而只能选择其一，从而产生难以取舍的矛盾心理。"鱼与熊掌，不可兼得"，就是典型的双趋冲突。例如，有的大学毕业生在就业时，面对两个十分心仪的单位只能选择其一时的情形。

（2）**双避冲突**。双避冲突即两个目标都不感兴趣，甚至厌恶，两种都想躲避，但受条件限制，只能避开一种，接受另一种，在选择时内心充满矛盾和痛苦，从而产生左右为难的矛盾心态。"前有悬崖，后有追兵"，就是典型的双避冲突。例如，有的大学生既不想用功学习，觉得读书太苦，又怕考试不及格而被给予学业警告等。

（3）**趋避冲突**。趋避冲突即个体在对待一个目标时产生两种互为矛盾的心态或动机，一方面好而趋之，另一方面又恶而避之。换言之，某个目标既有利又有弊，吸引力与排斥力共存，对个体同时具有趋近和逃避的心态，使人内心产生激烈冲突。例如，大学生既想多参加社会活动，又怕占时太多，影响学习；有的人既想吃辣椒，又怕脸上长痘痘等。

（4）**双重趋避冲突**。双重趋避冲突即个体在活动中同时遇到两个或两个以上的目标，但两个目标各有所长，各有所短。例如，一个女生同时面对两个各有千秋的男生求爱时，一时无法选择；有的大学生在选择就业时遇到两个单位，一个收入较高，但专业不对口，另一个专业对口，但效益不太好。

如果大学生能了解、掌握这几种动机冲突，从容面对生活中的每种选择，辩证地看待得失，该放下的可以微笑地舍弃，就不会有那么多的挫折了。

三、大学生的挫折反应

个体对挫折的反应表现分为情绪性反应和理智性反应。

（一）情绪性反应

情绪性反应指个体在遭受挫折时伴随出现的紧张、烦恼、焦虑等情绪反应。自然的情绪反应是正常的，但如果超出必要的限度，则会带来消极的后果。特别是当这种情绪强度过大，或持续时间过长时，往往会直接危害大学生的身心健康，使心理活动失去平衡，严重影响其正常的学习与生活。

1. 攻击

攻击是情绪性反应中最常见的，是个体遭受挫折后发泄愤怒情绪的过激行为。攻击分为直接攻击和间接攻击。直接攻击指将愤怒的情绪直接指向阻碍其目标实现的人或物，如大学校园里的打架斗殴等。间接攻击指个体受挫后，如果不能直接攻击阻碍自己达到目标的对象，就会转向攻击其他替代物，如受到老师批评后，回到寝室对同学发脾气或摔东西。

2. 焦虑

个体受到挫折后，情绪反应比较复杂，包括自尊心的损伤、失败感的增加，最终形成一种紧张、不安、忧虑、恐惧等交织而成的复杂心情，称为焦虑。适度的焦虑对提高学习和工作的效率、激发潜能有一定的积极作用，但过度的焦虑却是有害的，严重的会导致心身疾病，发展为焦虑症。

3. 退化

退化指个体在遭受挫折后，表现出与自身年龄、身份很不相称的幼稚行为，如装病耍赖、蒙头大睡等。当个体受到挫折后，如果以成人的方式面对挫折，就会产生心理上的紧张、焦虑和不安，为避免这种情况出现，个体往往会无意识地放弃已习得的成人行为方式，恢复早期幼儿的方式加以应付，从而减轻内心的心理压力。

4. 冷漠

冷漠往往是受挫折者长期遭受挫折，或改善情境已无希望，或受到攻击时表现出来的一种复杂的心理反应。表面上看，受挫折者采取的是一种"事不关己，高高挂起"的态度，但实际上蕴含着一种压抑的愤怒。这种反应在缺乏民主、缺乏正常宣泄途径的环境下较容易产生。

5. 固执

固执是指个体受挫后，不去寻找积极的解决方法，而是采取刻板的方式，盲目地重复某种无效的动作或行为。例如，成绩滑坡的学生，不理性地分析、寻找原因，只是一味地延长学习时间，甚至秉烛夜读，影响白天的学习，以致恶性循环，明知这样做不好，却仍固执地这样做；一名性格内向、不善交际的女大学生，每当与陌生人坐在一起时，就反复揉衣角，这个动作无助于她提高交往能力，但她仍重复地做着这一动作，这就是一种固执行为。

（二）理智性反应

理智性反应是指个体受挫后，能审时度势，面对现实，找出原因，采取积极有效的态度和行为来对付挫折。它主要包括坚定目标，再做努力；改变策略，再做尝试；化消极为积极，努力升华。挫折是不可避免的，关键在于怎样对待挫折。大学生应学会用理智的态度和积极的行为来对待各种挫折。

心理自测

你的抗挫折能力怎么样

你准备好迎接生活的挑战了吗？想了解自己的抗挫折能力吗？请做下面的测试！它能帮助你初步了解自己的抗挫折能力。最好忠实于你看到题的第一反应，不要思考太多。1~20题选项均为：A代表非常符合；B代表有点符合；C代表无法确定；D代表不大符合；E代表很不符合。

1. 我总忘不了过去的错误。
2. 白天学习或工作不顺利，会影响我整个晚上的心情。
3. 汽车经过时溅了我一身泥水，我生气一会儿就算了。
4. 如果某人擅自动用我的东西，我会生气一段时间。
5. 如果不是因为几次倒霉，我一定比现在成功。
6. 我想，我一定受不了被解雇的羞辱。
7. 如果向喜欢的人表达好感被拒绝，我一定会精神崩溃。
8. 学习落在后面，常使我提不起精神。
9. 在我的生命中，我已有过失败的教训。
10. 我对侮辱很在意。
11. 过负债累累的日子，我连想都不敢想。
12. 找不着钥匙会使我整个星期都感到不安。
13. 在生活中，我常常有沮丧气馁的日子。
14. 如果周末过得不愉快，星期一我便很难集中精力学习。
15. 我已达到能够不介意大多数事情的程度。
16. 想到可能无法按时完成某项重要的任务，我会不寒而栗。
17. 我很少心灰意冷。
18. 我很少为昨天发生的事情烦心。
19. 偶尔做个失败者，我也能坦然接受。
20. 我对他人的恨会维持很长一段时间。

【统计指标】

A、B、C、D、E分别代表1、2、3、4、5分。最后把分数加起来，得出总分。

20~58分：说明你的抗挫折能力较低，平时在生活中要注意调节自己的心态，训练自己从积极角度看问题。搜集一些面对困难和挫折的调节方法，坚持学以致用。发现问题，就等于解决了一半。赶快行动吧，你会发现生活中其实处处有阳光。

59～71分：说明你的抗挫折能力属于中等水平。遇到问题，如果能够有意识地积极应对和调节，那么提升空间会很大。

72～100分：说明你的抗挫折能力还是很不错的，请继续保持。如果再加上反思能力和执行能力，你会大有作为。

资料来源：李小葳.大学生心理健康教育[M].北京：北京师范大学出版社，2017.

第三节　大学生压力管理与挫折应对

一、大学生常见的压力和挫折问题

挫折是人们在实现目标过程中受到阻碍时产生的紧张状态与情绪反应。个体的心理压力与遭受的挫折密不可分，生活中的挫折、失败是大学生产生心理压力的主要来源。如何正确认识与对待挫折，是个体合理进行压力管理、积极解决问题、克服困难、健康成长的关键所在。

大学生的压力和挫折种类很多，概括而言，主要有七个方面：时代压力、环境适应压力、学习压力、生活压力、人际关系压力、情感压力和就业压力。

1. 时代压力

现今大学生所处的时代背景使他们面临着更加尖锐的挑战。他们既要努力完成在校学业，又要关心所学知识能否适应未来要求；既要掌握最基本的专业知识和专业技能，又要具有复合型人才的素质和较高的社会适应能力；既要拥有创新意识和创新能力，又要塑造能够融入和谐社会的健全人格；既要关心自己，又要关心他人、关心社会、关心世界；既要"成才"，又要"成人"；既要"学会学习"，又要"学会做事""学会做人"……这些高期望值，必然给大学生带来心理的紧张和压力。要想跟上时代的步伐，在竞争中取胜，只有努力学习，不断提高自己的能力和素质。事实上，即使一个人竭尽全力，也不能保证所有事情一定成功。因为别人也会同样努力、勤奋，甚至比自己的程度更甚。这种现实的和想象中的危险情景，必然会给大学生造成一定的心理压力。

2. 环境适应压力

环境适应压力一般多出现于大学新生中。大学新生初来乍到，往往会产生不适应。陌生的校园、生疏的群体，远离了家乡和父母，面对众多问题要自己决定、自己动手解决，如果再用以前的方式，会很难应对眼前出现的各种新情况、新问题，进而感到困惑、茫然和不知所措，压力感和挫折感油然而生。

3. 学习压力

学习是大学生的首要任务和主要活动方式，大学生的学习压力主要表现在：因角色转换而产生的学习心理压力、因专业问题而产生的学习心理压力、因对大学的学习方法和艰苦程度认识不足而产生的学习心理压力、因学习动机过强而产生的学习心理压力、因学习竞争而产生的学习心理压力、因面临各种各样的考试而产生的学习心理压力、因"评优评先"而产生的学习心理压力等诸多方面。专业意识与价值观的困惑带来的挫折、学习动机过强与"力不从心"导致的挫折感、因强烈的理智感与学业不理想而形成的挫折感、因缺乏正确的学习方法而不会学习或不知道怎样学习而导致的挫折感等都是学习挫折的表现。

4. 生活压力

对一部分大学生来说，最大的压力莫过于生活的艰辛，包括因缺乏独立生活能力而产生的生活自理压力、因缴费上学和竞相消费及地域、城乡、家境等差异而产生的经济压力等。

5. 人际关系压力

大学生作为一个特殊的社会群体，正处于人生发展的关键时期，建立和维持良好的人际关系，是大学生发展的一个重要任务。有关研究表明，当代大学生更多的压力是来自人际交往方面的苦恼。导致大学生交际困难的原因有以下几个：一是目前大学生多为独生子女，对其教育不当造成了如任性、自私、为所欲为等的负面效果；二是由于从小缺乏集体环境而导致缺乏集体感与合作精神；三是家长的过分包办，使独生子女上大学之后缺乏最起码的独立生活及为人处世的能力。交际困难，一方面导致大学生产生自闭、偏执等心理问题；另一方面，因无倾诉对象，有问题的大学生更会加重心理压力，易导致心理疾病。有关调查表明，目前交际困难已成为诱发大学生心理问题的首要因素。

6. 情感压力

情感压力表现为恋爱关系障碍。对大学生来讲，恋爱关系不仅仅是一种人际关系，更重要的是大学生自我价值和自我认可的基础。失恋不仅仅是失去了感情的寄托，更重要的是自信心受到了打击，从而产生失败的消极情绪反应和自责、自弃等消极行为，影响正常的学习和生活。

7. 就业压力

就业是每一名大学生从入校开始就必须考虑的问题。"双向选择，自主择业"的就业机制的实施，一方面给予了大学生更多参与社会竞争的机会；另一方面又让大学生产生极大的压力。有的大学生不能正确评价自我，缺乏自信，不敢竞争，错失良机；有的大学生盲目自大，结果高不成、低不就；有的大学生盲目冲动，片面追求高薪、高职、高待遇，陷入失败的泥潭；有的大学生抱怨自己"出身"不好，"生不逢时"，怨天尤人；有的大学生求职受挫后一蹶不振，陷入失望、焦虑、苦闷的情绪之中，有的人甚至出现社交恐惧症状。

二、大学生压力管理的方法与途径

大学生压力管理是大学生采取科学、有效的方法，对自己的各种心理压力进行合理的应对或处理，去掉负面压力，保留正面压力，将压力变为动力，使自己保持良好心态、情绪和行为的过程。

压力是一把"双刃剑"，它给弱者带来打击的同时，也给强者带来重生的力量。因此，大学生做好压力管理是非常重要的。概括而言，大学生压力管理的方法与途径主要有以下几种。

（一）认识自己、认识压力、从容面对，是大学生压力管理的第一步

1. 认识自己

认识自己就是要认识自己的性格特征、生活习惯、现有的生活和学习状态、优点和缺点，不自大也不自卑，能够全面了解自己、客观评价他人，逐渐形成对自己、对他人、对社会现实、对理想的正确认知。这样做可以有效地预防压力入侵，也可以很好地应对压力。只有正确认识自己，才可能洞察压力来源及个人对压力的反应。大学生如果做到客观分析自己、了解和把握自己，则可以避免产生许多不必要的心理压力，从容、乐观地面对学习和生活。

2. 认识压力

认识压力就是要获取自己的压力信号，找出自己的压力源，辨别压力的好坏，分析压力给自己带来的心态、情绪和行为上的变化。

3. 从容面对

从容面对压力是指好的压力要及时转化为动力，不好的压力要尽快删除掉。一个人不能让社会适应自己，只能让自己适应社会。压力是客观的情境，但压力的体验是主观的，压力程度常由个人内在感受来决定。因此，压力程度是可以由个人控制和处理的。

（二）直面压力源，纾解负性情绪

1. 直面压力源

任何压力的产生都有一个压力源。压力管理的首要策略就是找到压力源，了解产生压力的原因，直接解决造成压力的问题。其大致步骤如下：认清压力事件的性质；理性思考并分析问题事件的来龙去脉；确认个人对问题的处理能力；积极寻求能帮助解决问题的资讯，包括如何动用社会支持系统；运用问题解决技巧，拟订解决计划；积极处理问题；若已尽全力，问题仍无法在短时间内解决，则表示问题本身处理的难度超过了你现有的应对能力，有可能需要长期奋战不懈，那就暂时放下，顺其自然，并做好长期处理的心理准备和思想准备。

2. 纾解负性情绪

伴随压力，个体会产生生理和情绪的反应。身处压力之中的人们会感到忧郁、愤怒、沮丧、难过，压力可令肌肉紧张、疲倦、头痛、胃部不适等。这些负性情绪和感受常会干扰问题的解决过程，甚至会使问题本身恶化。所以，处理心身反应是压力管理相当重要的一环，有效纾解情绪是压力处理过程中的关键。

（三）培养良好的个性和积极的心态

压力情境是客观的，但是人们对压力的感受则是主观的，对于同一个压力源，不同的人会有不同的压力感。生活的压力或来自外界的刺激，或是来自内心的反应，我们不能改变环境，但是我们能够改变自己。培养良好的个性和积极的心态，是最根本、最重要的压力应对策略。大学生在遇到问题时，要善于树立科学的思维方式，理性地思考问题，换一种眼光看压力，保持正向乐观的态度，危机即转机。学会放下"包袱"，放下给我们造成压力的各种压力源，放下我们对压力的不恰当评价，有助于坦然面对前行道路上的任何情况。

（四）激励潜能，独立自救

人在承受巨大的压力时，真正能帮助你的不是别人，而是自己。独立自救是生命中最闪光的品性，面对压力或挫折的打击，有的人会激发潜能，自己拯救自己。比如，"马蝇效应"，利用危机状态产生的压力，激发生命体的巨大潜能，是适度转移注意力并自我增加良性压力的方法。

（五）适当取舍，远离烦恼

奋斗的目标定得过高、过多，深感心有余而力不足，是我们遭受压力或挫折的重要原因。舍弃自己还不具备能力与条件的目标，不是坏事。放弃是一种智慧和境界，聪明的办法是学会取舍。顺境时切莫得意忘形，不要被冲昏头脑；逆境时也莫逃莫避，而应奋起直追，一如既往地驶向彼岸，以自信、灿烂的微笑去咀嚼压力，获得思想的升华，从而成功地跨越压力这道障碍。

三、大学生挫折应对方法

挫折与压力不是同一个概念，但它们总是如影随形。大学生必须学会正确认识和对待挫折，积极应对挫折，化消极因素为积极因素。这样，不仅能使大学生人格更成熟、意志更坚强、智慧更丰富，而且能使大学生更有能力去战胜挫折、迎接挑战、走向成功。

（一）合理利用心理防御机制

心理防御机制是指个体在处于压力、挫折或冲突的紧张情境时，出于自我保护的本能需要，在心理内部具有自觉或不自觉地采取某种方式来摆脱痛苦，减轻不安，以恢复心理平衡、情绪稳定的一种适应性倾向。它是个体应对压力情境或挫折情境时的自我保护，也为个体自身筑起一道心理防护墙和缓冲带。心理防御机制通常有积极和消极之分。大学生常见的心理防御机制有八种。

（1）否认：是指一种拒绝承认现实的某些方面，借以减轻焦虑和痛苦的心理防御机制。

（2）潜抑：是指一个人能被社会或自我意识接受的欲望、情感和行为，在不知不觉中压抑到潜意识中去，使自己意识不到，而使内心保持"纯洁""安宁"。

（3）投射：是指一个人把自己的过失归咎于他人，或者将自己内心那些不能为社会规范或自我良心所接受的感觉、欲望、意念等放到别人身上，以掩饰自己，逃避或减轻内心的焦虑与痛苦。

（4）反向作用：是指一个人表现与自己的欲望、动机、观念等截然相反的矫枉过正式的态度和行为，以减少焦虑，维护安宁。

（5）转移：是指一个人把对某一对象的欲望、情感或行为意向不自觉地转向其他对象，以减轻自己的心理负担。

（6）抵消：是指一个人以象征性的动作、语言和行为来抵消已经发生了的不愉快的事情，以弥补内心的愧疚。

（7）合理化：是指一个人给自己的行为或处境寻找能被自我和社会认可的理由的做法。

（8）升华：是指一个人将被压抑的本能欲望导向人们能接受、为社会所赞许的活动上面来。

心理防御机制会保护我们，也会损害我们的身心健康，生活中我们应该建立起健康、积极的心理防御机制，创造自己美好的生活。

（二）学会如何应对挫折

1. 调整心态，正确认识和对待挫折

正确认识挫折，是大学生战胜挫折的先导和前提。心理研究表明，一个人越是获得与挫折事件相关的信息，就越能够有效地处理它；越是参加到挫折情境中去，就越能够有效地对付这种环境。只有改变不良的认知方式、纠正错误的观念，才能实事求是地评价挫折带来的后果，从困难中看到希望。第一，建立对"失败"的科学认识、对"失败"的正确观念。毛泽东说："错误和挫折教训了我们，使我们比较地聪明起来了，我们的事情就办得好一些。"⊖从这个意义上讲，失败也是一种成功，是成功的阶梯。所以，当大学生面对挫折、失败时，应该坦然面对、泰然处之，没有必要过分担心、害怕。第二，树立"失败也是我所需要的"思想，这是爱迪生一生奋斗的经验总结。在现实生活中，只

⊖ 毛泽东. 毛泽东选集：第四卷 [M]. 北京：人民出版社，1991：1480.

有战胜一个又一个的挫折，才能取得真正的成功。挫折是一种心理预报系统，它要求人们坚强，面对现实，探明受挫折的根源，找出失败的原因，根据具体情况继续努力奋斗。

2. 未雨绸缪，加强对挫折的预防

预防挫折，重在掌握挫折产生的规律。不同人格特质的人，其挫折承受力各不相同，而具有较强的挫折承受力的人往往有一个共同的特点——进取性人格品质。挫折承受力强的人，面临挫折时，不是被动承受，而是主动进攻，积极动脑想办法，努力改变困境。为了提高挫折承受力，每个人都应主动地培养进取性人格品质，改变那些不适应发展的不良人格品质，重点应培养自信乐观、自强不息、宽容豁达、开拓创新等品质。做人的优良品质，也是预防挫折的最有力保障。自信、乐观二者相辅相成、相得益彰。当遇到挫折、困境时，如果相信自己一定能取胜，那就会积极去改变现实，克服困难，战胜挫折，这是自信的作用。乐观者在面临挫折、困境时，能够透过表面的不利看到蕴藏在背后的希望，相信明天是美好的，从而信心十足地去战胜困难。

★ 心理训练

培养韧性的训练方法

如果在生活中碰到非常不顺的情况，你该怎么做才能变得更具韧性呢？罗伯特·布鲁克斯和萨姆·戈登斯坦列出了帮助你变得更具韧性的一些方法。

（1）觉得你能控制自己的生活。
（2）与他人有效地沟通互动。
（3）建立现实而合理的目标和预期。
（4）从成功和失败中总结经验。
（5）给予他人同理心和同情心。
（6）觉得自己与众不同（但不要自负）。

你可以问自己下面这些问题。好好研究一下你的答案，并且找到一两个你现在就能加以改进的地方。请记住，你所设定的让自己变得更加具有韧性的目标从一开始就要切合实际。

（1）找出你身上的一种总是导致你失败，而且你一直想要改掉的行为。想一想，你应该如何改变自己的思维模式才更加有利于改掉这种不良行为？
（2）列出一些能够让你的生活充满意义和活力的因素。这些因素如何帮助你克服逆境？
（3）别人对你的看法和你对自己的看法有什么不同？如何缩小这些差距？
（4）你是否会犯一些让你无法与他人有效沟通的错误？如何减少这些错误？
（5）描述一下理想的自己应该是什么样子的。你现在最不具备哪种你想要具有的理想特质？你在哪些方面最接近理想的自己？

请记住，这些或其他评估练习的目的是让你变得更加健康和坚韧而改变行为，而不是改变你的信仰和价值观。通过向那些具有韧性的人学习（找一些你知道的榜样，读一读或听一

听他们的故事），你可能就会明了怎样的目标是合理和现实的，也会清楚如何才能最有效地实现这些目标。

资料来源：津巴多. 津巴多普通心理学[M]. 7版. 钱静，黄珏苹，译. 北京：中国人民大学出版社，2014.

3. 正确认识自我和评价自我，积极战胜自我

大学生要做到正确认识自我和评价自我，首先要根据自己的学习要求、成长要求，恰当地分析自己的长处和不足，对自己的缺点要有充分的理解，从而肯定自己，增强自信。只有这样，才能扬长避短、取长补短，实现自我价值。正确认识自我的方法：一是发现自己的优点，二是肯定自己的能力，三是培养自己某方面的兴趣，四是发挥自己的外在美。正确地认识自我是成功的第一步。成功之路是一个不断战胜自我的过程，是一个从混乱到有序的过程，谁能战胜自我认识上的混沌，战胜自我意志上的薄弱和自信的不足，谁就能成为强者。

4. 善于调节自我抱负水平

大学生必须学会根据自己的实际能力，正确设定生活目标、调整自我抱负水平，并在前进中及时调整自己的目标。如果在目标实施过程中，发现目标不切实际，前进受阻，就要及时调整，以便继续前进。对于远大目标，要把它分成中期、近期和当前目标。这样，既可以在成功中体验到愉快和满足，提高自信心，又能够在失败、遭遇挫折后不断总结经验教训，最终战胜挫折，取得最后的成功。必须指出的是，大学生在确立自我抱负水平时，要把自己的目标与社会的客观环境条件、社会利益等因素综合加以考虑，只有这样，才能做出不只有助于自身，更有助于社会的成就。

5. 确立合理的自我归因

美国心理学家韦纳研究认为：在一般情况下，失败是由客观因素（包括任务难度和机遇）和主观因素（人的能力与努力）造成的。人们把失败归于何种因素，对后面的活动和积极性会产生很大的影响。首先，大学生要学会多方位地收集关于事件的信息，了解困难的原因所在。其次，大学生要学会合理准确、符合实际地归因，避免片面，学会实事求是地承担责任，克服过分承担或完全推诿的倾向，避免过多自责带来的挫折感。最后，大学生要积极采取措施，主动改变挫折环境因素，从而有效应对挫折。

心书推荐

《压力管理策略》
[美国] Brian Luke Seaward

在这个喧嚣的数字化时代，文化革新、新型病毒、无处不在的网络与社交媒体及超时工作制等纷纷赋予了压力新的外延，使得本就无处不在的压力更加纷杂。有效地应对压力是我们健康和幸福生活的需要。本书堪称压力管理的经典权威之作，历经近30年，如今已经更新至第九版。它将教会你正视并理性地看待和应对外界的压力，在变化中保持内心的平衡。

本书作者以广博的知识基础道出了压力的本质内涵，他吸收东西方文明的精华，提出了 15 种应对策略和 12 种放松技术，帮助你更有效地管理你的压力，减轻和消除压力症状，从而减缓现代生活给人们带来的心理冲击。将压力转化为动力以促进身心的和谐统一，是贯穿于我们一生的必修课。

心理自测

应对方式自测

（一）问卷：大学生应对方式问卷

此问卷是黄希庭等人制定的，要求根据进入大学以来的感觉来作答。58 个项目反映大学生经历校园内危机事件后所采用的应对方式。填写时，要仔细阅读每一条，把意思弄明白，然后根据自己进入大学的实际感觉，在适当的选项上画"√"。

	基本上采用	较多采用	有时采用	很少采用	没有采用
1. 冷静思考，好好对待问题					
2. 找知心朋友倾诉					
3. 尽量与和此问题有关的人讨论解决					
4. 一个人默默地忍受着心中的烦恼					
5. 努力寻找解决问题的办法					
6. 相信失败只是暂时的					
7. 想些高兴的事自我安慰					
8. 常想"这是真的就好了"					
9. 向亲友求教解决问题的方法					
10. 敢于承担自己的责任					
11. 爱幻想一些不现实的事来消除烦恼					
12. 吸取经验去应付困难					
13. 自我虐待					
14. 以理智的方式解决问题					
15. 善于从失败中吸取教训					
16. 以无所谓的态度掩饰内心的感受					
17. 用平常心态去面对解决					
18. 压抑内心的愤怒与不满					
19. 把挫折视为磨炼自己的良师					
20. 责备自己					
21. 常想到顺其自然					
22. 从不向别人说，自己压抑在心中					
23. 仔细分析问题，以便更好地认识它					
24. 向引起困难的人和事发脾气					
25. 勤奋学习会使我感觉好些					
26. 请求他人帮助自己克服困难					
27. 得过且过，拖一天算一天					
28. 反省自己的不足并努力改正					

（续）

	基本上采用	较多采用	有时采用	很少采用	没有采用
29. 埋怨命运不好					
30. 从有相同经历的人那里寻求安慰					
31. 把注意力转移到其他方面					
32. 感到运气不好					
33. 与朋友一起讨论解决问题的办法					
34. 不相信那些对自己不利的事					
35. 不愿让人知道自己的遭遇					
36. 责怪他人做得不好					
37. 做另一件有意义的事来忘掉它					
38. 常想某个方面的失败并不等于人生的失败					
39. 找他人征询意见					
40. 蜷缩在床上睡大觉					
41. 根本就不想它					
42. 自我惩罚					
43. 向有经验的师长求教解决问题的办法					
44. 认为这是生活对自己不公平的表现					
45. 幻想自己已经解决了面临的困难					
46. 采取切实可行的办法努力改变现状					
47. 做另一些自己喜欢做的事					
48. 自己会尽量忍一时之气					
49. 常想听天由命吧					
50. 一蹶不振					
51. 只有接受，自己加以调节					
52. 抱怨外部环境不好					
53. 投身其他活动中寻找新寄托					
54. 自我封闭					
55. 会从长远打算，暂时忍耐一下					
56. 有一些不切实际的想法					
57. 破罐子破摔					
58. 想象自己有克服困难的超人本领					

（二）计分与解释

8、20、24、29、32、36、44、52题为抱怨应对方式，指对自己、他人、命运和环境埋怨的应对形式；7、25、31、37、47、53题为转移应对方式，指为摆脱困境和窘境而采取转移注意力、从事其他有意义的活动的应对形式；2、3、9、26、30、33、39、43题为求助应对方式，指向朋友、父母和老师等社会支持力量寻求帮助的应对形式；1、5、6、10、12、14、15、17、19、23、28、38、46题为问题解决应对方式，指理智、冷静寻求困境和挫折的发生原因并进行解决，或用发展的目光看待挫折，吸取教训寻求发展；13、40、41、42、50、54、57题为退缩应对方式，指自我逃避和自我封闭等行为方式；34、48、51、55题为忍耐应对方式，指对挫折的忍耐和客观面对；16、21、

27、49题为逃避妥协应对方式，指消极顺应和得过且过的应对形式；11、45、56、58题为幻想应对方式，指运用否认、幻想与现实不符的事情来摆脱挫折的消极情绪的应对形式；4、18、22、35题为压抑应对方式，指独自承受、不予言表的应对方式。（自测后提醒：此问卷仅作为了解自己的参考）

资料来源：姚本先.大学生心理健康教育[M].3版.北京：北京师范大学出版社，2019.

思考与练习

1. 简述压力的特点、压力源的特征、压力应对、挫折的构成要素等基本概念。
2. 结合个人实际，分析大学生的主要压力源，谈谈大学生应对方式的特点。
3. 可以从哪些方面增强压力应对的能力？
4. 进入大学后，你都遇到过什么样的挫折？你是如何战胜它们的？
5. 在生活中遭受挫折时，自己常用的心理防御机制有哪些？

第十二章 · CHAPTER 12

生命的历练
——大学生生命教育与心理危机应对

学习目标

（1）使学生认识生命、尊重生命、珍爱生命；
（2）帮助大学生识别心理危机的信号；
（3）掌握初步的干预方法，预防心理危机，维护生命安全。

案例导入

小丽的心理危机

小丽，女，大学二年级学生，学习成绩不良，多门考试挂科。小丽自述家庭条件较好，父母都是高级知识分子，从小对其学习要求较高，总对她说"你只要好好学习，其他什么都不用管"，大学之前她学习成绩一直名列前茅，是老师眼中的好学生，是同学眼中的学习榜样，父母也引以为傲。但由于她压力太大，考试太紧张，高考失利，未考进理想大学，父母想让其复读，但小丽坚决不同意，因为此事与父母发生了很大冲突，一段时间都不说话。她上大学之后，找不到学习和生活的目标，不知道自己要干什么；人际关系一般，和同学、老师交流较少，没有要好的朋友；特别讨厌学习，没有学习动力，不知道为什么要学习，经常旷课，在寝室睡觉、打游戏，觉得挂科也无所谓。小丽感觉自己的人生被父母控制着，现在看不到自己的价值和存在的意义，甚至有时都会想活着有什么意思呢。

【思考】
（1）生命是什么？
（2）生命的意义何在？
（3）如何找到自己的存在感和价值感？

第一节　生命的意义

一、生命概述

生命是一个亘古悠长的话题，是人类生存与发展的基础。了解生命的起源，认识生命的含义，理解生命的特征，掌握生命的功能，是开展生命教育的前提。

（一）生命的定义

生命是什么？从古至今，不同学科、不同学派都有自己独特的见解。

1. 古代生命观

古希腊哲学家倾向于把一切尚不了解的产生运动的原因称为"力"。以后的学者则借用"力"的概念，研究各种运动，如物理学中的"引力""电磁力"等。研究取得了很多成果，但至今未弄清古希腊哲学家很早就提出的所谓"活力"或"生命力"到底是什么。

中国古代哲学家倾向于把尚不了解的产生运动的原因称为"气"，生命被看作是"气"的活动。例如，"人之生也，气之聚也，聚则为生，散则为死……故曰通天下一气耳"。"气"也是不明确的概念，不同的学者有着不同的解释。例如，"人之生，其犹冰也，水凝而为冰，气积而为人"，这里把生命的形成比作结冰的过程；也有把生命比作火，如"譬如光焉，薪尽而火灭，则无光矣。故灭火之余，无遗炎矣；人死之后，无遗魂矣"，这里强调生命是一个代谢过程。

2. 现代生命观

现代科学出现后，不同科学从不同角度来研究生命，因此对生命的看法也不尽相同。20世纪50年代以前，人们从所有生命形态的共同表面特征归纳出一个"生命"的定义，认为生命是一个具有与环境进行物质和能量交换、生长繁殖、遗传变异和对刺激做出反应的特性物质系统。这种定义，描述了生命活动的一般特征，具有一定的科学认识价值。但是随着科学的发展，人们越发觉得这种定义有很大的局限性，因为所有这些特征都会有一些例外。

《不列颠百科全书》从五个角度对生命加以定义。第一，生理学定义，即生命是具有进食、代谢、排泄、呼吸、运动、生长、生殖和反应性等功能的系统；第二，新陈代谢定义，即生命系统与外界交换物质，却不改变其自身性质；第三，生物化学定义，即生命系统包含储存遗传信息的核酸和调节代谢的酶蛋白；第四，遗传学定义，即生命是通过基因复制、突变和自然选择进化而来的系统；第五，热力学定义，即生命是一个开放系统，它通过能量流动和物质循环不断增加内部秩序。这五种生命定义都是从广义上进行界定的，不仅包括人的生命，还包括动植物的生命。

恩格斯在《反杜林论》中对生命是这样定义的：生命是蛋白体的存在形式，这种形式的基本因素在于和它周围外部自然界不断地新陈代谢，这种新陈代谢一旦停止，生命就随之停止，最终导致蛋白质的分解。

生命泛指一类具有稳定的物质和能量代谢现象、能回应刺激、能进行自我复制的半开放物质系统。生命个体通常要经历出生—成长—死亡这个过程。生命种群则在一代代个体更替中经过自然选择、进化以适应环境。

虽然生命的定义如此广泛又多样，但是对于我们来说，更重要的是如何看待和认识生命，做到尊重和关爱生命，找到生命的价值和意义。

（二）生命的性质

人的生命不同于动植物的生命，是生物性、社会性、精神性三者的统一。

1. 生物性

生物性是生命的基本特性，是人和动物所共有的属性。生物性是生命的社会性与精神性的前提和基础。人要生存与发展需要遵从生物界的规律和法则，故衣食住行、生老病死都是人生所必须面对的课题，是任何人都无法逃避的。

2. 社会性

马克思说："不是人的存在决定人的活动，而是人的活动决定了人的存在，人的存在不再是纯粹的自然规定，而是人的活动过程本身及其成果即社会。"⊖ 所以，人具有社会性。人的社会性是人在社会活动的过程中由人际的相互联结而产生的，通过人际互动交往展现生命的状态，追求生命的意义，最终实现生命的价值。

3. 精神性

人的生命与动物的生命最本质的区别就在于人是有意识的，具有主观能动性，能够根据自身需要来改变所处的环境，规划自己的人生，创造自己的价值。精神性是超越生物性而存在的，它能彰显生命的价值与意义。

（三）生命的特征

1. 个体性

与世界上没有两片完全相同的叶子一样，世界上更没有两个完全相同的人。每个人在这个世界上都是独一无二的，而且任何生命都是唯一的、不可替代的。个体按着自己的思维方式和行为模式生存与发展，最终实现属于自己的人生目标。

2. 有序性

生命是客观存在的，且是不可逆转和重复的，按照自我生长的客观规律而发展。因此，生老病死是人生发展的必然规律，每个人都要经历出生—成长—死亡的过程。

⊖ 马克思，恩格斯. 马克思恩格斯全集：第四十六卷 [M]. 北京：人民出版社，1979.

3. 有限性

人的生命时间是有限的，既有它的开始，又有它的结束。随着时间的流逝，最终走向生命的终点——死亡。正因为生命有限才体现出生命的宝贵，用有限的生命创造无限的价值正是生命意义所在。

（四）生命的功能

1. 体内平衡

体内平衡是指能够调节体内环境以维持身体处于一个相对恒定的状态。例如，恒温动物能发汗来降低过热的体温，也能靠发抖来产生额外的热量以保持体温。

2. 组织性

组织性是指生物体由一个或一个以上的生物基本单位——细胞所组成。

3. 新陈代谢

新陈代谢是指生物体能够通过转换非生物为细胞成分（组成代谢）及分解有机物（分解代谢）来获取和转化能量。生物体需要能量来维持体内平衡及产生其他生命现象。

4. 生长

生长是指使组成代谢的速率高于分解代谢的速率来让细胞体积增大，并在细胞分裂后使细胞成长。一个生长中的有机体增加其细胞的数量和体积，而不只是将得到的物质积存起来。

5. 适应

适应是指生物体对环境变化做出反应的能力。它与生物体当前的身体构造、生活习性及遗传有关。这种能力对生存是很重要的，生物体可以通过进化适应环境。

6. 对刺激做出反应

反应能以很多方式进行，从单细胞变形虫被触碰时的收缩到高等生物在不同情况下的复杂反射。最常见的反应是运动，如植物的叶片转向太阳及动物追捕其猎物。

7. 繁殖

繁殖是指生物为延续种族所进行的产生后代的生理过程，即生物产生新的个体的过程。

二、生命的意义

也许每个人都曾问过自己"为什么要活着""活着是为了什么"这样的问题，其实，这就是个人对生命意义的思考。关于生命的意义，古今中外，大家大派也都一直没有停止过讨论，不同的人对于生命的意义有着不同的定义。

(一) 生命意义的概念

1. 生命意义是目标、统合及实现感的统一

当人们把时间和精力放到目标实现上时,生命意义则存在于目标追求之中。每个人的生命都有其存在的独特原因,在其独特存在的过程中,必须努力达到某些重要的目标。同时,人需要与外界建立和谐的关系,整合自己生理、精神与社会三方面的需求,树立有价值的目标,建立具有一致性的人生哲学,理解生命与世界的规律。生命意义还在于个体生命目标的实现程度上,目标得以实现使个体产生成就感、满足感、价值感,对生活更积极、更有热情;相反,当个体无法实现目标时,会产生焦虑、忧郁等不良情绪,从而缺乏生活的动力和方向。

2. 生命意义是认知、情感与动机的统一

从心理学角度定义生命意义是由认知、情感与动机三方面构成的。认知是个体的信念系统,反映人对生命意义的观念、看法与认识;情感是伴随认知与动机而产生的情绪系统,是因目标实现而获得的成就感、幸福感、价值感,或因目标未实现而受到的挫败感、失望感等;动机是选择目标与决定行动的态度和价值观,生命动机越强的人,越可能选择积极应对方式,自我效能感也越高。

3. 生命意义是独特性与稳定性的统一

每个人的生命意义都是独特的,都有其不同的天赋、兴趣、气质、性格等,被赋予了不同的含义,意义的来源、意义的存在及意义的寻求方式都是有差异的,具体体现为:人寻求意义时的动机强度、紧张度,对意义的感受度、深刻度,以及意义存在的重要度、价值度等都会有不同的偏向。虽然生命意义在不同时间、不同环境、不同阶段可能会发生改变,但仍然具有跨时间的相对稳定性,因为人类从未停止探索人生的意义。

★ **心理故事**

热爱生命

汪国真

我不去想是否能够成功
既然选择了远方
便只顾风雨兼程

我不去想能否赢得爱情
既然钟情于玫瑰
就勇敢地吐露真诚

我不去想身后会不会袭来寒风冷雨

既然目标是地平线
留给世界的只能是背影

我不去想未来是平坦还是泥泞
只要热爱生命
一切，都在意料之中

《热爱生命》是汪国真的代表作之一，这首诗以四个肯定回答表达出为何要热爱生命的哲理。四个段落，看似相似，却各有其趣，分别以"成功""爱情""奋斗历程""未来"为意象展开分析和回答。诗作里溢出的热爱，其实是一个过程、一种追求，"风雨兼程""吐露真诚"……这些都是对生命热爱的表现。热爱生命，不是因为想要获得而去热爱，而是因为热爱而最终获得。

（二）获取生命意义的途径

著名心理学家、意义疗法创始人维克多·弗兰克尔认为有三种途径可以获得生命意义。

1. 创造性价值

创造和工作是与实现创造性价值相关的。发现生命意义的一个重要途径就是工作，工作将人的特殊性在对社会的贡献中体现出来，从而使人的创造性价值得以实现。然而，简单的机械工作是远远不够的，人们需要把握工作背后的意义和动机，才能从对工作的价值和意义的感悟中实现生命的意义，积极的、有创造性的、有责任感的态度赋予工作以意义。

2. 经验性价值

发现生命意义的第二个途径与实现经验性价值有关。通过体验某种事物，如工作的本质或文化，尤其通过爱，体验某个人，实现经验性价值，从而发现生命的意义。弗兰克尔认为，爱是深入人格核心的一种方法，可以实现人的潜能，使人们理解自己能够成为什么、应该成为什么，从而使原有的潜能发挥出来。爱可以让人体会到强烈的责任感，能激发人的创造性，在体验爱的过程中，可以发现生命的意义和价值。

3. 态度性价值

态度性价值体现在对不可避免的苦难所采取的态度上。弗兰克尔认为人对命运的选择完全取决于人的态度，即使面对无法抗拒的命运力量，人们也可以选择自己的立场和态度。人们通过实现态度性价值，改变看待事物的角度，从中获得新的认识。当人们面对苦难时，重要的是用怎样的态度来面对苦难，用怎样的态度来承担苦难。弗兰克尔认为许多症状都是由不良态度导致的，通过改变态度能使这些症状得到缓解。

⭐ 心理知识

维克多·弗兰克尔

维克多·弗兰克尔，于1905年3月26日出生在奥地利维也纳一个贫穷的犹太家庭，是维也纳第三心理治疗学派——意义治疗与存在主义分析的创办人，1997年9月2日因心脏衰竭逝于奥地利维也纳。

弗兰克尔在心理学上的贡献，主要在于他靠自身体验所创的意义治疗。

所谓意义治疗，是指协助患者从生活中领悟自己生命的意义，借以改变其人生观，进而面对现实，积极乐观地活下去，努力追求生命的意义。

弗兰克尔曾被囚于集中营内，忍受种种非人待遇，这使得他对存在的痛苦与挫折感有特别深刻的体会。他认为，人寻求活着的意义，是生命中原始的力量，也是人之所以为人最独特的部分；人能为他的理想与价值而活，也能为他的理想与价值而死。他相信，人类的生命动力在于寻找意义：人只要了解为何而活，就能承受任何煎熬；而且无论处境如何，都有自由选择的余地。

弗兰克尔在1926年的一次公开演讲上首次使用意义治疗一词。其实，在他被囚禁之前，他的思想就已形成，并完成了阐发这些思想的手稿。他被囚禁的这段经历不仅使他的一些基本思想得到了深刻的检验，并且有了真实的感触，更让他感受到了生命意义的强大。《活出生命的意义》一书详细阐述了其对生命的理解及意义治疗。

弗兰克尔早年就开始接受精神分析思想，与精神分析的始祖弗洛伊德有过正面接触，并曾直接受教于阿德勒门下。他对哲学也有着浓厚的兴趣，与存在主义大师海德格尔也有过私人交往。意义治疗本质上是一种存在分析方法，它与精神分析的不同之处在于，它从一种更广阔的视野，立足于人性问题，深入探讨人生问题，通过对人生问题的诊断，使治疗对象获得人生意义。

弗兰克尔获得过世界各地29所大学的荣誉博士学位，曾在209所大学演讲，出版32本书，已被翻译为32种语言。弗兰克尔是奥地利科学院荣誉会员，其存在主义分析被称为继弗洛伊德的心理分析、阿德勒的个体心理学之后的维也纳第三心理治疗学派。

大学生可以从弗兰克尔提出的寻求生命意义的三个途径中获得启示，在自己的生活、学习中保持良好的心态，积极地寻找生命意义，不断追求自我发展和成长，努力成为最好的自己，努力实现生命的价值。

⭐ 心理训练

生命的思考

（1）按每6人一组将学生分组。

（2）请学生思考并将答案写在纸上：由于某种原因，你即将面临死亡，在剩下的时间里只能做最后的5件事，你会做哪些事？顺序是什么？你觉得自己今生最成功的事是什么？最遗憾的是什么？请写下你的遗嘱。

（3）小组内分享自己的选择及感受。

第二节　大学生生命教育

一、生命教育的含义

美国学者杰·唐纳·华特士于1968年首次提出生命教育的概念，并开始倡导和践行生命教育。他所创立的生命教育理念受到高度重视，几十年来，生命教育的实践在全球迅速发展。

何为生命教育？人力资源和社会保障部中国就业培训技术指导中心推出的职业培训课程《生命教育导师》中指出：生命教育是直面生命和人的生死问题的教育，其目标在于使人们学会尊重生命、理解生命的意义以及生命与天人物我之间的关系，学会积极的生存、健康的生活与独立的发展，并通过彼此间对生命的呵护、记录、感恩和分享，由此获得身心灵的和谐，事业成功，生活幸福，从而实现自我生命的最大价值。

生命教育是对生命的多层次认识，不仅要理解生命的意义，学会珍爱生命、尊重生命、敬畏生命，更要创造生命的价值；生命教育不仅让人们关注自身生命，更要帮助人们关注、尊重、热爱他人的生命；生命教育不只是人类的教育，更要让人们明白与生命的其他物种的和谐共存；生命教育不只是关心今日生命之享用，还要关怀明日生命之发展。

二、生命教育的内容

《国家中长期教育改革和发展规划纲要（2010—2020年）》中早已提出要重视生命教育。2019年一场突如其来的新冠肺炎疫情，给世界各国带来巨大的压力和挑战，每天面对不断增加的新冠肺炎确诊人数、死亡人数的消息，人们有了一系列有关生命的思考，同时也意识到生命教育的重要性。教育部等部委在部署疫情防控期间工作要点时，均将生命教育列为重要内容，一些省、市教育行政部门将生命教育作为疫情防控期间学校教育的重要方面，社会多方人士也在呼吁开展生命教育，并积极将生命教育作为开展工作的重要内容。大学阶段是青年世界观、人生观及价值观形成的关键时期，也是自我意识增强、情绪表现强烈、心理发展逐步成熟的过渡时期，这一阶段的生命教育尤为重要。生命教育倡导大学生学会认识、珍惜、尊重、享受、超越生命，提升生命质量，获得生命价值。大学生生命教育的主要内容有以下几方面。

（一）生命意识教育

每个人都拥有生命，但并非每个人都能珍惜生命、关爱生命。人的生命是很脆弱的，在自然、灾难、疾病、意外事故面前，生命会显得很渺小，显得不堪一击。高校通过生命意识教育可以让大学生认识到，人的生命只有一次，生命是宝贵的，要珍爱自己的生命。只有心中怀有珍爱生命的意识，生命之火才会越烧越旺。维克多·弗兰克尔在《活出生命的意义》中强调，无论处境多么悲惨，我们都有责任为生命找出一个意义来。他认为人类的生命无论在何种情况下都有其意义。因此，大学生应树立不向困难低头的精神，在实践活动中开创生命的意义。

（二）生命价值教育

人的生命是生理、心理与社会的统一，人的生命价值则是自我价值与社会价值的统一。自我价值是生命活动对个体生存与发展所具有的价值，社会价值则是个体的生命活动对社会、对他人所具有的意义。生命价值教育让大学生学会在实践活动中如何正确看待个体生命，如何正确处理人与己、人与人、人与自然的关系，帮助大学生树立正确的世界观、人生观及价值观，明确人类生存的目的、价值和意义，引导大学生正确认识生命中的坎坷与挫折，不断调整心态，积极乐观地面对生活中的困境；培养大学生的自信心，做到自我认同与自我肯定，这样才能彰显生命的价值。

（三）生命感恩教育

感恩教育是教育者运用有效的教育方法与手段对受教育者实施包括识恩、知恩、感恩、报恩和施恩在内的教育内容的过程。感恩教育是大学生生命教育与道德教育的重要内容。感恩是一种生活态度，是一种美德。感恩能让我们感受到自然的美妙、生命的美好，使我们保持积极、阳光的心态；感恩能促进人与人之间的相互信任、相互理解、相互尊重，有利于良好人际关系的建立。常怀感恩之心使我们在不如意之时，能以更坦荡、更开阔的胸怀去应对生活中的不易。因此，学会感恩，会发现生命是美好的，是值得去热爱的。

（四）生命责任教育

生命责任教育是旨在使人们践行某些职责，且对其有组织、有计划地施加影响的过程。"身体发肤，受之父母，不敢毁伤，孝之始也。"生命意味着一种责任，活着，不仅是为了自己，也是为了父母、家庭和社会。如果一个人随意处置自己的生命，用死逃避生命的责任，那是对父母、对家庭和对社会的一种不负责任。生命因承担着对家庭、社会的责任而显得充实且有意义。当代大学生面临来自学业、就业、人际等多方面的压力，当遇到挫折时，会表现出焦虑、郁闷、失望，甚至无能为力，尤其在遇到没有人能负责的时候，就会哀叹自己的不幸，逃避作为当事人的自己所应承担的责任。因此，要培养学生的生命责任感，明确自己的责任和义务，勇于承担自己生命的责任。

★ **心理训练**

我的五样

活动程序：请回忆自己生命中重视的、重要的、不可或缺的一些人、事、物，然后认真地写下其中最重要的五样。这五样东西，可以是具体的物体，如食物、书或钱，也可以是人或动物；可以是精神的追求，如爱、理想、信念，也可以是爱好和习惯，如旅游、音乐；可以是抽象的事物，如陪伴、永恒等。总之，你尽可以天马行空地想象，只要把你内心中最珍贵的五样东西写出来就可以，不必考虑顺序，排名不分先后，写的时候不要和其他人讨论，也不要给别人看，因为这是你的选择。

请大家看着纸上的五样，想一想选择它们的理由是什么。

生活中不断出现意外和变故，需要选择和放弃某样东西。

第一次：突然有一天，你的生活中出了意外，怎么办？生命中最宝贵的五样东西保不住了，你要舍弃一样。请你拿起笔，把五样之中的某一样抹去。强调一点：抹去意味着永远失去，意味着永远不能再拥有，那就不能轻轻一笔，你要用笔将这样东西缓缓地但是毫不留情地划掉，总之你再也看不到它，同时，它在你的生命中也将不复存在。

第二次：现在你的五样只剩下了四样。此刻，你的生活中又发生了重大变故，这回要从四样中必须再放弃一样，请选择。

第三次：也许你已经猜到了，不错，在生命进程中，你又遇到了险恶挑战。这一次，你必须又要放弃一样宝贵的东西了。不管你有多少怨言和不情愿，请你遵照活动规则，用你的笔把三样当中的某一样划掉。

也许你不想继续了，也许你要说太残忍了，但请你坚持下去，活动的核心就在这里——你要学会放弃。不管你多么不愿意、多么心痛，都请你坚持下去。

第四次：是的，你的生活滑到了前所未有的低谷。我们来做最后的、最艰难的选择。你只能留下一样，其余全部放弃。

现在你的纸上只剩下了一样东西，这是你最宝贵的东西。当然，你划掉的四样也是你宝贵的东西。

思考：当你依次划掉那几样时你的心情是怎样的？最后那一样对你意味着什么？你之前是如何对待你的五样的？这个活动对你的启示是什么？

三、生命教育的意义

（一）生命教育是提升青年素质的基本要求

青少年学生是社会主义事业未来的建设者和接班人，他们的生命质量决定着国家和民族的前途与命运。高校开展生命教育，有利于提高大学生的生存技能和生命质量，激发他们树立为祖国的繁荣富强而努力学习、奋发成才的志向；有利于培养大学生勇敢、自信、坚强的品格；有利于提高大学生的综合素养和能力。生命教育让广大青年更积极、健康、向上地生活，为社会进步、国家发展和人民幸福释放巨大的生命力量。

（二）生命教育是高校教育发展的必然要求

随着经济全球化和文化多元化的发展，互联网技术高速发展，为广大学生获取信息、开阔视野提供了广阔的平台，但也会带来享乐主义、拜金主义、极端个人主义等负面影响，导致部分学生的道德观念模糊和责任感下降。因此，迫切需要高校教育整合丰富的生命教育资源，对大学生进行全面、系统、科学的生命教育，引导学生珍惜生命、关爱生命，帮助大学生完善人格、健康成长。

（三）生命教育是学生健康成长的必要条件

现代社会物质生活的日益丰富和社会环境的纷繁复杂，使大学生的生理成熟期明显提前，极易导致生理、心理和道德发展的不平衡现象的出现。长期以来，一些学生由于生理发展过程中出现的困惑常得不到及时指导，对无法预料且时有发生的隐性伤害往往难以应对，出现思想困惑、心理困扰、行为问题等，不少大学生对生命感到迷茫，出现消沉状态，陷入前所未有的困境，对生命的存在产生怀疑甚至轻易放弃。因此，生命教育应积极引导大学生正确理解自身生理、心理发展规律，只有正确认识生命和生命的意义，在面对激烈的竞争、巨大的压力及各种挫折时，才能正确而客观地看待和面对困难，勇于迎接挑战，积极健康地发展生命，提升生命质量，实现生命的意义和价值。

第三节　大学生心理危机概述

一、心理危机的概念及内涵

（一）危机的概念

危机的概念最初来源于希腊语，用来表示一些至关重要的、需要立即做出决断的状况。国外学者对危机的定义如下：赫尔曼认为，危机是某种特定的形势，在这种形势中，决策主体的根本目标受到威胁，而且做出决策的反应时间很有限，其发生也出乎决策主体的意料；罗森塔尔则将危机定义为对一个社会系统的基本价值和行为架构产生严重威胁，并且在时间性和不确定性很强的情况下必须对其做出关键性决策的事件。

国内学者对危机的定义如下：刘刚认为，危机是一种对组织基本目标的实现构成重大威胁、要求组织在极短时间内做出关键性决策和进行紧急回应的突发性事件；杨冠琼认为，危机是指那些导致社会系统或其子系统的基本价值和行为准则趋于崩溃，在较大程度和范围内威胁到人们的生命和财产安全，引起社会恐慌和社会正常秩序与运转机制瓦解的事件；张成福认为，危机是一种紧急事件或者紧急状况，它的出现和爆发严重影响社会的正常运作，对生命、财产、环境等造成威胁、损害，并超出政府和社会常态的管理能力，要求政府和社会采取特殊的措施加以应对。

以上所列出的定义是不同学者从不同角度对危机的理解。对于危机而言，它总是发生在某一个系统之中，可以大到国家政治、军事、经济、社会的危机，也可以小到公司、家庭乃至个人的危机，但无论如何，危机是一种不平衡状态。

（二）心理危机的概念

心理危机的概念最早是由美国心理学家卡普兰于 1954 年提出的。他认为，心理危机是当个体面临突然或重大生活事件（如亲人死亡、婚姻破裂或天灾人祸）时所出现的心理失衡状态。每个人都在努力保持一种内心的稳定状态，使自身与环境稳定协调，当重大问题和剧烈变化使个体感到问题难以解决时，平衡则会被打破，正常生活受到干扰，内心的紧张不断积累，继而出现无所适从甚至思维和行为的紊乱，从而进入一种失衡状态，这就是心理危机的状态。

心理危机也是一种认识，当个体认为某件事情或境遇自己无法应对时，就会产生紧张、焦虑、抑郁等。如果问题得不到及时缓解或控制，就会导致个体认知、情绪和行为方面的功能失调与紊乱。某件事情或某种境遇能否成为危机，主要看它对于个体的意义和影响有多大，个体是否拥有有效的社会支持系统，能否从过去的经验中获取解决问题的有效方法。因此，相同的事情或境遇不一定对每个人都构成危机。

心理危机是指由于突然遭受严重灾难、重大生活事件或精神压力，使生活状况发生明显变化，尤其是出现了用现有的生活条件和经验难以克服的困难，使当事人陷入痛苦、不安状态，常伴有绝望、麻木不仁、焦虑，以及植物神经症状和行为障碍。可见，心理危机本质上是伴随危机事件发生而出现的，当个体面对目标受阻，又找不到可利用的现有资源和有效的应对机制来处理问题时产生的一种心理失衡状态。心理危机往往是突发的、出人意料的，如果不能及时干预处理，就会出现心理失衡。

（三）大学生心理危机的内涵

大学生心理危机是大学生个体或群体面临或认为自己面临某种重大生活事件或境遇，不能或认为自己不能应对、解决、处理时所产生的严重心理失衡状态。实践研究表明，大学生心理危机包含以下三个核心要素：一是大学生面临或认为自己面临某种导致心理压力的重大或意外事件，如亲人离世、恋爱失败、不能毕业、身体疾病等；二是大学生出现某些生理、心理症状，但不符合精神疾病的诊断标准；三是大学生感到依靠自身能力无法应对困境。上述三种情况在个体身上同时发生时，我们认为该个体可能会出现心理危机。

二、大学生心理危机的类型

大学生心理危机的类型可根据心理危机的特征及心理危机的应激源进行不同的分类。

（一）按心理危机的特征分类

1. 发展性心理危机

发展性心理危机是指大学生在成长阶段，由于生理、心理、环境等急剧变化而产生的心理危机。按照心理学家埃里克森的成长阶段理论，人生是由一系列连续发展的阶段组成的,每一个阶段都有其特定的身心发展课题,每个阶段都存在一种对立过程,并指出其中存在的心理危机。因此,发展性心理危机是能够预料的,如生命周期中不同发展阶段所遇到的重大问题,包括大学生入学不适、不喜欢所学专业、班干竞选失利、评优落选、找不到合适的工作等都属于发展性心理危机。发展性心理危机被认为是个体成长过程中一种正常的人生经历,如果能顺利度过,将会促进大学生的心理发展与成熟。

2. 境遇性心理危机

境遇性心理危机是突如其来的、无法预料和难以控制的心理危机,如意外事故、自然灾害、重大躯体疾病、绑架等。境遇性心理危机的主要特点在于它是随机的、突然的、震慑性的、强烈的和灾难性的。心理危机发生后,如得不到及时、有效的帮助和支持,无法调动自身的潜能重新建立和恢复危机前的心理水平,则易导致精神崩溃,产生自杀或攻击他人的不良后果。

3. 存在性心理危机

存在性心理危机是指大学生伴随着重要的人生问题,如人生的意义、人生的目的、人生的责任等出现的内部冲突和焦虑。对于大学生来说,是否出国、是否考研、是否创业等现实存在的问题都易产生心理危机。存在性心理危机的成功解决,对于大学生的世界观、人生观、价值观的形成具有重大影响。

4. 障碍性心理危机

某些心理障碍或心理疾病由于长期得不到疏导和解决,极易导致精神崩溃,可能引发心理危机。例如,抑郁、焦虑、恐怖、疑病、强迫等,是由神经症导致的心理危机的产生;也有些是由行为异常导致心理危机的产生,如品行障碍、违法乱纪等;还有些是由于出现幻觉、妄想等异常症状的精神病性疾病导致的危机事件的发生。

(二)按心理危机的应激源分类

1. 学业就业危机

由于独立学习能力不足、竞争压力加大、角色地位改变等环境和心理因素的影响,很多大学生出现学习焦虑过度、学习动力缺乏、学习方法不当等问题,有的甚至经常逃课,出现厌学现象。再加上就业形势严峻,大学生就业期望过高,就业压力激增,极易出现焦虑、烦躁、自卑、失望等情绪,如得不到及时疏导,容易造成心理问题的产生。

2. 生活经济危机

由于大学生离开家来到陌生的环境,一时适应不了大学的生活,出现水土不服、集体生活不适等,产生孤独、烦恼、忧愁等不良心理反应。对于家庭经济困难的大学生,经济问题也是其心理压力的重要方面。部分学生为了维持基本的生活,不得不一边打工一边学习,常感到力不从心;还有的学生因为与其他同学生活水平差距较大而产生自卑感；有的学生还存在对家庭、对父母的愧疚感等；甚至有些学生为了赚钱走上触犯法律的道路。

3.情感人际危机

恋爱问题已成为大学生不可回避的现实问题，但由于缺乏理性、心理发展不够成熟，生活经验欠缺，当单恋、失恋或与恋人间发生矛盾时，情感受挫，心理失衡，陷入痛苦、迷茫、消沉之中，造成了一系列情感危机。人际交往也是大学生活重要的组成部分，但大学生性格、成长环境、经历不同，加上阅历较浅、社会经验不足，进入大学后，面对人际关系常常会无所适从，想获得良好的人际关系，但又达不到理想的效果，长期的人际矛盾冲突也会导致严重的心理问题，甚至危机事件的发生。

三、大学生心理危机的表现

大学生心理危机的表现对于个体自身而言一般都是外显的，但有些学生善于隐藏、表现不明显，可以从其一贯稳定的特性中发现端倪。心理危机发生后，个体会在生理、认知、情绪、行为、人格等方面发生变化。

（一）生理方面

心理危机不仅会使大学生心理处于失调状态，也会导致一些生理症状的出现。大学生在心理危机状态下，其神经系统、内分泌系统、呼吸系统及免疫系统会发生明显变化，如出现胃肠道不适、恶心呕吐、腹胀腹泻、食欲下降、头晕头痛、失眠多梦、呼吸困难、肌肉紧张等。

（二）认知方面

认知是人最基本的心理过程，包括感觉、知觉、记忆、想象、思维、言语等。心理危机事件发生时，个体观察和判断事情更为简单化、片面化，易偏激，爱钻牛角尖，听不进去他人的建议；看待问题更情绪化，缺乏理智，意气用事；自我期望过高、自我评价不符合实际；沉默少语，或言语本身带有特定意义、令人费解。个体由于身心处于痛苦之中，导致记忆和知觉发生改变，注意力不集中，反应迟缓，难以区分事物的异同，体验到的事物间关系含糊不清，做决定和解决问题的能力受到影响。

（三）情绪方面

情绪具有外显性，大学生处于心理危机状态时，会表现出高度的紧张、焦虑、丧失感和空虚感，且可伴有恐惧、愤怒、罪恶、烦恼、羞愧、抑郁等。不良的情绪体验是导致心理问题的重要因素，大学生情绪突然改变、与平常相差很大，出现情绪低落、悲观失望、焦虑不安、忧郁苦闷或喜怒无常等负性情绪时，就有可能发生心理危机。

（四）行为方面

心理危机中的行为表现是大学生为减轻或排解痛苦而采取的一种防御机制，处于心理危机状态的大学生往往会做出回避、退缩、否认、攻击等消极的行为反应，具体表现为工作、学习能力明显下降，甚至不能学习或工作；躲避人、对关心他的人采取回避的态度、呆坐沉思、麻木；拒绝帮助，认为接受帮助是软弱无能的表现；行为与思维情感不一致；出现过去没有的非典型行为。当大学生出现行为异常时，就要注意是否有心理危机问题。

（五）人格方面

性格是个体在社会实践活动中形成的对人、对事、对己的稳定的、习惯化了的思维与行为方式，是人格的重要组成部分。人格心理特征一旦形成，在没有重大外界变革的情况下，具有相对的稳定性，平时性格开朗、生活态度积极乐观，出现心理危机时则相反；如果平时性格内向，出现心理危机时可能会加重，或许性格变得暴躁、易怒、抱怨一切事情，甚至认为社会对他不公平。因此，如果一个人的人格相对稳定性出现问题，我们会怀疑其心理活动出现了异常，如不及时干预处理，易导致心理危机的出现。

四、大学生心理危机产生的原因

（一）主观原因

大学生产生心理危机的主观原因在于大学生自身。大学生正处于从不成熟迈向成熟的过渡期，面临着学业、就业、情感、适应、人际等多方面的压力，容易出现焦虑、烦躁、苦闷等消极情绪，存在心理矛盾与冲突。如果大学生的负性心理状态得不到及时调整，缺乏有效的教育辅导和社会支持，就容易产生情绪偏激、攻击行为等。

（二）客观原因

大学生产生心理危机的客观原因包括：家庭因素，如父母离异、教养方式、家庭变故等；学校因素，如教育体制、教学理念、校园文化等；社会因素，如社会变革、社会风气、社会文化等。这些客观因素在大学生成长过程中对其产生压力和不良影响时，会导致心理危机的产生。例如，老师、父母过于看中大学生的成绩和能力，却忽视他们的情绪情感、心理需求等；社会变革导致大学生的成长环境更为复杂，当学生面对多方压力时，得不到有效的支持，没有形成对社会、对他人的友好态度。此外，一些社会媒体对心理危机事件的过度渲染，易对大学生产生不良社会影响，增加大学生心理危机因素的不确定性和复杂性。

五、大学生心理危机的发展过程及结果

（一）大学生心理危机的发展过程

一般来说，大学生心理危机经历了四个不同的阶段，即冲击期、防御期、解决期和成长期。

1. 冲击期

冲击期是指在心理危机事件爆发当时或不久之后，感到震惊、恐慌、不知所措。例如，新冠肺炎疫情爆发后，随着感染人数的激增、周围有确诊病例等，大多数人都会表现出恐惧和焦虑。恐惧和焦虑也是这一时期最明显的心理变化。

2. 防御期

防御期的主要表现为：想恢复心理上的平衡，控制焦虑和情绪紊乱，恢复受到伤害前的认知功能，但不知如何做。在此阶段会启动心理防御机制，出现否认、退化、逃避、合理化等防御反应。

3. 解决期

进入该阶段，个体能积极采取各种方法接受现实，寻求可利用的各种资源，想方设法解决问题，使焦虑减轻、自信增加、社会功能恢复。

4. 成长期

经历了上述三个阶段之后，个体在心理上变得更加成熟，并获得了应对危机的技巧，但仍会有人消极应对，出现种种心理不健康的行为。成长期也是心理危机发展的关键时期。

（二）心理危机的结果

心理危机是一种正常的生活经历，并非疾病或病理过程。每个人在人生不同阶段都会经历这种危机，由于处理危机的方法不同，结果也会不同。

（1）顺利度过危机，并学会处理危机的方法和策略，提高心理健康水平。

（2）度过危机却留下心理创伤，影响今后的社会适应。

（3）承受不住强烈的刺激而出现一过性的自伤行为。

（4）未能度过危机而出现严重的心理障碍。

第四节　大学生心理危机的预防与干预

★ **案例点击**

失控的人生

2020 年 12 月 24 日，轰动全国的北大学霸吴谢宇弑母案进入庭审环节，吴谢宇首次坦

陈了自己的心路历程。庭审中，吴谢宇直言杀害母亲是不得已的选择，"没有更好的方法，如果找到方法我不会这样，当时觉得这种方法是最伟大的"。一时间，大众哗然。在所有人眼中，吴谢宇是一个完美的学霸，不仅成绩优异，还能与身边的同学打成一片，以至于案件曝光后，他身边的人都难以相信，一个高智商、高情商的孩子怎么会成为残害亲生母亲的魔鬼？

李玫瑾教授的回答也许能解释这一切："他虽然有高智商，但内心却是空的，空到没有灵魂。"吴谢宇看似完美的背后却有着空洞的内心，他感受不到自己存在的意义。北大心理咨询中心副主任徐凯文曾在一次演讲中提到一种心理状态——空心病。徐凯文老师研究发现，有些大学生认为：人生没有意义，我现在活着只是按照别人的逻辑这样活下去而已，其中最极端的就是放弃自己。就像吴谢宇，当他失去了支撑自己存在的价值感，心就会变得空洞，从而一步步走向黑暗的深渊。

就在2020年12月，全国各地发生了多起学生自杀惨剧。12月13日，广西18岁大学生因无法应付考试，觉得自己是个废物，跳河自杀；12月15日，北京某高校大三学生因保研无望，失去人生目标，跳楼自杀……

一个个鲜活的生命就这样消逝在眼前，心痛的同时，我们不得不思考，到底怎样才能帮助孩子勇敢、有力量地走过人生的至暗时刻？

资料来源：微信公众号"李玫瑾育儿全集".李玫瑾对吴谢宇的最新分析曝光：空心病！孩子有这种特征，父母一定要留意，2020-12-29。

大学生心理危机预防与干预是目前高校心理健康教育工作的重要课题，高校心理健康教育工作体系中要不断建立和完善心理危机预防与干预机制，采取各种必要措施减少悲剧的发生。那么，大学生心理危机应如何预防与干预呢？

一、大学生心理危机的预防

高校心理危机预防与干预的基础原则是坚持教育为主、重在预防、科学干预。要积极开展心理健康教育工作，引导大学生关注自身心理健康，强化危机预防意识。心理危机预防指的是通过宣传教育，增强个体或群体的心理调适、危机识别与应对能力。科学心理危机预防才能最大限度地挽救大学生的健康和生命。高校大学生心理危机预防工作主要应从以下几个方面着手。

（一）学校方面

1. 建立学生心理档案

心理档案是指大学生心理发展变化特点、心理测验结果、心理咨询与辅导记录等材料按照一定的程序排序并集中保存，组成一个有内在联系的体系，如实反映大学生的心理面貌。因此，高校应针对大一新生开展心理普测，建立个人心理健康档案，并进行有针对性的回访、追踪;针对全校学生每学期定期开展心理排查,时刻关注大学生中的特殊人群和重点高危人群的心理健康状况,并进行有针对性的心理咨询与辅导。

2. 建立预警指标体系和预警防控体系

心理危机的预警指标体系主要是指通过一系列的指标评判,有所选择或有先后地关注、干预特定个体的一系列指标。

预警指标体系主要包括以下内容。

(1)个体发展状态指标:包括学习动力、兴趣、成绩、信心、人格、气质和个人对挫折的应对方式等。

(2)社会环境指标:包括与家庭成员的关系、家教环境、对学习生活的满意度及对社会的认同度。

(3)人际交往指标:包括与同学、老师的关系和满意度,对亲情、友情、爱情的看法和满意度。

(4)负性情绪指标:包括负性情绪类型、强烈程度、持续时间、排解方式、刺激源、躯体症状。

此外,应建立宿舍、班级、学院、学校、家庭、社会专业精神卫生机构六级预警防控体系,主要包括以下内容。

(1)宿舍预警。寝室长、学生党员、学生干部要协助辅导员做好学生的日常心理关注和帮扶工作,及时向辅导员报告预警学生信息。

(2)班级预警。班级学生干部、学生党员充分发挥骨干作用,组织开展心理健康教育活动,关注学生心理状态,一旦发生异常情况,及时向学院和学校报告。

(3)学院预警。学院要密切关注学生的日常心理和行为,定期谈心谈话,帮助学生解决心理问题和实际困难,一旦发生异常情况,及时向学校上报。

(4)学校预警。学校要完善大学生心理健康教育体系,从教学、咨询、活动等途径优化学生心理品质;完善心理危机预警和干预机制,制订心理危机干预方案,指导学院做好预警学生的日常关注与相应管理工作。

(5)家庭预警。学生家长要向学校如实反馈学生的心理健康状况,要同学校一起做好心理危机的预防及干预工作,肩负起教育、监护的职责,在关心子女学业、身体健康的同时更加关注他们的心理健康,使他们健康成长、全面发展。

(6)社会专业精神卫生机构预警。遇到出现严重心理危机的学生,要转介到社会专业精神卫生机构对学生进行心理健康评估、诊断、治疗。

3. 建立健全危机干预组织机构

高校要建立大学生心理危机干预工作领导小组,专门负责应对心理危机突发事件。学校各个部门应统一认识,一切以服务学生为宗旨,打破学校管理部门条块分割,建立健全学生工作制度,组建有职有权、协调涉及学生工作各部门的机构,做到人员固定、经费保证、计划落实、措施得力。在学校的统一领导下,建立院系、心理中心、医院、校外专业精神卫生机构的联络和协作关系；善后处理当事人及其周围人员的情绪，注重危机事件的修复和处理。同时，建立家校联动机制，及时发现并掌握学生的心理动态和目前承受的压力状况，尽量避免心理危机的不断恶化。

4. 制定完整的心理危机干预预案

心理危机干预预案是当心理危机事件出现时，可以按其所预定的处理方法、路径和程序来处理事件的规范性措施。它是实施危机干预的基本依据，是危机干预取得成功的重要保证。高校需要制定完整的心理危机干预工作预案和工作流程，在危机干预过程中建立完善发现、监控、干预、转介和善后处理等体系，做到心理问题的早期发现、及时干预、有效控制；主动收集和掌握陷入心理危机学生的变化信息，做好监控防范工作。

5. 注重学生挫折教育

现在的大学生由于从小生活环境优越，受到父母的百般疼爱，所受的挫折教育较少，心理比较脆弱。因此，无论是家庭还是学校，在教育方面，不仅要注重正面教育，也要注重学生的挫折教育，加强挫折教育和挫折心理训练，这样可以有效提高大学生的挫折容忍力，提高面对困难和挫折时处理问题的能力，培养他们的心理承受能力。

6. 开展丰富多彩的心理活动

充分利用大学生强烈的参与意识和活泼好动、乐于展示自我的天性，开展丰富多彩的心理活动，如现场心理咨询与测试、团体心理训练、心理知识讲座、心理影视沙龙、校园心理情景剧大赛、心理知识技能大赛、心理嘉年华、心理趣味运动会等。开展这些活动不仅可以向广大学生普及心理健康知识，提高学生的心理健康意识，帮助学生正确认识心理咨询，学会主动求助，并掌握心理调适方法，更能够充实大学生的大学生活，陶冶情操，提高思想觉悟，锻炼对环境的适应能力和人际交往技能，培养自信心和自豪感，适时地减轻和缓解学习、就业、人际等压力，提升自身心理品质。

总之，学校应加强大学生心理危机预防工作体系建设，采取各种必要措施减少悲剧的发生。

（二）大学生自身方面

就大学生自身而言，他们既是心理危机的制造者，同时也是心理危机事件的受害者。尽管大学生心理危机事件的发生有这样和那样的客观因素，但如何提高其自身心理素质、优化自身的心理品质是最重要的一个环节。

1. 关注自身的身心健康

大学生心理问题大多属于适应性或发展性的问题，只要拥有科学的健康观念，并掌握基本的自我调节方法，就能自觉维护心理健康。作为一名当代大学生，应具备一定的心理健康知识，时刻关注自身心理健康，不分时期，不分阶段，贯穿人的整个生命历程。同时，要尊重生命、爱护生命、善待生命，体会生命的意义，体会自身的价值和人生的幸福。

2. 学会认识自我、悦纳自我

奥格·曼迪诺说:"每个人都是自然界最伟大的奇迹。自从上帝创造天地万物以来,没有一个人跟你一样,你是独一无二的造化。"每个人都有自己的独特性,真正认识自己的人,才是最有力量的人。因此,要学习心理知识,了解自我意识,学会多角度、全方位地了解自己,客观看待自己的优缺点,学会调整自我意识的发展偏差,塑造和健全自我意识。

3. 增强自身的适应能力

改变能改变的,接受不能改变的。当我们不能改变世界、改变环境的时候,需要对生活采取积极的态度,增强自身的适应能力,调整好自己的心态,积极寻找适合自己发展的途径和方法。

4. 学会管理自身情绪

人有七情六欲,一个人的工作顺逆、事业成败、人际关系好坏,都会引发不同的情绪,切忌因某一小事而怒发冲冠或垂头丧气。大学生应掌握情绪管理的有效方法,准确体察自己的情绪,适当表达和宣泄自己的情绪,如找好友倾诉、运动、听音乐等。无论什么时候都要保持自身积极、乐观的情绪状态。快乐在于发现、在于体验、在于创造,谁拥有了快乐,谁的生命就会更璀璨。

5. 提升自身的人际交往能力

现实生活中,我们离不开与人打交道,因此,良好的人际关系是我们心理健康、人生幸福的前提。日常生活中,大学生应学会主动与人交往,在交往过程中要善于倾听、尊重别人、关心别人、理解别人、学会赞美别人。良好的人际交往会使自己有快乐让人分享,有忧愁让人分担。

6. 提高自己的耐挫折能力

人生没有顺境,我们来到这个世界就是要不断地解决问题,通过解决问题才能实现自我价值。风雨随时都会袭向我们,如何抗击风雨是我们自身的事情,更是内力的较量。

7. 制定好自己的职业规划

大学生应学会制定自己的职业生涯规划,让自己的大学生活更切合未来的实际发展。制定职业生涯规划时,职业发展目标要契合自己的性格、特长与兴趣,并具有可持续发展性;职业规划要考虑实际情况,并具有可执行性。职业生涯规划应包括评估自我,确定短期和长期目标,制订行动计划和内容,选择采取的方式和付诸行动。

8. 学会享受心理咨询

善待心理、提升心理品质、优化心理健康,心理咨询是最便捷、最有效的一个途径。大学期间一旦出现心理困惑或心理问题，应学会利用心理咨询，与心理咨询师进行沟通，探讨心理问题发生的根源，共同探讨解决问题的方法，并及时调整心理状态，提高个人的心理品质。正确看待心理疾病，要早发现、早治疗，若身边有人出现心理异常，要及时上报，使其得到及时、有效的帮助和转诊治疗。

★ 心理知识

遇到危机，我该做什么

（1）不要等待，主动寻求帮助。

（2）要相信会有人能帮助你。但你得将自己真正的困难和痛苦告诉你信任的人，否则他们对此一无所知。

（3）如果你的倾诉对象不知道如何帮助你，可以向学校的心理咨询中心寻求帮助。

（4）如果担心你的心理问题被发现，可以打心理热线或向校外的心理咨询人员寻求帮助。

（5）有时为找到一个真正能帮助你的人需要求助于几个不同的人或机构。你应坚持下去，提供帮助的人一定会出现。

（6）解决心理危机通常需要一个过程，可能你得反复多次见心理咨询人员或心理医生。

（7）如果医生开药，应遵医嘱坚持服用。

（8）避免使用酒精或毒品麻痹你的痛苦。

（9）不要冲动行事，强烈的痛苦使你更难做出合理的决定。

资料来源：汪海燕，吴才智．活着没商量：自杀心理及其预防 [M]．北京：高等教育出版社，2008．

二、大学生心理危机的干预

每个人在其一生中都会遭遇各种各样的危机，对处在危机状态下的人进行专业的帮助便是危机干预。广义的危机干预可以是全方位的帮助，而狭义的危机干预是作为简短心理疗法的危机干预。

心理危机干预指的是在心理学理论的指导下，对处于心理危机状态的个体采取明确有效的紧急应对方法或措施，使其从心理上解除迫在眉睫的危机，症状得以缓解和消失，心理功能恢复到危机前的水平，并从中获得新的应对技能，以预防将来心理危机的再次发生。心理危机干预不同于一般的心理咨询，具有及时性和迅速性，其有效的行动是危机干预成功的关键。

（一）大学生心理危机干预的对象

大学生心理危机干预的对象主要是存在心理危机倾向与处于心理危机状态的大学生。一般来说，他们在生理、情绪、认知、行为等方面会发生较大改变，暂时不能应对当下的生活模式。对存在下列因素之一的学生，应将其视为心理危机高危个体予以重点关注。

（1）遭遇突然打击或受到意外刺激后出现心理或行为异常的学生，如家庭发生重大变故、身体发现严重疾病、感情受挫、受辱、受惊吓、与他人发生严重人际冲突等。

（2）学习压力、就业压力特别大及严重环境适应不良导致出现心理或行为异常的学生。

（3）因严重网络成瘾或酒精依赖而影响学习及社会功能的学生。

（4）性格孤僻、经济严重贫困且出现心理或行为异常的学生。

（5）家庭成长环境严重不良者。

（6）有严重心理障碍或精神障碍的学生，如抑郁症、恐怖症、强迫症、癔症、焦虑症、精神分裂症、情感性精神病等。

近期发出下列示警信号的学生，应作为心理危机干预的重点对象及时进行危机评估与干预。

（1）谈论过自杀并考虑过自杀方法，包括在信件、日记、图画或只言片语中流露出死亡念头者。

（2）不明原因突然给同学、朋友或家人送礼物、请客、赔礼道歉、无端致以祝福、述说告别的话等行为明显改变者。

（3）情绪出现明显异常者，如异常烦躁，高度焦虑、恐惧，情绪异常低落，情绪突然从低落变为平静，饮食、睡眠受到严重影响等。

（二）大学生心理危机干预的理论模式

目前，大学生心理危机干预的理论模式有以下几种。

1. 平衡模式

平衡模式认为，处于危机状态的求助者，其原有的应对机制和解决问题的方法无法满足他们的需要，通常处于一种心理失衡状态。因此，平衡模式下的危机干预工作重点放在了稳定求助者的情绪上，使其重新获得危机前的平衡状态。平衡模式最适合于早期危机干预。

2. 认知模式

认知模式认为，危机事件导致心理伤害的主要原因在于求助者对危机事件和危机事件的境遇存在错误思维，而不在于事件本身或与事件有关的事实。因此，认知模式指导下的危机干预是通过改变求助者的思维方式，帮助求助者认识到其认知中的非理性观念和自我否定成分，重新获得思维中的理性观念和自我肯定成分，从而使求助者获得应对现实生活中危机的控制能力。认知模式较适合于心理危机状态基本稳定下来、逐渐接近危机前心理平衡状态的求助者。

3. 心理社会转变模式

心理社会转变模式认为，个体受先天遗传和后天学习的影响，不断地发展和成长，外在环境也在不断地变化，因此，应从内外两方面分析求助者的危机状态。除了考虑求助者个人的心理资源和应对能力外，还应了解求助者的家庭、同伴、学校等多方面外在环境的影响。危机干预的目的在于，将个体内部适当的应对方式与社会支持和环境资源充分结合起来，使求助者有更多应对问题的方式可选择，帮助求助者获得对自己生活的掌控感。心理社会转变模式适合于已经稳定下来的求助者。

4. 自我干预模式

自我干预模式认为，危机形成的主观原因之一来自求助者自身力量的不足。因此，心理危机的化解应从求助者本身出发，关注求助者自身的资源，激发求助者的内在动力，其自身因素在危机化解过程中具有举足轻重的作用。自我干预是心理危机干预最理想、最有成效的手段，能够有效帮助求助者成长，最大限度保护求助者，避免其受到因心理危机所带来的伤害。

5. 朋辈干预模式

朋辈干预模式指的是同伴之间相互教育、相互支持和相互帮助的一种干预模式，是一种新兴的且具有自我教育、自我管理、自我服务功能的干预形式。同伴间具有相似的特点和问题，有共同语言，在情感上相互关心、安慰和支持，也能够提供解决问题的方法和建议，更容易相互理解和接受，引起共鸣；同时，朋辈间更易发现问题并及时上报，达到心理危机预防和干预的效果。

（三）大学生心理危机干预的步骤

当大学生处于心理危机状态时，可使用危机干预六步法进行危机干预。

1. 确定学生问题

危机干预的第一步就是从学生角度出发，确定和理解学生的问题。在心理危机干预过程中，危机干预人员应围绕所确定的问题，使用倾听的技术，如尊重、真诚、共情、理解及接纳，尽量使用开放式提问，让学生更多地表达自己的内心想法，帮助危机干预人员获取更多信息，明确危机问题。

2. 保证学生安全

在心理危机干预过程中，危机干预人员应将保证学生安全作为首要目标，将对学生本人和他人的生理与心理危险性降到最低。危机干预人员在进行危机评估、制订行动计划等整个过程中，必须对安全问题给予足够的重视。

3. 给予学生支持

危机干预的第三步强调与学生的沟通及交流，通过语言和非语言的方式让学生充分认识到和感受到危机干预人员是能够给予其关心和帮助的人，让学生相信自己是能得到帮助的，相信此时此刻此地"确实有关心、在乎我的人"。

4. 提出应对方式

处于心理危机状态的学生思维往往是受限的、狭窄的，不能恰当地判断什么是最佳选择，认为问题是解决不了的，甚至是无路可走的。在这一步中，危机干预人员帮助学生认识到，有许多可变通的应对问题的方式可供选择，帮助学生探索可以利用的替代的解决问题的方法，促进学生积极地思考可获得的环境支持，如让学生知道有哪些人现在或过去能关心自己；可利用的应付方式，如哪些行为、资源可以帮助自己战胜目前的危机；可运用的积极思维方式，帮助自己改变对问题的看法，降低应激与焦虑水平。

5. 制订行动计划

危机干预人员要取得学生的合作，帮助学生做出现实可行的计划，包括利用另外的个人、组织团体和有关机构等资源提供及时、有效的支持，学生此刻能够采用的、积极的应对机制，最终确定学生能够理解、把握并自愿执行的行动步骤。行动计划要以学生的应对能力为根据，注重切实可行和系统地帮助学生解决问题。制订计划时还要注意让学生感到计划是自己制订的，不是他人强加的，让其感受到独立与自尊。

6. 得到学生承诺

危机干预人员要帮助学生向自己承诺采取确定的、积极的行动步骤，这些行动必须是学生自己的，并且是能实现的。如果制订计划这一步完成得较好，则得到承诺就比较容易。在结束危机干预前，危机干预人员应从学生那里得到诚实、直接和适当的承诺。

以上六步是心理危机干预工作中相对直接和有效的方法，危机干预人员要将检查、评估贯穿于六步干预过程中。同时，除了六步之外，还应启动有效的社会支持系统，如来自父母及其他亲人、老师、同学及其他方面的社会支持人员的帮助。有调查表明，从他人处获得的社会支持能起到增强陪伴支持和情感支持、提升亲密感和满意度等作用，这些对于处在心理危机状态的学生具有重要意义和价值。

★ 心理知识

心理危机干预技术：ABC法

A：心理急救，稳定情绪；
B：行为调整，放松训练，晤谈技术；
C：认知调整，情绪减压和哀伤辅导。

1. 首先要取得受伤人员的信任，建立良好的沟通关系。
2. 提供疏泄机会，鼓励他们把自己的内心情感表达出来。
3. 对访谈者提供心理危机及危机干预相关知识的教育宣传，解释心理危机的发展过程，提高其对生理和心理应激的应付能力。
4. 根据不同个体对事件的反应，采取不同的心理干预方法。例如，针对急性应激反应可以开展心理疏导、支持性心理治疗、认知矫正、放松训练等，以改善焦虑、抑郁和恐惧情绪，减少过激行为的发生。

5.调动和发挥社会支持系统的作用,鼓励多与家人、亲友、同事接触和联系,减少孤独和隔离感。

(四)大学生心理危机干预的机制

大学生心理危机干预工作在高校大学生心理健康教育领导小组的统一领导下由负责心理工作的相关部门及各学院组织实施。学校构建大学生心理危机干预体系,制订大学生心理危机干预方案,学院在学校方案的基础上制定本学院的心理危机干预措施,更好地帮助有严重心理问题的学生渡过心理难关,及早预防、尽早发现、及时疏导、有效干预学生中可能出现的心理危机事件,减少学生因心理危机带来的伤害,促进学生健康成长,营造和谐的校园氛围。

此外,还要重视危机后的干预工作。一是对曾有过危机行为的学生进行危机后干预,采取有效的方式帮助学生恢复创伤前的认知、情感和行为的功能水平,帮助学生真正从危机事件中恢复过来,防止恶性事件的再次发生。二是对危机知情人员的后干预工作。知悉或目睹学生心理危机事件的发生会给危机学生周围人群带来强大的心理冲突,他们会对危机学生的行为感到震惊、自责、痛苦甚至恐惧,这些负性情绪会极大地影响他们的日常学习、工作与生活。可以使用支持性干预及团体辅导策略,协助经历危机的相关人员,如同学、家长、辅导员及危机干预人员,正确处理危机遗留的心理问题,尽快恢复心理平衡,尽量减少由危机造成的负面心理影响。

心书推荐

《生命的重建》
[美国] 露易丝·海

露易丝·海是美国最负盛名的心理治疗专家,杰出的心灵导师,著名作家和演讲家。她是全球"整体健康"观念的倡导者和"自助运动"的缔造者。露易丝·海揭示了疾病背后所隐藏的心理模式,认为每个人都有能力采取积极的思维方式,实现身心灵的整体健康。

当你面临困境需要力量去扭转时;当你无法感受到存在和美好,混沌度日时;当你总是感觉郁闷、身体不适,想看懂身体向你发出的信号时;当你对事对人际交往存在诸多恐惧,想让各种关系更圆融时;当你烦躁不安,想改变现状,活出自然轻松的自我时,建议你阅读《生命的重建》,跟随心灵导师露易丝·海,一起穿越生命痛苦与孤独,解放你的心灵,找到生命的价值,给你一次重建美好人生的机会。

心理自测

面对生活,你是怎样的态度

请仔细阅读每道题,根据自己的实际情况做出你的选择。

1.我对未来充满希望和热情。　　　　　　　　　　　符合　　不符合

2. 当事情变糟时，我知道不会一直这样，心情就会好转。　　符合　不符合
3. 我不能想象，今后的十年中，我的生活会是什么样子。　符合　不符合
4. 我预料我最关心的事情能够成功。　　　　　　　　　　符合　不符合
5. 我运气不佳，也不相信会有好运。　　　　　　　　　　符合　不符合
6. 我过去的经历已为我的将来打下良好基础。　　　　　　符合　不符合
7. 当我展望未来时，我预想会比现在幸福。　　　　　　　符合　不符合
8. 我从未得到我想得到的东西。　　　　　　　　　　　　符合　不符合
9. 将来的我不可能获得真正满意的生活。　　　　　　　　符合　不符合
10. 对我来说，前途渺茫，捉摸不定。　　　　　　　　　符合　不符合
11. 我想，将来好的时候会多于坏的时候。　　　　　　　符合　不符合
12. 追求自己想要的东西是徒劳的，因为很少有可能得到它。符合　不符合

【统计指标】

3、5、8、9、10、12题选"符合"计1分，"不符合"计0分；1、2、4、6、7、11题选"符合"计0分，"不符合"计1分。计算你的得分。

0～6分：你对生活充满希望和信心。

7～12分：你对生活有轻度无望感。

13～20分：对生活有重度无望感，甚至有自杀意愿，建议立即寻求心理援助。

（本测验结果仅供参考，若有需要请咨询专业人员。）

思考与练习

1. 生命的意义是什么？如何善待自己的生命？
2. 生命教育的意义是什么？
3. 大学生常见心理危机的表现是什么？
4. 大学生如何才能有效地预防心理危机？

参 考 文 献

[1] 勾训，黄胜.心理学新编 [M].成都：西南交通大学出版社，2018.
[2] 欧里希.真相与错觉 [M].胡晓姣，陈志超，译.北京：中信出版集团，2019.
[3] 庄妍.心理学原理与教育 [M].徐州：中国矿业大学出版社，2016.
[4] 李艳，刘爱春，许晓静.大学生心理健康教程 [M].南京：南京大学出版社，2019.
[5] 瞿珍.大学生心理健康 [M].上海：华东理工大学出版社，2018.
[6] 徐红，杨素华，李翠华.大学生心灵成长导航 [M].济南：山东人民出版社，2019.
[7] 李春华，贾楠.大学生心理健康指导 [M].北京：机械工业出版社，2017.
[8] 郭瞻予，房素兰.让快乐伴你成长：大学生心理健康教育读本 [M].修订版.沈阳：辽宁大学出版社，2015.
[9] 中国就业培训技术指导中心，中国心理卫生协会.心理咨询师（基础知识）[M].北京：中国劳动社会保障出版社，2017.
[10] 中国就业培训技术指导中心，中国心理卫生协会.心理咨询师（国家职业资格二级）[M].北京：中国劳动社会保障出版社，2017.
[11] 中国就业培训技术指导中心，中国心理卫生协会.心理咨询师（国家职业资格三级）[M].北京：中国劳动社会保障出版社，2017.
[12] 钱铭怡.心理咨询与心理治疗 [M].北京：北京大学出版社，2016.
[13] 罗诚，黄芹，阮冶.实用心理康复手册 [M].昆明：云南科技出版社，2017.
[14] 黄希庭，郑涌.大学生心理健康教育 [M].3版.上海：华东师范大学出版社，2020.
[15] 曾巧莲，邬华，刘家金.大学生心理健康教育教程 [M].西安：西安电子科技大学出版社，2019.
[16] 姚本先，王道阳.大学生心理健康教育 [M].3版.北京：北京师范大学出版社，2019.
[17] 斯塔尔.认同自己：如何超越与生俱来的弱点 [M].陈佳，译.天津：天津人民出版社，2018.
[18] 拉森，巴斯.人格心理学：人性的科学探索 [M].2版.郭永玉，译.北京：人民邮电出版社，2019.
[19] 利特尔.突破天性 [M].黄珏苹，译.杭州：浙江人民出版社，2018.
[20] BURGER J M.人格心理学 [M].陈会昌，译.北京：中国轻工业出版社，2020.

[21] 弗洛姆. 爱的艺术 [M]. 北京：人民文学出版社，2018.

[22] 文书锋，胡邓，俞国良. 大学生心理健康通识 [M]. 3 版. 北京：中国人民大学出版社，2019.

[23] 邹继美. 浅谈大学生自我意识发展的问题与教育 [J]. 现代交际，2012（12）：249.

[24] 崔晓霞，杨积芳."优良学风班"大学生人格特征与心理健康的相关分析 [J]. 黄山学院学报，2020，22（01）：101-105.

[25] 胡国宝. 当代大学生思想特点的成因及改进措施 [J]. 佳木斯职业学院学报，2020，36（10）：28-30.

[26] 曾海燕. 新时代女大学生自我意识状况及高校思政教育模式思考 [J]. 汉字文化，2019（22）：142-143.

[27] 宋璐，罗向晗，饶浏雯."00 后"大学生的心理和行为特点：基于微博内容分析 [J]. 教育教学论坛，2020（53）：102-104.

[28] 徐晓飞，张玉强. 跆拳道改善大学生身体自我意识情绪和消极完美主义实验研究 [J]. 牡丹江师范学院学报（自然科学版），2020（01）：66-71.

[29] 彭婷. 公安院校大学生自我意识的发展现状调查分析：以 A 公安院校为例 [J]. 科技资讯，2019，17（33）：215-216，219.

[30] 马长征. 大学生积极自我意识现状及培养途径探索 [J]. 赤峰学院学报（自然科学版），2018，34（12）：84-85.

[31] 曹杏利，李德福. 大学生的自我意识矛盾探究 [J]. 吉林广播电视大学学报，2018（11）：111-113.

[32] 季亚娟，郭晓蓓."认识你自己"理念与大学生正确自我意识的培养 [J]. 新西部，2020（15）：115，123.

[33] 谢小萌. 新时代高校大学生人格障碍的成因与对策 [J]. 吉林省教育学院学报，2020，36（10）：55-58.

[34] 张莹.《红楼梦》中王熙凤人物性格特点分析 [J]. 今古文创，2021（01）：6-7.

[35] 刘杉文，张云朋，叶存春. 大学生人格类型与社交焦虑关系的研究 [J]. 心理月刊，2020，15（20）：68-69.

[36] 孙威，吴小勇. 贵州省大学生人格特征对生育意愿的影响 [J]. 医学与社会，2020，33（12）：90-93，97.

[37] 蔡丽，海蒂，张妍，等. 大学生人格特质与微信使用行为：无聊情绪影响的性别差异 [J]. 牡丹江师范学院学报（社会科学版），2020（06）：112-120.